法律英语字里乾坤
破解英语中的法律文字游戏

魏焕华 著

图书在版编目（CIP）数据

法律英语字里乾坤：破解英语中的法律文字游戏：汉文、英文 / 魏焕华著. -- 北京：商务印书馆，2025.
ISBN 978-7-100-24207-3

Ⅰ. D9

中国国家版本馆CIP数据核字第20244V8766号

权利保留，侵权必究。

法律英语字里乾坤
——破解英语中的法律文字游戏
魏焕华 著

商务印书馆出版
（北京王府井大街36号 邮政编码100710）
商务印书馆发行
北京新华印刷有限公司印刷
ISBN 978-7-100-24207-3

2025年1月第1版　　开本 880×1230　1/32
2025年1月北京第1次印刷　印张 10

定价：59.80元

出版说明

2004至2016年间，著名律师和法律英语专家魏焕华先生在《英语世界》杂志"法律英语漫谈"栏目上发表论及法律英语使用及翻译的系列文章，读者对之报以热烈的欢迎和好评。更有不少读者来函来电，建议我们将文章结集出版成书，以便收藏和集中学习。鉴此，我们对文章做了整理和编辑，以本书答谢读者的厚爱。

魏先生的文章，行文清晰，娓娓道来，让人读有所获，堪称篇篇佳作。就内容而言，有谈论法律英语细微词义的，有辨析似是而非的法律英语词汇的，有探讨法律英语如何译成汉语的，有介绍中外法律文化异同的，琳琅满目，各异其趣。结集出版成书时，我们曾尝试分类编排，但因系列文章内容广博，单篇文章又可能论及多个方面，很难精准地进行分门别类；因此，我们仍按照《英语世界》杂志最初发表的顺序来对文章进行编排。作者写作个别文章时，引用了当时的法律条文、统计数字等；于今观之，虽稍感陈旧，但无害英语学习，为尊重作者和稳妥起见，我们未予更新。此外，因杂志连载时间长过十年，先发和后发的文章体例格式不尽一致，前后内容也可能不尽延续或偶有重复，我们对这些问题都做了细致的处理，但限于编辑水平，难免有不当的地方，尚祈读者批评指正。

随着我国对外交流的增多，涉外法律案件也与日俱增，中国人因不懂法律英语词义的微妙而造成诉讼被动的例子不在少数。通过学习法律英语相关知识来补足短板成为当务之急，希望本书的出版能对此有所助益。

《英语世界》杂志社
2024年12月

目　录

易混淆或错用的词语 …………………………………… 1
法律英语翻译要务 ……………………………………… 8
法律英语中恼人的数 …………………………………… 14
语法是法律英语的灵魂 ………………………………… 19
法律英语中的直译与意译 ……………………………… 21
法律英语的翻译也要讲点修辞学 ……………………… 25
从"打官司"看中英两种文字的表达能力 …………… 32
法律英语中的同义词 …………………………………… 35
说说法律文书里的姓名 ………………………………… 39
"首席执行官",一个改变了中文词义的译名 ………… 46
witness my hand 辨疑 …………………………………… 50
代词性别带来的尴尬 …………………………………… 54
提防"思维惯性"(一) ………………………………… 58
提防"思维惯性"(二) ………………………………… 64
"伏法"与"服法"考 ………………………………… 69
走近英美警察(一) …………………………………… 74
走近英美警察(二) …………………………………… 81
出国前应该首先学会的一个词 ………………………… 87
英文里的"张三""李四" …………………………… 92
"判决"的误区 ………………………………………… 95
谈"酒"的翻译 ………………………………………… 100
关注词义之外的信息 …………………………………… 105
律师称谓辨析(一) …………………………………… 110

律师称谓辨析（二）……………………………………… 114
法律英语中的禁忌语和委婉语 …………………………… 119
看英美人怎样区分盗贼 …………………………………… 125
谁是书记员？……………………………………………… 130
"犯人""罪人"与其他 …………………………………… 133
译事无小词 ………………………………………………… 138
从"债权扣押令"看立名之难 …………………………… 142
律师在法庭上应该怎样称呼法官 ………………………… 144
律师在法庭上，对同行的称呼应得体 …………………… 149
票据中的 face 与 back 的统一 …………………………… 150
foreign client 与 client abroad 相同吗？………………… 151
"无行为能力人"的两种不同译法 ……………………… 152
常用词在法律英语中的蜕变 ……………………………… 153
译事的无奈——以音代意 ………………………………… 157
"审讯"一词的英译比较 ………………………………… 161
有加有减，始成方圆 ……………………………………… 166
不都是恶棍 ………………………………………………… 169
几种不同的"驳回" ……………………………………… 171
"当事人"的英译问题 …………………………………… 173
何为 legal memory ………………………………………… 175
house、chamber、home 异同谈 ………………………… 178
一个简单而又难用的词 …………………………………… 181
law 及其近义词 …………………………………………… 184
多用途的 serve …………………………………………… 187
上下文是决定译文的依据 ………………………………… 190
"破坏"的译法何其多 …………………………………… 193
"叛变者"的译法 ………………………………………… 196
take note 与 take notes …………………………………… 197

带颜色的法律词语 …… 199
寻找正本 …… 205
"收入"与"账"之辨 …… 208
定语后置的法律词语 …… 210
英语"税"说 …… 213
constitution 并非都指"宪法" …… 216
common law 的四种含义 …… 218
诉讼标的与诉讼标的物 …… 220
"法人"是人吗？ …… 225
fornication 与 adultery …… 228
lawful、legal 及其他 …… 230
lawless、illegal 及其他 …… 233
似同实异的几个法律词汇 …… 235
"祖先""后裔"漫谈 …… 237
如何表述"伤害" …… 239
且给亲戚排排队 …… 242
crown 与刑法 …… 245
不存在的"二级谋杀罪" …… 247
"偷"与"抢"的区别 …… 250
"搜"字的用法有讲究 …… 252
"问"出来的问题 …… 254
by 与 by- 的区别 …… 256
相同的四季，不同的月份 …… 258
英语里的"贷"与"借" …… 260
"继续"与"连续"辨异 …… 262
"行为"的不同含义 …… 264
法律英语中的俚语 …… 267
法律英语中的另类表述 …… 271

中英文有关年龄的表述 ·············· 277
同根名词辨义 ···················· 281
从 Attorney General 聊起 ············ 287
A.D. 与 B.C. ···················· 290
关于"声明" ····················· 292
关于"古代"的英译 ················ 294
"大陆"的特殊意义 ················ 296
祈望的分寸 ····················· 298
胜败同词 ······················ 301
exemption 与 immunity 的区别 ·········· 303
"惯例"的几种不同含义 ·············· 305
问题的问题 ····················· 308

易混淆或错用的词语

英语中原本没有所谓的法律英语,但由于有关法律方面的英语有其特殊的用法和规律,慢慢地就像科技英语、商业英语等一样,自成一门学科。法律英语不同于"法言法语"(legal terms / legalese / legal parlance),而是英语与法律之间的交叉学科,所以有人将法律英语译为 English for the legal profession。许多地区还为此成立了专门的培训机构。由于英汉语言习惯不同,文化背景不同,加上长期以来约定俗成用法的影响,法律英语中常常出现一些容易混淆的含义、容易忽视的差异、容易错用的用法,在中英互译中常会出现一些有趣的语言现象。本文就是想以比较轻松的漫谈形式,对一些平时鲜为人们注意的具体而微小的问题做一些探讨,以引起广大读者对法律英语的关注与兴趣。

China、China's 和 Chinese 作定语时大有区别

这三个词都可以作定语用,译成"中国的",但含义却有很大区别。如 China law firms 是指"在中国的律师事务所",未必是中国人开的,它应包括获准在中国设立的"外国律师事务所"(foreign law firms)。若指中国律师开的律师事务所,应用 Chinese law firms。在法律文书中,这很有讲究。在 WTO 法律文件中,如"中国经济的特性"(the special characteristic of China's economy)、"中国的关税配额制度"(China's TRQ system)、"中国的具体承诺减让表"(China's Schedule of Specific Commitments)、"中国专利法"(China's Patent Law)等用语中,几乎都用 China's 而不用 Chinese。但着重"中国人的"意义时,应该用 Chinese,如"中方"(Chinese side)、"中国人"

(Chinese nationals)、"中国政府"(Chinese government)、"中国执业律师"(Chinese national registered lawyers)。当然，有些名词前面用 China 与 Chinese 都可以。如 Chinese varnish（漆）、Chinese ink（墨），但绝大多数都有固定搭配，应多查词典，不宜随便更动。如 South China Sea（中国南海）、Chinatown（华人区、唐人街）、China teas（中国茶）、Chinese cabbage（白菜）、Chinese lantern（灯笼）等均不可随便换用。

同一个英语动词却有两个截然相反的词义

同一个英语动词，在法律英语中，有时竟有两种几乎完全相反的含义，例如 discharge 是法律英语中常见常用的一个词，它可作"履行"解，也可作"撤销"解，而这两个意思，在中文里几乎是完全相反的。因此翻译或运用它时必须特别当心。例如：discharge a contract 指"履行合同"，不是"撤销合同"；discharge a bankrupt 指"免除破产人的责任"，不是"履行破产人的责任"；discharge a burden of proof 指"履行举证责任"，不是"撤销或免除举证责任"；discharge one's liabilities 指"清偿某人的债务"，而不是"撤销某人的债务"；"The judge discharged the jury."是说"法官解除了该陪审员的职务"，而不是"该法官履行了陪审员的职务"。

谁是谁非：ouster、ejection、ejectment 与 eviction

这几个词都可以译作"剥夺""驱逐""撵出"，但所用的场合完全不同，甚至相反。ouster 是指合法占有人的权利被非法剥夺，因此香港地区将它译作"横夺"，很有道理。而 ejection 和 ejectment 是对非法占有人所取得的非法权利的合理剥夺。例如，房产所有人将非法占有房产的人从该房产中驱逐出去，这种行为就称为 ejection 与 ejectment。因此它是收回合法权利的行为，不可随便与 ouster 换用。如：

For removal of illegal occupier from the property, she had to bring an action of ejectment.（为了把非法占有者从房产中驱逐出去，她只好

提起收回不动产的诉讼。)

不过,有时很难说这一剥夺或驱逐行为是合法或不合法的。这时一般只能由说话人根据自己的立场来定夺了。如:The police at the meeting were making an ejection to the trouble-makers.(在会场的警察在驱逐闹事者。)这就表示说话人认为闹事者是不对的。

在诸如 ouster of franchise(剥夺选举权)、ouster of jurisdiction(剥夺裁判权)中,暗示说话者认为该剥夺行为是不正当的;而在 ejection of tenant(驱逐租户)、action of ejectment(收回不动产之诉)中,却暗示说话者认为这些剥夺行为是正当的。

但也有一个比较中性的词,那就是 eviction,它只指房地产主驱逐房客或承租人、收回房地产的行为,并不强调谁是谁非。如:There have been a lot of evictions in this district recently.(本区近来已经发生多起驱逐房客的事件。)这表示说话人只想表明有这么一件事,没有表示这究竟是房东的错,还是房客的错。

mortgagor 与 mortgagee

众所周知,作为名词的后缀,-or/-er 指"施动者",-ee 指"受动者"。也许是施动者往往与权利人联系在一起(如 employer、consignor、author),mortgagor 常被误认为抵押权人。其实,在抵押关系中,正好相反,mortgagor 是抵押人,又称出押人,是抵押关系中的债务人。mortgagee 才是抵押权人,又称受押人,是抵押关系中的债权人。这种误译或误解比较多,例如有一本商业英语词典在其 foreclosure 词条中有这么一句例句:

The mortgagor applied for foreclosure when the mortgagee failed to pay the instalments of the loan.

此书的中译者按原文译为:因受押人未能分期偿还贷款,抵押人申请取消抵押品的回赎权。分期偿还贷款的应是抵押人,怎么变成受押人了?有权申请取消抵押物回赎权的只能是债权人,即抵押权人，亦即译文所说的受押人。抵押人是债务人，他是无权申请取消回赎权的。显然，原文是把 mortgagor 与 mortgagee 两个词用反了。

fraud squad 与 fraud gang

一般词典把 squad 与 gang 这两个词都译为小组、小队、一伙人，但在法律词语中，两者的用法和含义有时完全不同。squad 仅指一伙人（group of people），并不包含贬义，例如：Olympic squad 是"参加奥林匹克运动会的代表队"；fraud squad 是"调查欺诈案的公安小组"，而不是"欺诈小组"；the homicide squad 是"杀人案件调查队"，而不是"杀人小组"。gang 这个词却常常含有贬义，一般指 organized group of criminals（犯罪团伙）或 group of people who are typically troublesome（一伙惹是生非的人），如 Gang of Four（指"四人帮"，而不是"四人小组"）、fraud gang（骗子团伙）。gang-war 是指歹徒帮派之间打群架，不是一般群众的打群架。因此如说"Don't go around with that gang or you'll come no good!"，表示说话人认为那伙人不是好人，与这些人混在一起自然没有好下场。

domicile 与 habitual residence

这两个词语，在表面上没有什么区别。有的词典把这两个词都译成"住所"或"住处"。但在法律上，它们的含义完全不同。domicile 是"住所地"。公民的住所地即户籍所在地。法人的住所地为法人的主要营业或办事机构所在地。所以有些比较仔细的词典将 domicile 译作"户籍"。而 habitual residence 是指"经常居住地"，它不一定是一个人的户籍所在地。

在法律文书中，对这两个词如果译得不准确，对案件的管辖权就会产生严重影响。如：我国民诉法规定，对公民提起的民事诉讼由被告住所地人民法院（the people's court of the place where the defendant has his domicile）管辖。被告住所地不一致的，由经常居住地人民法院（the people's court of the place of his habitual residence）管辖。所谓 habitual residence，法律也是有规定的。根据最高人民法院司法解释，公民的经常居住地是指公民离开住所地至起诉时已连续居住一年以上的地方，但公民住院就医的地方除外。

bankrupt 与 insolvent

在词典中，它们的中文对应词都是"破产的""无还债能力的"。在法律语境中，它们的用法却有很大区别。bankrupt 或它的名词形式 bankruptcy 既可用于公司、企业，也可以用于个人。如：① Several local companies have gone bankrupt.（当地几家公司已经破产。）② The court declared him bankrupt.（法庭宣告他破产。）而 insolvent 或它的名词形式 insolvency 在英国通常只能用于公司，不用于个人。如：Their company was in a state of insolvency.（他们的公司处于破产状态。）但在美语中，这种区别似乎已逐渐消失。比如，一个破产的人，可以用 an insolvent person。当 insolvent 作名词用时，指的就是"破产的人"。

delivery order、delivery note 与 delivery receipt

这三个词组在字面上十分相似，但其法律含义几乎相反。

delivery order 指货主或其授权代理人签发给货物持有人（比如仓库）指示货物持有人将货物交给指定的当事人的一种书面指示，因此一般译成"交货单""出货单""提货单"或者"栈单"，它是将货物提走的法律凭据。

而 delivery note 与此正好相反，它是将货物送出的法律凭据。它指发货人将货物送交收货人之后，由收货人签字的"到货证明"。在国际贸易中，通常由托运人将它与货物一起发给收货人，有副本。通知中列举了货物的详细名称、规格与数量。收货人签收后，托运人即算完成交货义务。故一般译为"交货通知"或"送货单"。

delivery receipt 的意思与 delivery note 相似，也是货物送到后，由收货人签署过的送货通知，常用于通常的交接货上，一般译为"交货回单"或"送货回执"。在中文的法律文书中，常有把"交货单"与"交货通知"或"交货回单"等随便混用的，这在英译本中是绝对不允许的，有时一字之差，就会引起严重的法律后果，不可不慎。

immigration 与 emigration

一讲起移民，我们首先想到的是 immigration。其实，在英语中，移民有"移入""移出"之分。动词 immigrate 以及它的名词形式 immigrant 与 immigration 都指移入者的移居而言，是指外来的入境移民；动词 emigrate 以及它的名词形式 emigrant 与 emigration 和源自法语的 émigré，则专指移出者的移居而言，是指出境的移民。

如果某甲从中国移居到美国去，对于中国而言，某甲应该称为 emigrant，其行为是 emigration。可是就美国而言，某甲就成为 immigrant 了，其行为应称为 immigration。这一区分，在法律英语中是很清楚的。如"Albert Einstein emigrated from Germany to the United States."（阿尔伯特·爱因斯坦是从德国移居美国的。），这里强调的是"从德国移出"（from Germany）。所以要用 emigrate 这个动词。而在"Many Italians immigrated to the United States and Canada."（许多意大利人移居到美国和加拿大。）这一句中，强调的是"移居入美国"（to the United States），所以必须用 immigrate 这个动词。

在 immigration office（移民局）、immigration laws（移民法）以及 illegal immigrant（非法移民）这些词组中，都是指入境移民而言。如果是出境移民，应改用 emigration 一词。如 emigration officers（移民局官员）、emigration papers（出境证件）等。

stepbrother 与 half-brother

英语中对于亲戚的划分，向来没有像我们中国礼仪之邦这么讲究。如 cousin 既可以指堂兄弟，又可以指表兄弟，甚至还可以指堂姐妹和表姐妹，有时还可以指其他远亲。aunt 既可以指姨母，也指姑母、伯母、婶母。uncle 也是如此，把叔父、伯父、舅父、姨父、姑父几乎都包括进去了。真所谓姑表不分、叔伯不分。但是对于"兄弟姐妹"，英语中却分得十分清楚。同父异母或同母异父的兄弟姐妹称为 half-brother 和 half-sister；既不同父也不同母的兄弟姐妹，称为 stepbrother 和 stepsister。

英语中这种划分，在法律方面的确很有必要。因为他们在家庭中的地位，特别是在继承权利方面，是有很大区别的。如我国继承法第 10 条规定："本法所说的兄弟姐妹，包括同父母的兄弟姐妹、同父异母或者同母异父的兄弟姐妹、养兄弟姐妹、有扶养关系的继兄弟姐妹。"由此可见，我国法律中的"继兄弟姐妹"专指 stepbrother/stepsister，他们要有"扶养关系"才能成为第二顺序的法定继承人。对于同父异母或者同母异父的兄弟姐妹，我国法律中并没有与之相对应的专用名称，表述起来的确没有英语方便。

法律英语翻译要务

相反的词也会有相同的译法

法律英语中有些含义相反的词,却必须用相同的中文对应词来翻译。比如国际贸易中的 receiving bank(收款行)与 paying bank(付款行),在含义上是完全相反的,但在国际贸易中均指收款人的当地银行,或称"解付行"。这是因为,从收款人的角度来说,它是付款行,从银行角度来说它是汇入行,即收款行。由于中英文字习惯不同,有时译文必须用意思完全相反的词来翻译。如"把发票日期推后",应译成 date an invoice forward。如果照字面直译,将 forward 译成 backward,反而与原意不符了。

切忌望文生义

法律英语中有许多词语是在几百年甚至上千年的历史过程中逐步形成的,形式与含义都比较固定。有许多词语,貌似相同,实有区别。这种内在的区别,完全来自历史上的约定俗成,光从字面上是无法找到原因的。因此翻译时,如无充分把握,必须多查词典,切忌望文生义,随便翻译。如 ground lease 与 ground rent 两个词语,尽管 lease 与 rent 都可以译成"租赁""租借",但 ground lease 在英国专指 the first lease on a freehold building(对完全保有的房地产的首次出租),而 ground rent 即通常所说的"地租"。hard money、hard currency、hand cash 看上去像同义词,事实上不然。hard money 在美语中指相对于纸币而言的"硬币",有时也作"现金"解。hard currency 可不是硬币,也不一定是现金,它是指价值比较稳定的"硬通货"。如美元、欧元、英镑等都是目前世界上的 hard currency,但它们不一定是 hard money。至于 hard cash（或 hardcash），只指"现金"，非正式用法中，有时也指"硬币"，但决非指"硬通货"。又如 Day of Judgment 或 Judgment Day 并非指通常所说的"宣判日"，而是指"世界末日"，所以也有写成 Day of the Last Judgment 的；它与法院定期宣判的日子毫不相干，"宣判日"该用 date of the pronouncement of judgment 或 the date to pronounce a judgment 才是。

相同的中文对应词，含义未必相同

法律英语中，光凭中文对应词来翻译，是非常危险的。因为有许多法律词语虽然中文对应词相同，含义却不同，有时相去甚远。例如：

free trade area 与 free trade zone 的中文对应词都是"自由贸易区"，但习惯上，free trade area 指实行自由贸易的一批国家或地区，它们是为了通过降低或取消关税以消除成员之间的贸易障碍而组成的部分国家或地区联盟。而 free trade zone 却指一个国家内免征关税的贸易区域，范围显然要小得多。

legacy 与 devise 的中文对应词都是"遗赠"。但 legacy 一般只指动产的遗赠，不包括不动产。devise 则专指不动产的遗赠。

majority 与 plurality 的中文对应词都是"多数"，然而 majority 指超过半数的多数。plurality 指的是没有超过半数的多数，或称相对多数（relative majority）。比如：He won the election by a clear majority, gaining 70 of the 100 votes cast.（他以明显的多数赢得选举，在所投的 100 张票中得了 70 票。）这个句子中的 majority 就绝不可换成 plurality。同样的道理，"压倒多数"只能译为 overwhelming majority，而不可译为 overwhelming plurality。因为连半数都没有超过，就算不了"压倒"。

deportation order 与 exclusion order 在法律词典中都被译作"驱逐令"，其实两者含义迥异。前者指将某人驱逐出国的正式命令，而 exclusion order 却指婚姻诉讼中用以阻止丈夫或妻子进入婚姻住所的法庭命令（court order in matrimonial proceedings which stops a wife or husband from going into the matrimonial home）。

murder、manslaughter、homicide 这三个词，通常都可译作"杀人"，其实它们有很大区别。murder 指"故意杀人"，即"谋杀"，专指"有预谋的蓄意谋杀"（premeditated and deliberate murder），在美国称为 first degree murder（一级谋杀）。manslaughter 指"过失杀人"或"误杀"，着重于没有预谋的杀人。所以，"非自愿的杀人"被称为 involuntary manslaughter。甚至，即使是有意的杀人行为，但显然具有从轻情节的，比如遇到对方挑衅、出于职务上的原因或者出于正当防卫的杀人，也称 voluntary manslaughter，而不用 murder 这个词。homicide 则泛指所有的杀人，既包括意外的过失杀人，也包括故意杀人。如：The homicide rate has doubled in the last ten years.（在过去十年里，杀人犯罪率增加了一倍。）这显然指各种各样的杀人案件，culpable homicide（刑事杀人）、justifiable homicide（正当杀人）等都包括在内。

in capital 与 in words 都被译成"大写"。可是 in capital 是指英文字母的大写，通常尤指英文单词的第一个字母的大写。如北京应写成 Beijing。而 in words 却指用文字而非阿拉伯数字表达，如 518 写成 five hundred and eighteen。因此，total number of containers (in words) 是指"集装箱总数（用文字表示）"，不能用一般阿拉伯数字表示。如：He signed a cheque for $10,000 in words.（他用大写签发了一张一万美元的支票。）此处 in words 指的是用文字写成"一万美元"（ten thousand dollars），而不是指支票上的姓名大写。由此可见，一本好的英汉法律词典绝不应以只向读者提供中文对应词为满足。

切忌逐字翻译

法律英语中，有许多词语是长期以来形成的固定用语，有其固定的含义。如果将它拆开来逐字翻译，即使每个字都译得对，也非出错不可。如 power of attorney 原义为"授权委托书"，有的人根据词典逐字翻译为"检察官的权力"。to file a brief 不是"将案情摘要归档"，而是指律师"向法院提出辩护"。"He has plenty of briefs."不是说他有许多摘要，而是说他的律师生意很忙。

  类似这些例子说明，在英译中时可能出现这种情况，即单个词都译对了，但整体译文却与原文意思相去甚远。反之，在中译英方面，也不宜对照词典逐字翻译。如 foreign 一词，虽然在诸如 foreign policy（外交政策）、foreign affairs（涉外事务）、foreign trade（对外贸易）等词语中都有"涉外"的意思，但把"涉外律师事务所"译成 foreign law firms 或者 foreign law office 就显然不妥。按照 WTO 法律文件的标准译法，在中国设立的外国律师事务所才称为 foreign law firms。而国内的涉外律师事务所应译为 foreign affairs lawyer office 或者 foreign-related law firms。同样的道理，foreign enterprises 是"外国企业"，而非涉外企业；foreign securities institutions 是"外国证券机构"，而非涉外证券机构；foreign award of arbitration 是"外国仲裁裁决"，而非涉外仲裁裁决。

当心多义词的翻译

  记得美国前总统克林顿因为与白宫实习生莱温斯基发生绯闻事件而受到法律起诉时，报纸上常常出现某某联邦律师出庭指控或传讯总统之类的报道。当时很多人都感到纳闷，美国律师怎么有权出庭指控或传讯一位被认为犯了法的现任总统呢？这位律师又是受了谁的委托？难道是美国法律特殊？后来才弄明白，原来是新闻稿中把 attorney 一词译错了。attorney 在美语中常指律师、代理人。如 attorney at law 专指律师，attorney of record 指记录在案的律师，attorney of the day 指值班律师。也许正由于这一原因，attorney 的另一个重要的意义"检察官"反而被忽视了。原来指控和传讯克林顿的不是什么律师,而是联邦检察官。

在法律英语中这种一词多义或者貌似相同的词语非常多。它们在不同的场合具有不同的含义,译成中文时,必须十分小心。如 executioner 和 executor 都是从 execute 或 execution（执行）这个词转化过来的,但 executor 是指"执行员",而 executioner 指的是行刑的"刽子手"。detention house 是"拘留所",而 detention home 是"少年感化院"或"少年管教所"。tally man 是"赊销商店店主",而 tally clerk 是远洋货运中的"理货员"。wrong intervention 是指"不正确的干涉",着重于 not morally right（不道德的）,而 wrongful intervention 指的是"不合法的干涉",着重于 not fair/legal（不公平、不合法的）。后者远比前者严重。

尽管 evasion、dodge、avoidance、shield、shelter 等词都作"回避""规避"等解释,大同小异,只有 tax evasion 与 tax dodge（或 tax dodging）指"偷税"或"漏税",即"非法逃税"。这是犯罪行为,要负刑事责任。而 tax avoidance、tax shelter 与 tax shield 均指"避税""省税",是指在合法范围内以合法的手段避开可能交纳的税,属于合法行为。如：① She was jailed for tax evasion.（她因逃税而入狱。）② Accountants advise on tax avoidance.（会计师就如何避税提出建议。）③ The system in Netherlands provides a useful tax shelter for some UK companies.（荷兰的税收制度为一些英国公司提供了有效的避税方法。）法律文书中类似这些细微的差别都必须区分清楚,才能保证译文的正确。

怎样翻译"他已与妻子离婚了"?

你可能将它译为：He has divorced with his wife. 如果这样,你就错了。因为作动词用时,divorce 为"使离婚",常用于被动语态,常用的搭配是"to be divorced from sb"。因此本句应译成：He has been divorced from his wife. 当然,它也可以用主动语态,译作：He has divorced his wife. 此时，就不必加 from 了。切不可按汉语习惯加上 with 之类的介词。下面一些用法，粗看起来好像不大对头，实际上却都是非常地道的英语：

Did Mr. Hill divorce his wife or did his wife divorce him? 是希尔先生要与妻子离婚还是他的妻子要与他离婚？

The judge divorced them. 法官让他们离婚了。（而不是法官与他们离婚）

The court divorced Mr. and Mrs. Jones. 法院判决琼斯夫妇离婚。

法律英语中恼人的数

英语中的数一直是令人困惑的问题，法律英语中的数尤为如此。

有些好像不应加 -s/-es 的词，偏偏非加不可。如 outskirt（郊区），常用复数形式 outskirts，不是指多处郊区。"My friend lives on the outskirts of Beijing."（我的朋友住在北京郊区。）并非表示他在北京的多处郊区居住。

有的复数名词没有单数形式。如 goods 作"货物、商品"解时，本身就是复数名词，不可再加 -es 词尾。该说 many goods 和 these goods，不该说 much goods 和 this goods。以下词语中的 goods 都是复数名词，该与复数动词连用：luxury goods（奢侈品），half-finished goods（半成品），contraband goods（违禁品），high-quality goods（高档商品），clearance goods（清仓品），finished goods（成品），essential goods（必需品）等。例句如：All goods arriving at the warehouse are checked by the computer system.（到达仓库的所有货物都由电脑系统自动检查。）然而当 goods 指消费品中的食品、衣服、饮料等的一项，特别是作为"布"或"织物"用时，these goods 和 this goods 都可用，甚至也有诸如 consumer goods 和 consumption goods（消费品）的这种用法。这时 -s 竟变成 good 的复数词尾了。

又如 amends（赔偿）虽然有 -s 却可作单数名词用，没有复数形式 amendses。可以说 an amends、these amends，却不可说 two amends、three amends。

又如 alms（施舍物），虽有 -s，却用作单数名词，没有复数形式 almses。可以说 an alms，也可以说 these alms，却不可说 two alms 或 three alms。

经常以复数形式出现的名词很多,在法律词语中较为常见的有:scales(天平)、belongings(所有物)、alms(施舍)、politics(政治)、surroundings(环境)、circumstances(情况)、doings(行为)、savings(储蓄)、findings(调查结果)、earnings(收入/挣的钱)、holdings(股票/债券/拥有的财产)、contents(目录)、looks(外貌)、imports(进口货物)、authorities(当局)、customs(海关/关税)、manners(礼貌)、times(时代)、damages(赔偿费)、grounds(原因/理由/场地/庭院)、ruins(废墟)、troops(军队)、arms(武器)、upas(见血封喉树的毒液)、statistics(统计资料)、remains(残余/尸体/遗骸)、thanks(感谢)、bonds(公债/债券/镣铐)、outskirts(城郊/郊区)、clothes(衣服)、assets(资产)、riches(财富)、living-quarters(住所)、valuables(有价物/贵重物品)、arrears(尾欠/未付的尾数)、archives(档案)、particulars(细节)、guts(胆量/内脏/肚子)、annals(编年史)、headquarters(指挥部)、forces(武装部队)、effects〔(个人)用品〕、minutes(记录/笔录)、papers(文件/证件)、amends(赔罪/赔偿)、civics(公民学)、take pains(下功夫)、make arrangements(做安排)、present credentials(呈递国书)、give regards to sb(问候某人)、give respects to sb(向某人致敬)、be at odds with sb(与某人不和)、make preparations(作准备),等等。

　　一般人都知道,凡由两部分组成的东西,经常以复数形式出现,如 scales(天平)、bonds(镣铐)、scissors(剪刀)、trousers 或 pants(裤子)、glasses 或 spectacles(眼镜)、tongs(夹钳)、shackles(手铐、脚镣)、handcuffs(手铐)等。但可能很少有人知道,人的臀部(buttocks)也被视为两部分组成物之一,而牛马之类的臀部,可能由于区别得不那么清楚,常译为单数的 back side,这不能不佩服英美人观察事物的仔细。因此,中国古代公堂上的"打屁股",如果只译成 spanking buttock,只能算是"打屁股的一半",spanking buttocks 才是打整个屁股。如果你把 buttock 换成 rump、bottom 或者

posterior 则没有这个麻烦，因为 rump 指鸟的尾部、兽的臀部（一般说来，鸟兽的臀部是个整体），也可指人的臀部。bottom 是指底部、末端，也不分左右。posterior 在口语里作"臀部"时，用起来没有 buttock 那么麻烦，不论加不加 -s，都算整个屁股，如：① She has a large posterior.（她有一个大屁股。）② I gave him a slap on the posteriors.（我在他的屁股上打了一下。）

还有一种复数名词是以 -ing 结尾的。它们通常含有复杂的内容，必须用复数形式，并作复数用。法律英语中常见常用的有 belongings（所有物）、doings（行为）、savings（储蓄）、findings（调查结果）、tidings（消息）、earnings（所赚的钱）、surroundings（周围环境）、furnishings（房屋里的家具陈设）等。

与此相反，有些带 -s 的名词却是单数名词，应与单数动词连用。法律英语中常用的 summons 是"传票"的单数形式，resummons 是"再传唤的传票"。其复数形式是 summonses 与 resummonses，如：① A summons was served by bailiff.（法警送达了一张传票。）② The judge served two resummonses on the pair.（法官给这对夫妇送达了两张再传票。）

这类带 -s 的单数名词还有许多，如 highs/lows（证券交易中的最高价/最低价）、status（社会地位）、headquarters（总部）等都是如此。例句如：① Actors have a higher social status than they used to have.（演员的社会地位比过去高了。）② This company's headquarters is in London.（该公司的总部在伦敦。）类似的词还有：gallows（绞刑架，其复数为 gallowses）; onus（职责、责任）也是单数名词，如在"The onus of proof rests with you."（举证责任在你方。）这句中，切不可将动词 rests 改成 rest; custom 作"风俗"解时是单数名词，但作"海关"解时一律用复数形式 customs，如在 customs bond（海关保税）、customs clearance（海关结关）、customs duties（关税）、a customs officer（海关人员）、customs detention（海关扣留）等用语中，customs 一词都须加 -s。

法律英语中还有许多没有复数形式的名词，从中文含义上看它们似乎应该加 -s，实际上却不可加 -s。常见的如：loot（赃物，赃款）、booty（战利品，赃物）、beverage（除水以外的各种饮料）、accommodation（膳宿供应）、sterling（英镑）、hard sell（强行推销）、haulage（拖运费）、hire（租货）、hire purchase（分期付款的购买）、bank credit（银行信贷），不胜枚举。

如 be payable in sterling or dollars（可用英镑或者美元支付）。同是货币单位，习惯上 dollars 用的应该是复数，而 sterling 却不能加 -s。说来有趣，一起巨额假美国债券诈骗案就败露于这一区别上。2001 年有两名男子持券到加拿大多伦多的一家银行要求兑换，银行职员发现债券印的是 Dollar 而非 Dollars，因此有所怀疑，最终查出，这些巨额债券全部都是赝品。这批骗子绝对不会想到，这么精心策划、眼看即将得手的巨额诈骗，竟然败在一个小小的 s 上。细节决定成败，在这个实例中得到了再恰当不过的解释。

又如"赃物"的对应词有 illegally acquired goods、stolen goods、loot、booty 等，但前两者都必须用复数形式，而后两者却只用单数形式，因此在 "Whoever knowingly conceals, transfers or sells illegally acquired goods shall be sentenced to fixed-term imprisonment of not more than three years."（窝藏、转移或销售明知是犯罪所得的赃物，处 3 年以下有期徒刑。）这一句子中，如果将 illegally acquired goods 换成 loot 或者 booty 就不能加 s 了；在 "The thieves were caught with their loot by the police."（警方已将盗窃犯人赃俱获。）这个句子中，盗窃犯虽是多人，赃物也不只一件，loot 却仍应用单数形式。

在 "This hospital has accommodation for 300 patients."（这所医院有 300 张病床。）这一句中，300 张病床，总该用复数了吧，但标准英语中 accommodation 却仍须用单数形式。【不过 accommodation 不论作"住宿"解还是作"融通、短期贷款"解，在美语里都有用复数形式的倾向。】

此外，还有一些单复数相同的名词，如 laches［（对权利行使的）疏忽；延误］、situs（地点）等，也必须倍加小心。

最令人困惑的是，同一个名词，单数形式与复数形式的含义竟然完全不一样。如 liability 单数形式指的是"责任""义务"，还不能与不定冠词连用［如 refuse liability for sth（拒绝对某事承担责任）］，而其复数形式 liabilities 通常指的却是"债务"。例如：tax liabilities（税务上所欠的债）不是税务责任；be able to meet liabilities（有能力偿还债务）不是有能力承担责任。例句如"Heavy liabilities forced the company into bankruptcy."（沉重的债务迫使该公司破产。）不是沉重的责任使公司破产。又如 position 作地位、职务解时是可数名词，可加 -s，但作为"头寸"解时，无复数，只与单数动词连用。例句如"Our cash position is becoming increasingly precarious."（我们的头寸越来越紧。），其中 position 就应用单数。再如 damage 作"损害赔偿"解时，是不可数名词，但作"损害赔偿金"解时，应用复数形式 damages，例如：be awarded damages（获判给损害赔偿金），be liable for damages（承担损害赔偿金），claim damages（索赔），win damages（赢得损害赔偿金）。

有时，同一形式的名词，既可以作单数用，又可以作复数用，但单复数的意义并不相同。statistics 作单数名词用时，指"统计学"，作复数名词用时却指"统计数字"。例如：Statistics is a rather modern branch of mathematics.（统计学是数学的现代分支。）这句中，statistics 是作单数名词用，应译成"统计学"。但在"Statistics show that there are more men than women in prison."（统计数字显示监狱里男人比女人多。）中，statistic 是作复数名词用，应译成"统计数字"。如果说"He is studying statistics in Beijing."，就很难看出 statistics 究竟是作单数名词用还是作复数名词用。究竟是指"他正在北京修读统计学"，还是"他正在北京研究统计数字"，就要从上下文的关系来进行判断了。

语法是法律英语的灵魂

现在有一股否定语法的风,好像学语法对于掌握英语并无好处。但就法律英语而言,可以毫不夸张地说,不懂语法就无法正确翻译法律文书。

法律文书中的句子往往很长。几十个甚至几百个词一句的句子在法律文书中是常见的事。只有通过语法关系仔细分析才能写出内容正确而又符合中国人阅读习惯的好译文。例如中国加入世贸组织法律文件(Compilation of the Legal Instruments on China's Accession to the WTO)公布后,全国一下子出版了许多中译本。有的译文逐字硬译,错误百出,不知所云。后来我国对外贸易经济合作部世界贸易组织司不得不出面干预,并组织专门力量进行翻译,才为广大读者提供了一份可靠的中译本。

中文的表述方式与英语不同,必须在正确的语法分析的前提下,再按中文的习惯加以改组,才能得出好的译文。比如世贸组织《关于中华人民共和国加入的决定》(Decision: Accession of the People's Republic of China)整个文件共数百词,其实只是一个简单句。译成中文时,却须按中文习惯,译成许多句。在《中国加入工作组报告书151(a)》中有这么一句话:

With regard to importing WTO members other than those that had an established practice of applying a methodology that included, inter alia, guidelines that the investigating authorities should normally utilize, to the extent possible, and where necessary cooperation was received the prices or costs in one or more market economy countries that were significant producers of comparable merchandise and that either were at a level of economic development comparable to that of China or were otherwise an appropriate source for the prices of costs to be utilized in light of the nature of the industry under investigation, they should make best efforts to ensure that their methodology for determining price comparability included provisions similar to those described above.

这是包括一百余词、带了七个从句的长句,而主句只有短短七个词,即 they should make best efforts to ensure,而且直到句子快终了时主句方才出现。前面 with regard to 引起的介词短语中,一连出现了以 that 相连接的五个定语从句和一个用 where 连接的状语从句。由于中英两种文字的结构与习惯不同,这种长句如依次直译非常困难。原译文巧妙地将后面的主句移到前面,并将五个定语从句及一个状语从句的内容逐一放在"上述准则为"后面,同时将原文中的 above 相应改译成"以下",同时将整句按照中文习惯分成两句,译成:

对于那些未具备适用一种特别包括下列准则在内的方法的惯例的 WTO 进口成员而言,应尽最大努力保证其确定价格可比性的方法包括与以下所述规定相类似的规定。上述准则为:调查主管机关通常应最大限度地、并在得到必要合作的情况下,使用一个或多个属可比商品重要生产者的市场经济国家中的价格或成本,这些国家的经济发展水平应可与中国经济相比较,或根据接受调查产业的性质,是将被使用价格或成本的适当来源。

这使全句含义显得十分明确,重点也更为突出。显然,要做到这一点,就非有扎实的语法知识不可。

法律英语中的直译与意译

　　一提到法律,就会使人联想到严肃、刻板、枯燥,更何况是法律英语。其实不然。现在我国已进入法治时代,法律与我们的日常生活已经密不可分。法律英语就存在于我们的日常生活之中,里面充满了我们日常生活中不可忽视的知识。我讲的问题有时看来很细小、琐碎,但远非不重要。现在有一个流行的说法,叫作"细节决定成败",因为人们从现实教训中悟到,细节常常是最具体、最真实、最容易被疏忽而又疏忽不得的。

　　作为"漫谈"的新开篇,我想首先谈一谈学习英语和从事英语工作的朋友们都很关心的一个问题,即翻译方法上的所谓"直译与意译",在本文中亦即法律英语中的直译与意译问题。

　　翻译的最高标准,无疑是"信、达、雅"。但如何才能达到这一标准,以及怎样才算符合这一标准,就有各种不同的见解。因为"信"了,未必能"达","达"了未必能"雅","雅"了又未必能"信"。因此,长期以来翻译界对此颇有争议。1922年,后为复旦大学教授的赵景深先生在翻译契诃夫的小说《凡卡》时,把 the milky way(银河)译成"牛奶路",受到鲁迅先生的辛辣讽刺。鲁迅先生为此写了一篇打油诗:"可怜织女星,化作马郎妇。乌鹊疑不来,迢迢牛奶路。"几十年来,这一直成为翻译界的趣事和佳话。赵景深先生是我国早期著名的翻译家之一,1933年翻译过一部14册的《格林童话》,他能不知道 the milky way 就是"银河"吗?当然不是。这件事主要反映了翻译界如何对待直译与意译之争。这一争论一直没有结束,21世纪前后若干年还有人在公开场合为赵景深先生的"牛奶路"鸣不平,认为作为当时有名的"直译"派的鲁迅先生没有保留"直译"观。

有的干脆认为把 the milky way 译成"牛奶路"比译成"银河"好。

其实，鲁迅先生的批评是对的。因为直译有一条不成文的规则，那就是，凡是我国没有的东西，以直译为佳，我国已经有的东西，以意译为佳。"银河"在我国古已有之，而且 milky way 与银河词义接近，何必标新立异，译成"牛奶路"？综观现实生活中，许许多多洋译名，凡是符合这条规律的译名，都有较强的生命力。如 sofa（沙发）、disco（迪斯科）等，已经成为我们语言的一部分，谁也不会再用"一种软椅子""一种伴着流行音乐起跳的动作自由的舞蹈"之类的译名来代替它们。反之，凡是违反这一规律的译名，尽管通行一时，迟早会消失得无影无踪。比如，三四十年前人们还将弹簧锁（spring）叫作"司匹林"锁，把激光（laser）叫作"莱瑟"或"镭射"，现在几乎再也听不到这种叫法了。

这条规律不但适用于一般翻译，也同样适用于法律英语的翻译。比如 Special Drawing Rights（SDRs，特别提款权）是国际货币基金组织为增加国际储备而创造的人为货币单位。它于 1970 年创建时，一个单位特别提款权的价值为 1/35 盎司黄金，相当于当时的 1 美元。1974 年 7 月 1 日起改与各国主要货币组成的一篮子货币挂钩，因此它成为比任何一种单一货币更为稳定的价值标准。这是我国从未有过的事物，用意译的办法翻译的话，不是三言两语说得清的，用"直译 + 解释"的办法来翻译，译为"特别提款权"既明了又易记，就不失为一种好的选择。

又如 grandfather clause 是指承认某项规章制度生效之前的既成事实或既有权益的条款，也称"不追溯条款"。关贸总协定规则允许原始会员国的强制性国内立法与关贸总协定不一致，但必须是在签署关贸总协定之前就已存在，这种国内立法的保留也就是一种 grandfather clause，因此又称"现行立法条款"。它的法律意义在于：缔约国只有在不修改现行有效的国内法以及不违反其现行有效的国内法的前提下才会履行关贸总协定的义务。但由于"不追溯条款"与"现行立法条款"这两种意译都有片面性，不能完整地反映其含义，目前一般都采取直译加解释的办法，直译为"祖父条款"，另加详细解释。

与此相反，有些词语的英语表述方法虽然与汉语不同，但它所说的内容在汉语里完全能找到相应的或者近似的事物，这就应该用意译的办法来翻译。这种情况下如果直译，不但不妥，甚至会成为误译。例如：

adhesion contract 是指一方的权利受到一定限制而须依附对方意思表示的合同，如照字面直译成"粘附合同"，反而会造成误解，应按其原义译成"附意合同"，有的译成"定式合同"也是采取意译法。

call money 不可直译为"随叫随到的钱"，而应译成"活期贷款"。

close company 直译好似"闭歇公司"，而根据其原义应译成"股份不公开的公司"。

court of error 不是"错误的法庭"，而是"复审法庭"。

do time 如果按字面直译成"消磨时间"那就错了。应译成"服徒刑"。

First Principles of Law 如果直译为"法学第一原则"，与原义并不相符。应该意译为"法学通论"。

first-past-the-post 是英国的一种选举制度：只要候选人获得多数票，即使没有超过半数，亦被认为赢得选举。直译的话根本无法反映出这种含义，应当意译为"多数当选制"或者"简单多数获胜制"。

Gregorian calender 直译成"格列高利历"虽然不能算错，但意译成"公历"岂不更好？

Hansard 原是一个英国人的名字，他在19世纪出版了一本议会议事笔录。这种笔录对英国上下两院里所作的讲话进行了逐字逐句的记录，后来法律界就以他的名字来代替这种议会议事笔录，因此译为"议会议事笔录"就远比直译成"汉萨德"好。

honest possession 也不应直译成"诚实的占有"，而应译成"合法占有"。

international lawyer 可以译成"国际律师"吗？不行，因为世界上根本没有所谓国际律师。此处应译成"国际法学者"或"精通国际法的律师"。

next friend 指虽非正式监护人但充当未成年人或者无行为能力人的诉讼代理人或监护人的人。他们一般都是近亲属。意译为"次代理人"就比较恰当。

shelf life of a product 直译成"产品的货架生命"，远不如意译为"产品保质期"确切易懂。

short delivery 如果直译成"短距离交货"那就错了，应译成"交货不足"。

turn Queen's evidence（=〈美〉turn state's evidence） 直译的话，不知所云。考其原义是 to confess to a crime and then act as witness against the other criminals involved in the hope of getting a lighter sentence（为求获得较轻的判决，承认罪行并供出对同案犯不利的证据），因此意译为"罪犯的反戈一击"或者"供出对同案犯不利的证据"就比较妥切。这样的证人，常被称为"污点证人"。

在法律英语的翻译中类似的例子很多。它揭示了一条道理：直译虽然不失为一种良好的翻译方法，但使用起来一定要十分小心，不可以貌取义。否则，直译就会成为误译的陷阱。当然，这并非说意译肯定比直译好。在特定情况下，直译反更可取。例如有人将 watchdog committee（监察委员会）直译成"看门狗委员会"，成为译事中的笑谈。但 2004 年 12 月，我国国家审计署时任审计长李金华在获得"2004 年中央电视台年度经济人物大奖"回答中外记者采访时，自称是国家财产的"看门狗"（由英文 watchdog 直译而来）却显得非常幽默、风趣。此处，如把 watchdog 意译成"监察人"，反而索然寡味了。可见，不论是直译还是意译，关键在于对原文的融会贯通。最能反映原文意思、并为人们看懂的译文就是好的译文。

法律英语的翻译也要讲点修辞学

欧美法律的大量引进,最早要推清朝光绪三十二年修订法律大臣沈家本。这位出生在浙江湖州的清末法学家是中国积极引进欧美现代法律的先驱。在他主持修律的短暂时间里,社会上大兴研究西法之风,是清代立法最为活跃的阶段。他"参考古今,博稽中外",为了实现"会通中外"的方针,积极组织力量翻译资本主义国家的法律作为修律的蓝本,同时奏请设立法律学堂培养专门法律人才,聘请外国法律专家担任法律顾问,派员赴外国考察。许多法律英语译名的引进与确立是从他开始的。

早在 1906 年,沈家本已经采用了"刑事诉讼法"与"民事诉讼法"等现代法学的名称。诸如"罪刑法定""审判公开""陪审制度""律师制度""缓刑""假释"等等这些现代人已经习以为常的法律词语,在沈家本主持下编成的《刑事、民事诉讼法》中就已经出现,这是多么了不起啊!在他主持下,修订法律馆还聘请了日本人松冈义正起草了民法总则、债权、物权三编,亲属、继承两编,许多现代民商法律的基本用语和概念早在 100 多年前就已得到引进和确立。尽管由于它的内容主要取自德国、瑞士和日本的民法典,我国法律词语中至今还保留着许多大陆法的痕迹,但他把西洋现代法律引入中国的功劳是无人能及的。

随着清朝的灭亡,沈家本主持修订的法律虽已夭折,而他引进并确立的许多法律词语的译名译义却已融入我国法律,成为我国现代法律的共同财富,一直为人们沿用至今。但是,社会在不断发展,中西语言也在不断交流与融合。有人统计,汉语每年要吸收 1000 个左右外来词,其中大部分来自英语,法律英语是其中的重要部分。

加之，人们所用的文字、语言也在不断变化，时代给法律词语带来的影响仍然是巨大的。拿民国时期的《六法全书》与我们现在的法律条文一对照就不难看出，许多法律词语虽然译自相同的英语词汇，译法却大不一样。法律英语的翻译一直在经历着自我完善、优胜劣汰的过程。大凡译义最为准确、文字最为简洁、意思最为明了的译法，就最为稳固。反之，即使流行于一时，也迟早会被更妥切的译法所取代。

有时，一个词语译名的确立往往需要几代人的参与和选择。如埃及的尼罗河（Nile），读作[nail]，为什么没有译成"奈罗河"？威名显赫的古罗马皇帝恺撒（Caisar）的读音是[ˈsiːzə]，而并非[ˈkaizar]，难道是前人译错了吗？细考起来，里面几乎都有许多故事。这种历史的选择有时长达几十年、几百年。"马克思"与"恩格斯"，现在是家喻户晓的名字，可是据我国著名的语言文字学家周有光先生考据，Karl Marx的中文译名从1902年到1923年经历21年的时间，才将姓统一译为"马克思"。在这21年中间，"马克思"曾有过10种译法：麦硌士、马陆科斯、马尔克、马儿克、马可思、马克司、马尔格时、马克斯、马格斯和马克思。Friedrich Engels的中文译名从1906年到1930年经历了24年的时间，才将其姓统一译为"恩格斯"。在这24年中间，"恩格斯"曾有过7种译法：嫣及尔、英盖尔、恩极尔斯、安格尔斯、昂格士、昂格斯和恩格斯。（见周有光《百岁新稿》第145页，生活·读书·新知三联书店2005年版。）

被我国著名的历史学家范文澜先生称为"满清时代开眼看世界第一人"的林则徐（1785—1850），在鸦片战争发生之前就十分关注西方国家的政治法律制度，主张"悉夷、师夷、制夷"，采人之长，补己之短。他所编译的《四洲志》与《万国法》是我国国人自己了解西方法制最早的文献之一。《四洲志》上有这么一段话，现在读来很有意思。他说："育奈士达设总领一人，综理全国兵、刑、赋税、官吏黜陟。然君国重事，关于外邦和战者，必与两业会议而后行……故虽不立国王,仅设总领,而国政操诸舆论,所言必施行,有害必上闻,事简政速,令行禁止,与贤辟所治无异。"读者想必已经看出,这里所说的"育奈士达"即 United States(美国),"总领"即指 President(总统),"两业会议"是指"参议院与众议院","兵、刑"是指"军事与法律"。这是出现在清宣宗道光年代亦即19世纪中叶的法律英语的权威翻译,距今已有180多年。平心而论,林则徐的这些译名并没有错,想必当年他也是经过"一名之立,竟日踟蹰"的苦思冥想才采取的译法,但较之今日的译名,变化之大,不免使人深有沧海桑田的感觉。可见一个译名的确立绝非一朝一夕所能促成的。

时代在变,人们的认知程度也在不断加深。外来词的译法无不面临时间的选择、经历优胜劣汰的考验。在法律英语中,除了译法已经稳定的法律词语以外,许多法律英语的对应译法目前还处于各行其是的阶段,还有待于时间的检验。"准确、简洁、明了"是修辞学的基本要求。从这个意义上说,法律英语的翻译也无不受到修辞学的检验。

试看以下法律英语短语,在目前各种辞书中,各有各的不同译法。这反映了它们正处在这种自我完善、优胜劣汰的过程中:

no trial without complaint (= to be handled only upon complaint)

1. 不告不理;2. 告诉乃论;3. 告乃论;4. 告诉的才处理。

在这四种译法里,第三种无疑是最简洁的,但它太专业了,不够明了。第四种虽然明了,但不够简洁,因此只用于法律条文。第一种译法既准确又简洁明了,目前用得最多。

benefit of the doubt

1. 疑虑的特惠;2. 疑点的利益;3. 无罪之假定;4. 疑罪从无。

原文的意思是,在证据不足的情况下假定某人无罪(to give sb the benefit of the doubt)。它是无罪推定原则的具体引申。第一种及第二种的译法只是照字直译,并不能明白地表达出原义。第三种译法与"无罪推定"混同,也不理想。第四种译法既突出了"疑"字,又明白无误地说明了原义,文字也十分简洁,无疑是最为理想的译法。

competence of witness

1.证人的作证能力;2.证人的作证资格;3.证人的适格。

此处 competence 一词不光是指证人的资格与能力,还包括证人是否具有应有的权利、权能、权限。总之,是指证人的合格性。因此,第一、二两种译法都不够准确,以第三种译法较为妥切。

confession and avoidance

1.自认而又持异议;2.认罪后又起诉;3.承认事实而不承认犯罪。

原文的意思是指承认对方所指控的事实,但又提出新的情况,主张对方的犯罪指控并不成立,从而使对方的指控变成无效。比如,承认打伤对方,但认为这是出于正当防卫,不构成犯罪。第一、二两种译法只是按字面直译,没有反映出原文的这一含义。而且,"异议"不等于"起诉"。avoidance 是指"躲避""废止"等意思,没有"起诉"的含义。异议只是主观的意见,起诉却是启动法律程序的法定步骤。因此,第一、二两种译法都有偏颇,以第三种译法比较明确、妥切。

knock-for-knock agreement

1.各自理赔协议;2.汽车互撞免赔协议;3.各自负责自己索赔协议。

这三种译法究竟哪种译法最好,首先应从原文的意思进行分析。据 *Oxford Dictionary of Business English for Learners of English* 解释,它是指 an agreement between motor insurers not to claim payment for accident damage(汽车保险公司之间达成的互撞免赔协议)。而据 *Dictionary of Law*(P. H. 科林编,第二版)的解释,它是指 agreement between two insurance companies that they will not take legal action against each other, and that each will pay the claims of their own clients(两个保险公司之间互不起诉、各自支付客户提出的索赔的协议)。按照后者

的解释,这种协议并不光指汽车互撞,也可以发生在别的情况下。因此,按照第一种解释,以译作"汽车互撞免赔协议"为佳。如按照第二种解释,以译作"各自理赔协议"为佳。

double jeopardy

1. 双重危困;2. 双重审理;3. 同一罪名而受两次审理。

double jeopardy 是指公民犯同一罪行而受到两次审判。同一罪行以前已经被开释过的,称为 autrefois acquit,同一罪行以前已经定过罪的,称为 autrefois convict。

英美法中禁止法院对同一罪行进行一次以上的公诉或审理,并作为一个宪法原则确定下来。大陆法系中称之为"一事不再理"(non bis in idem)原则。它同时也指因被告的同一行为而判以一条以上的类似罪名。因此,第一种和第二种译法虽然简洁,却未能表达出"同一罪名受两次审理"这一重要内涵,并不可取。比较起来,第三种译法较为准确。但我认为,如将第三种译法中的"罪名"改为"罪行",将"审理"改为"审判",将更符合原义。

circumstantial evidence

1. 环境证据;2. 情况证据;3. 旁证;4. 间接证据。

原义是指案件发生时周围环境中的事物情况等所构成的证据。译成"旁证"当然没有错,但旁证的范围远比环境证据大,而且环境证据不一定就是"旁证",有时也可能是直接证据。至于间接证据,一般译为 indirect evidence 或 collateral evidence,它不光指环境证据,还指证人证言等各方面的间接证据。译成"情况证据",又太笼统,所以还是直译为"环境证据"最为可取。

Times Law Reports

1.《时代判例汇报》;2.《泰晤士判例汇编》;3.《泰晤士法律汇编》。

Times Law Reports 是英国定期刊载法院判例的最著名的刊物之一,长期以来被译成《泰晤士法律汇编》。泰晤士是英国流经伦敦的一条河流名，英文名为 Thames，不是 Times。按理，把 *Times Law Reports* 译为《泰晤士法律汇编》似乎有错译之嫌。有的词典把它译成《时代判例汇报》，可能就有纠错的意思。其实这是多余的。由于泰晤士河是流经英国首都伦敦的大河，泰晤士之于英国就像塞纳河之于法国、长江之于中国一样，她是英国人的骄傲。在翻译英国报刊名称时，把 Times 有意谐音译作"泰晤士"已是由来已久的事，如英国创立于 1785 年的报纸 *The Times* 长期以来一直被译作《泰晤士报》，谁也不会将它改译作《时代报》（见梁实秋编《远东英汉大词典》Times 条）。这就是翻译中的约定俗成。因此，第一种译法虽然没有错，但第三种译法符合约定俗成，最为可取。

soft currency

1. 软通货；2. 软货币；3. 弱势货币；4. 软币。

soft currency 是指准备金不足的货币，或者由于实行外汇管制，不能自由兑换，其官定汇率不能反映其实际价格的货币。它与 weak currency（疲软货币）近似，但又不完全相同。后者着重指价格正在下跌的、在金融市场不被看好的货币。第一、二、四种译法不能反映出这一主要内涵，而且容易与软币（soft money）相混淆，所以第三种译法"弱势货币"是可取的。

soft loan

1. 软贷款；2. 优惠贷款；3. 无息贷款。

soft loan 具有两种含义。一是指 a loan with a very low rate of interest（低息贷款）。二是指 a loan which can be paid in soft currency（可以用弱势货币偿还的贷款）。虽然它也包括无息贷款在内，但并非一定无息。第一种译法与第三种译法显然都不能全面反映出这两重意思，因此以第二种译法"优惠贷款"为佳。

contingent fee

1. 成功酬金；2. 胜诉酬金；3. 办成后付费。

contingent 原指 uncertain（不确定的）或 accidental（偶然的）。

contingent fee 不单单指律师收费而言，译成"胜诉酬金"范围未免过窄。但现实生活中它也确实常指诉讼委托中委托人事前可以不付费，胜诉以后才付给律师酬金的一种付费办法。这三种译法都没有错，也都比较简洁。目前似有偏爱第一种译法的趋势，因为它适用的范围远比"胜诉酬金"要宽得多。

judgment creditor/debtor

1. 判定债权人／债务人；2. 判决确定的债权人／债务人；3. 胜诉债权人／债务人。

原义指经过法院判决确定的债权人／债务人。第一种译法不够明确，容易引起误解，而且有点像祈使句，不像名词。第二种译法不够简洁。第三种译法虽然是意译，"胜诉"两字即包含了已经判定的意义，含义清楚，用字简洁，比较可取。

general lien

1. 一般留置权；2. 特定物留置权；3. 统刮留置权；4. 整体留置权。

从字面上看，第一种译法并没有错，但从实际法律含义上说，第一种译法却误导了读者。因为汉语中的一般留置权，在英语中，恰恰不叫 general lien，而叫 particular lien。与此相反，general lien 是指债权人将货物、钱财、单据等一起扣押下来，作为清偿全部债务的担保方式，所以 general lien 译作"一般留置权"是望文生义，容易引起误解。第二种译法又离原文太远，也欠妥。这里的 general 应作 overall（整体）解，把它译为"统刮留置权"或"整体留置权"才更符合原义。

法律词语是层出不穷的，法律英语的译法也会不断地接受修辞学的检验，优胜劣汰。这个过程可以说是永无止境的。我们每个译者、读者、用者都在自觉或不自觉地参与着这个过程，推动着法律英语的翻译工作不断前进。

从"打官司"看中英两种文字的表达能力

凡是做过中英双语翻译的人,都会得到一个印象,即中文的表达能力远比英文强。中文的词性十分灵活。例如"君子不镜于水而镜于人""老吾老以及人之老"这样的句子在英文里是极难以同样的结构来表述的。最典型的莫过于茶壶上常见的"可以清心也"五个字。它在圆圆的茶壶上,几乎以任何一个字作为句首读起来都可以成为一个完整的句子。除了读成"可以清心也"外,也可以读成"以清心也可""清心也可以""心也可以清""也可以清心"。这种现象在语法严谨的英语里是很难办到的。在法律英语中,中英两种文字的表达也自然而然地发生差异。汉语显得细腻,英语显得粗放。比如:汉语里,绑架、劫持、诱拐、拐骗、拐卖、勾引,这些行为是完全不同的行为,英语里却几乎都可以用 abduct 或者 abduction 来表达。如:to be abducted at the gunpoint(在枪口威胁下被绑架);to abduct a woman(拐骗妇女);to abduct a minor under the age of 14(拐骗未满 14 周岁的未成年人);to abduct and traffic in a woman or a child(拐卖妇女儿童);abducted women or children(被拐卖的妇女或儿童);abduction of woman(勾引妇女)。crime of abduction 既可以指"诱拐罪",也可以指"劫持罪"或"绑架罪"。另外,如煽动、教唆、怂恿、唆使,在汉语中意思也各不相同,但在英语里却几乎都可用 abet 或者 abetment 来表述。汉语中的暂缓、中止、终止、搁置、缓办也各有各的细微差别,但在英语里几乎都可用 abeyance 来表示。类似这样的例子多不胜举。

是否由此可以得出结论,法律英语中英语的表述能力就一定比汉语弱呢?其实不然。至少从"打官司"这个口头语上看,英语的表述方式就比汉语多得多。在汉语中，表示要打官司的表述方式不外乎对某人提出控告、向法院起诉、起诉某人、因某事而与某人打官司、诉诸法律手段等五六种而已。然而在英语法律词语中，表示要打官司的词语，撇开口头俚语不算，少说也有30多条，其动词组合以及结构形式远比中文丰富得多，多得译成中文时到了很难采用不同的中文词语来加以区分的程度。之所以出现这种差异，大概与英美国家人民法律意识比较强、诉讼被广泛地用于解决纠纷有关。以下试将法律英语中常见常用而又各不相同的具体表述方式归纳如下，以供参考：

to bring a suit / an action 起诉

to institute an action 起诉

to take legal action 提起（民事）诉讼

to take/bring an action against sb 对某人提起诉讼

to lodge an appeal 提出上诉

to submit a case to the court 向法院起诉

to take sb to court 对某人提起诉讼

to lodge a complaint against sb 对某人提出（正式）控告 / 抗议

to make a complaint 起诉

to make/lay/lodge a complaint against sb 对某人提出控告公诉

to indict sb for sth 为某事控告某人犯罪

to lay an information against sb 控告某人

to bring a criminal to justice 对一名罪犯诉诸法律

to go to law against sb 跟某人打官司；起诉某人

to have recourse to law 诉诸 / 求助于法律

to resort to law 采取 / 诉诸法律手段

to take sb to law 跟某人打官司

to be engaged in civil lawsuit in China 在中国进行民事诉讼

to bring in a lawsuit against sb for sth 因某事而和某人打官司

to bring/file a lawsuit to a court 向法院提起诉讼

to enter a lawsuit against sb in law 依法对某人起诉

to file a civil lawsuit 打民事官司

to get into litigation with sb 起诉某人

to take a dispute to litigation 将争议诉诸法律

to proceed against sb for sth 为某事对某人起诉

to conduct prosecution 提起公诉

to initiate criminal prosecution / public prosecution 提起刑事诉讼 / 公诉

to institute legal proceedings against sb 对某人提起诉讼

to institute legal proceedings 起诉 / 启动诉讼程序

to start divorce proceedings 提出离婚诉讼

to start legal proceedings against sb 对某人提起诉讼

to sue at (the) law 提起诉讼

to commit sb for trial 带某人到法院受审

由此可见，英语表达能力也是很强的，在表达方式的多样化上与汉语可谓各有千秋。

法律英语中的同义词

严格地说，同义词是不存在的。现在所谓的同义词，并非绝对相同，否则，就没有并存的必要了。但一般情况下，法律词语中确有一些意思近似的词。它们起着丰富词汇、减少重复、体现文体色彩的作用，通常被称为同义词或近义词。同义词的意义虽同，用法却未必相同，有时甚至完全不同。这种现象在各种语言里都存在。中文里的同义词常令外国人头痛不已。英语里，特别是法律英语里的同义词也令我们头痛不已。

举一个简单的汉语例子来说，"犬"者"狗"也，这是典型的两个同义词。但我们常说"鸡飞狗跳"，不说"鸡飞犬跳"；说"鸡犬相闻，老死不相往来"，不说"鸡狗相闻，老死不相往来"；"狗腿子"就绝不可写成"犬腿子"；古人对人介绍自己的儿子时，常自谦为"犬子"，如果换成"狗子"，岂不贻笑大方。这里的"犬"字多少带有一点亲昵的味道，西方人是很难体味得出来的。藏犬常被称为藏獒，那么"獒"该是"犬"的同义词了吧。也不然，我国两千多年前写的《尚书·孔传》里就已说过"犬高四尺曰獒"，看起来，犬与獒更算不上同义词。仍以中文为例：可以说"一条鱼""一条蛇"，甚至可以说"一条狗""一条好汉"，鲁迅先生笔下还出现过"四条汉子"的说法，这都是地道的汉语。但是你如果想以此类推，从体型大小、有脚无脚或者是否脊椎动物等方面推断出许多规律，写出"一条马""一条人"或者"五条士兵"之类的词语，肯定会被当作病句改掉。这些词语搭配上的变化几乎没有规律可循。谁也无法说得清其中的道理，或从中定出几条明确的界限。一言以蔽之，是惯用法使然。除了跟着学，没有别的捷径可循。

在英语中也同样有这种情况,含义几乎相同的词,它们虽在大多数情况下可以相互替换,但它们的搭配用法,有时却有很大差异,甚至完全不同。例如 exemption 与 immunity 是"豁免"的意思,当你翻译"外交豁免权"时,应采用 immunity,译为 diplomatic immunity,但翻译"豁免增值税"时,你如果仍旧采用 immunity 这个词,译成 immunity from value added tax,那就译错了,应该将 immunity 改为 exemption 才对。undermine 与 sabotage 都可译为"破坏",但"破坏国家统一"应译作 to undermine unity of the country,"破坏国家法律、行政法规的实施"也可以译作 to undermine the implementation of the laws and administrative rules;而"破坏交通工具"就不宜再用 undermine 这个词,而应译成 to sabotage any means of transport。

同义词的这种用法上的差异有时还取决于使用场合。如 withdrawal、challenge、declination 这三个词的中文对应词都可译作"回避"。withdrawal 含有"从某事上撤退"(take back)的意思,"当事人申请该法官回避"自然可以译为:The parties apply for the judge's withdrawal. 但如果把这句里的 withdrawal 换成 challenge 就错了,因为 challenge 有"反对或质疑他人担任某种职务的公正性"的意思,如 challenge of juror、challenge to the array、challenge to the polls 都有质疑陪审员的公正性而"要求陪审员回避"的意思,apply for his challenge 显然是讲不通的。declination(或 decline)的基本含义是"主动谢绝""不肯接受",只能用于法官自己提出回避的场合,如:The judge declined to accept and hear the case.(法官回避该案的受理。)如果把这里的 decline 换成 challenge,意思必然大谬。

这种中文词义相同而用法不同的现象,在法律英语同义词中十分常见,成为翻译法律英语的一个瓶颈。搞过中译英工作的人都知道,所要用的词只怕多不怕少。你想用的词如果仅此一个,只要记得这个词,用上就是,很少出错。你想用的词如果有许多同义词或近义词,你就会面临许多不同的选择,甚至感到无所适从。因为同义词并非真正同义，一不小心就会犯张冠李戴的错误。走出这种困惑的有效途径在哪里？怎样才能使我们的译文正确、地道？从词的搭配实例中区分同义词的用法，无疑是有效途径之一。语言是习惯的结晶，实例就是最好的解释。

下面举"案件"一词的一些英语对应词的译法作例子，这些例词都来自正式的法律文书，诸如 WTO 的法律文件等当代的法学资料，以求来源可靠。而有些同义词或近义词，虽然在单词中存在，而在法律英语的搭配中并不存在或者极少存在，这是需要注意的。

"案件"的同义词有：case、brief、law case、legal case、suit、lawsuit、cause。

惯用实例：

accept and hear a case（法官）受理案件

attend a briefing by the detective on the case 参加办案探员的情况通报会

brief/circumstances/fact/detail of a (legal) case 案情

capital case 死刑案件

case agreed on 双方无异议的案件

case at bar 正在审讯中的案件

case file/archives/dossier 案卷

case law 案例法

case materials / file record of a case / relevant papers on the case 案件材料

case of assault 行凶案件

case of libel 诽谤案件

case of second instance 二审案件

case study 个案研究

court case 诉讼案件

doubtful case / hard case / suspicious case 疑案

established case / decided case / chose jugee［法律］已决案

example of case 案例

guiding cases 指导性案例

leading case 首创判例

misjudged case / case of injustice / unjust case / framed-up and wrong cases 冤案

murder case 谋杀案件

pending case / lis pendens［法律］悬案

pending case 未决案件

the current case / the instant case 本案

briefing 通报（案件）详情

He is a briefless lawyer. 他是一位没有案件（无人委托）的律师。

legal brief 诉讼案件摘要

take a brief （律师）接手承办案件

That lawyer has plenty of briefs. 那位律师案件很多（生意很忙）。

Will the lawyer accept the brief? 那位律师肯接手这个案件吗？

law case 法律案件

legal case 诉讼案件

pending suit 悬案

suit against state 通过向国家诉讼而求得法律救济的案件

suit at law 民事诉讼案件

a lawsuit between two oil companies 两家石油公司间的诉讼案件/官司

lawsuit（a non-criminal case）非刑事案件

cause book 诉讼案件登记册

cause celebre 著名案件

cause list 诉讼案件排列表

cause of action / subject matter of a case / in re［法律］案由

说说法律文书里的姓名

在法律文书中，姓名是一个自然人作为诉讼主体的法定标志，容不得半点差错。世界各国姓名的用法与排列不尽相同，使用应当谨慎。在千变万化的姓名中，一个严谨的法律工作者有必要知道怎样从不同国家的姓名中找出哪个是姓、哪个是名，并且正确地进行排列，以免造成主体不适合的严重后果。

英美国家以及以英文为国家文字的国家中，surname 与 given name 固然是指"姓"和"名"，但 name 不光指名，也指姓。如 David Jones 是 name，其中的 David 与 Jones 也都是 name。如仔细划分，David 是名，Jones 是姓。"名"在英国叫 first name，在美国叫 given name，是出生时父母给取的。在基督教国家，人们常以"教名"为名。"教名"是指出生时教父取的名字，称为 Christian name。英美人的"姓"叫 surname 或者 family name，在美国也叫 last name。如果是已婚妇女，她的 last name 实际上是夫家的姓，不是娘家的姓。一个妇女的 maiden name 并不是她出嫁前的名字，而是指她娘家的姓。first name 或 given name 通称为 forename，不过用法较为庄重，一般只在文件与申请表格中才用它。

名在前、姓在后，是英美人的习惯。在公共关系中，称呼一个人只呼其名字的第一部分会被视为粗鲁、轻视、没有礼貌，比如在正式文书或者新闻报道中，当提到美国前总统布什时，应该用 George Bush 或 Bush。如果只用第一部分 George 而不使用 Bush 就会被认为是一种粗鲁或不友好的表示，甚至会受到抗议。英美人之间，只有关系密切的人才可直呼其名。家人或亲密的朋友之间还可以用昵称或爱称（pet name / childhood name），比如将名叫 Alexander

的人称呼为 Alex、将 Anthony 叫作 Tony 等。此外，英美人的姓有时也可以用作名，如 Carte（卡特）、Truman（杜鲁门）、Lincoln（林肯）、Washington（华盛顿）等为中国人所熟知的姓，其实也可以是名，要看它在姓名中放在什么位置。如纽约市横跨曼哈顿和布鲁克林之间雄伟壮观的布鲁克林大桥，它的设计师和工程师是著名的约翰·A.罗布林（John A. Roebling）。大桥开工后几个月，他不幸在一次事故中身亡。他的儿子也因此受了重伤，不能说话，不能走路，只能用一个手指传递信息，继续指挥工程。整整 13 年，大桥终于建成。这位著名天才工程师的名字就叫华盛顿·罗布林（Washington Roebling）。他和美国开国总统乔治·华盛顿一点关系也没有。

　　英美人士姓名常有超过两节的。第一节是本人的正式名字（教名），最后一节为姓，中间一节有的是母亲的姓，有的是家庭关系密切者的名字，也有的是尊敬的好友或名人的名字。例如 John Stuart Smith（约翰·斯图尔特·史密斯）即为姓史密斯，名约翰。美国前总统全名为 Barack Hussein Obama（巴拉克·侯赛因·奥巴马），即为姓奥巴马，名巴拉克。其中 Stuart 和 Hussein 叫作 second name 或 middle name（Hussein 是奥巴马肯尼亚籍父亲的家族名）。这种放置在教名与姓之间的名字究竟可以放置几个，法律上并无限制。2006 年，一名痴迷于"007"的英国男子把自己名字改成 James Bond，中间名由 21 部邦德系列影片的片名组成，使得他的名字由 69 个词组成，成为英国历史上名字最长的人。

　　中国人取名讲究避讳，力求晚辈的名字与长辈的名字不要相重。而在英美，有的人喜欢沿袭用父名或其他先辈名，因此父子或祖孙同名是常有的事。英国前首相丘吉尔，其父亲名伦道夫，他的一个儿子也叫伦道夫，祖孙同名。美国前总统富兰克林·罗斯福，他的儿子也叫富兰克林·罗斯福。石油大王洛克菲勒也为儿子取了与自己相同的名字。这种习惯不但英美人中常见，在俄罗斯也同样存在。前苏联领导人赫鲁晓夫最为疼爱的孙子、已于 2007 年 2 月去世的尼基塔·赫鲁晓夫与其祖父同名就是一例。在英美国家，父子同名时，子辈只在全名后面缀以"小"（Junior）字以示区别，如"John Wilson, Junior"（小约翰·威尔逊）；在书面语中通常可用 J.（或 Jr./Jnr.）代替 Junior，如 Mr H. Adams Jnr.（小 H. 亚当斯先生）。父辈的可在全名后面加上 Senior（或 Sen./Snr./Sr.）以示区别，如 John F. Woolf Sen.（老约翰·F. 伍尔夫）。几代同名的，有的加上一个罗马数字以示区别。"George Smith, Ⅲ"译为"乔治·史密斯三世"（"三世"也有译为"第三"的）。有人认为，中译文里的"三世""二世"之类的称呼只能用于帝王、教皇或总统之家，如 Henry Ⅶ（亨利七世）、Richard Ⅱ（理查二世）等，其实不然。例如，美国著名音乐剧制片人奥斯卡·汉默斯坦二世（Oscar Hammerstein Ⅱ），其祖父是著名美籍犹太人作曲家奥斯卡·汉默斯坦一世（Oscar Hammerstein Ⅰ）。

  西方还有的人喜欢沿用历史上卓越人物的名字取名。比如不少美国人给孩子取名林肯、富兰克林、罗斯福等。但也有的人喜欢取古怪的名字。据说有个叫 Toper Carter 的人喝醉了酒，警察问他："你叫什么名字？"他回答说："我叫 Toper［酒鬼；（人名）托佩尔］。"警察说："我知道你是酒鬼，但我问的是你的名字。"美国佐治亚州有一个家族姓 Christmas［圣诞；（人名）克里斯马斯］，90 岁的祖母和她 30 岁的孙女都叫 Merry Christmas［圣诞快乐；（人名）梅里·克里斯马斯］。

  中国人的"姓名"两个字，如需分别译成英语时，除了"姓"可以译作 surname 或 family name 外，中国人的名字既不可译作 Christian name 也不宜译作 first name 或 given name。据语言学家葛传椝先生的意见，以译作 personal name 为好。比如我国法律中"使用自己姓名的权利"就应译为"right to use one's own surname and personal name"为宜。但美国人常把中国人的姓称为 first name，把名称为 last name。

  英美国家的妇女，在结婚前都有自己的姓和名，但结婚后并不用原来的姓。一般是在自己的名字后面加上丈夫的姓，从而组成婚后姓名。如 Marie White 女士与 John Davis 先生结婚，婚后女方姓名就变成 Marie Davis（玛丽·戴维斯），她自己的父姓就不在其中了。不过，也有例外。在美国，演员常常使用艺名。剧院经理为了保持演员的知名度，不愿她们改用夫姓，有的甚至对她们的婚事秘而不宣。在女作家中也常有不使用夫姓的。已婚妇女如果使用娘家的姓，这个姓，称为她的"本姓"或"父姓"，亦即英语里的 maiden name。

在我国绝大部分地区，现代女子结婚后依法可以使用自己的姓名，并已成为习惯。但在我国台湾、香港、澳门等地，仍然保留了结婚后随夫姓的习惯。根据台湾地区的有关规定，"妻以其本姓冠以夫姓……当事人另有约定者，不在此限"。大多数妇女习惯于婚后从夫姓，如台湾的女名人"高金素梅"，即表示其夫家姓高，父姓为金。在香港、澳门，现在仍有许多妇女婚后常把丈夫的姓放在最前面。如香港有名的女官员陈冯富珍等人都是如此。在非正式场合，包括新闻报道中，人们常会在其夫姓后面加一个"太"字，亲切地称呼为陈太、张太、李太等。港澳台地区已婚妇女的姓名有如此改变，并不表示女权的失衡，反倒给人一种夫妻和睦、家庭美满的温馨感。但更多的妇女坚持婚后仍使用自己婚前姓名，影剧界、娱乐圈里的已婚妇女尤为如此。

英美人的姓名，书写时也有讲究。在非正式场合，他们常把名字缩写为一个大写字母，如"G. W. Thomson""D. C. Sullivan"等，但姓是不能缩写的。

如果英语法律文书中出现的英美人姓名，那倒也简单得多了。可惜事情并非如此。法律英语中常常会出现许多非英美人的姓名。这些姓名在英美法律文书中自然也是用英文表述。译成中文时一般也都是按英语发音来表述的，但它们（除了另取的英文姓名外）的排列次序以及姓名中所包含的信息，却与英美人姓名有很大区别，称呼也有不同的方式，阿拉伯人的姓名尤为复杂。举个例子：对英美国家的人，除非有特殊关系，不可直呼其姓名中的第一部分，但在中东，人们却常用名字的第一部分称呼对方，表示尊重。阿拉伯人这种复杂的姓名结构与称呼常使得外国人无所适从。如2005年1月当选的巴勒斯坦民族权利机构主席阿巴斯宣誓就职后，据报道，谁也不知道应该如何正式称呼他。马哈茂德·阿巴斯（Mahmoud Abbas）、阿布·马赞（Abu Mazen）、阿布·阿巴斯、马哈茂德·马赞……，都有人用。一时间，该如何称呼这位阿拉法特继任者的名字成了各国领导人、外交部和世界媒体的世界难题，甚至美国前总统布什也在称呼上犯了错误。在祝贺阿巴斯赢得大选的时候，布什称其为"阿布·马赞先生"，这被认为不符合外交礼节。因为"阿布·马赞"的意思是"马赞的父亲"，所以布什总统等于称阿巴斯为"马赞的父亲先生"。在阿拉伯国家，当男人有了第一个儿子后，人们习惯称呼父亲为"阿布"（Abu）。阿巴斯的大儿子叫马赞，这正是阿巴斯别名的由来。世界媒体和一些国家的外交部最后终于认识到不能称这位阿拉法特的继任人为"马赞"，因为这是在叫阿巴斯的儿子，而不是在叫这位巴勒斯坦的新领导人。再举个例子：日本人、朝鲜人、越南人同中国人一样，也是姓在前，名在后。日本人的姓大多是两个字，像中国人的复姓，如田中、宇野、铃木、福田、吉田、宫本等。有时还有三个字的姓，如"二阶堂"等。在正式场合应把姓和名分开写。日本人的姓名书写与汉字相似，但读音则完全不同。如"山本"读作yamamoto（亚玛摩投），"铃木"读作suzuki（斯兹基）。而且，同样一个汉字在不同的姓名中读法也常不一样。

　　姓名的表述与称呼是一门十分复杂的学问，自然不是本文所能完全讲清的。但从笔者所举的这几个较为熟悉的国家的人名中，读者想必已经不难看出法律文书中表述外国人姓名时应该多么小心。遇到疑难时，应当查考权威的资料，不可轻率。

　　既然姓名的不同排列时常有不同的含义，而且各国都有不同的习惯,那么,在英语法律文书中怎样来排列不同国家人的姓名呢?这里似乎有一条不成文的原则,那就是,不管是哪个国家人的姓名,尽管这些姓名已经改用英语表述,仍然一律按照其本人国家的习惯排列,而不是用英美的习惯去加以改动,这是非常重要的约定俗成的原则。它使得许多复杂的问题简单化了。

但这条原则现在对中国人的姓名似乎不那么适用了。中国人的人名译成英文,既有原封不动地音译的,如人名大词典中 Mao Zedong(毛泽东)、Lee Tsung-dao(李政道)等,过去一直是这样翻译的;也有入境随俗、将姓放在后面的,如在奥运会上,运动员的姓名也被倒过来了。究竟中国人的姓应该放在最后还是最前,似乎进入一个各行其是的阶段,并无统一的规定,显得很乱。在历届奥运会及冬奥会上,中国运动员的姓有时放在名字之前,有时又被放在名字之后,使人莫衷一是。我国著名影星章子怡与巩俐(后者现已加入新加坡籍)主演的美国大片《艺伎回忆录》中,在最后的署名里,巩俐的译名是 Gong Li,而章子怡的译名却是 Ziyi Zhang。巩俐与章子怡都不是艺名。在同一部美国大片里,中国演员的姓名排列次序尚且如此不同,其他地方可想而知。这种做法虽然充分尊重了个人的选择,但从法律角度来看,这很容易引起误会,甚至是法律纠纷的一个盲点。比如一个叫"李江"(Lee Jiang)的人,在英美等国就可能变成 Jiang Lee(江李)。别人看到这个名字后,对他究竟是姓江还是姓李,就难免产生问题。

令人深思的是,英美人在中国用的姓名,除了另取的汉名以外,从未见有人把自己的姓也按中国习惯移到前面的。如费正清、李洁明、包道格、尚慕杰、夏馨等这些中国人耳熟能详的美国名人,在使用他们的正式姓名时,从未见把他们的美国姓氏也按中国习惯放在头里的。窃以为,在法律文书中还是应该按照各姓名原始国习惯中的原来次序排列为妥。正如中文里不应将 David Jones 改按中国习惯译为"琼斯·戴维"一样,"李江"也应按中国习惯译成 Lee

Jiang 为宜。

笔者曾无意中看到过一条新闻,报道法国教育部汉语总督学白乐桑先生对汉语姓名译法的意见。他认为,推广汉语要强调保持语言的独立性和纯净性,不要盲目地去适应外国人的思维方式。他举例说:"你明明叫张三,为什么一跟外国人介绍自己,就要倒过来说是三张呢?"[1] 可见这个问题连外国人都注意到了,而我们自己却还乐此不疲,这是值得我们深思的。让人欣慰的是,2011 年我国已经出台国标文件《中国人名汉语拼音字母拼写规则》(GB/T 28039–2011),规定按照中国人姓名的自然顺序、用汉语拼音拼写姓名,即姓在前名在后,姓名之间留一个空格;这个国标可以作为翻译中国人名的参考依据,如王小明应译为 Wang Xiaoming 等。国标规定比较详尽,有兴趣的可以参阅。

---

[1] 见 2006 年 10 月 2 日《羊城晚报》。

"首席执行官",一个改变了中文词义的译名

在 20 世纪后期,社会上忽然流行起所谓 Chief Executive Officer 这一用语(简称 CEO)。我国报刊文字里将它译为"首席执行官"。给人的印象是,它是比董事长、总经理都要高一级的人物。现在,人们几乎可以天天在报纸上看到"某某公司的首席执行官""某某公司的 CEO"之类的称呼。开头只见于外国公司的头头,现在许多中国公司的头头,不管是国营公司、民营公司,也都喜欢上这个不明不白的洋头衔了。

大家知道,英语 Chief Executive Officer 是指大公司或大企业的行政首脑。光就译名来说,"首席执行官"这个译名字字对应,相当工整。但从翻译原则来说,这是一个很不严肃的错译。因为翻译的最高原则"信、达、雅"中,"信"是第一位的要求。所谓信,就是含义不能走样,内容不能张冠李戴,原文指的什么,中文里也应指什么。字字相对应并不就能得出正确的翻译。如把"街道妇女"翻成 street women,虽然字字都对应了,你能说是正确的翻译吗?当然不是,因为中文里的街道妇女指在城市基础组织"街道办"中工作的女性,而英美国家的 street women 是指经常在街上拉客的性工作者,即妓女。

"首席执行官"之错误,也是只求逐字翻译,忽略整体含义所造成。中文里,"官"字是具有专门含义的。商务印书馆出版的《现代汉语词典》对"官"字的定义更明确具体,指"政府机关或军队中经过任命的、一定等级以上的公职人员"。也就是说,中文里的"官"是有特定含义的,它专指政府机关或军队的"公职人员",不但要经过政府任命、并且还要"一定等级以上",才能称为"官"。不符

合这些条件的人,哪怕你富堪敌国,也只能是"布衣"一个,不能称为"官"。《现代汉语词典》的解释正是中国几千年来大家所认同的定义,从来没有变更过。但是英语中的officer的含义与中文的"官"不同。根据商务印书馆出版的《牛津高阶英汉双解词典》的解释,officer除了指军官外,可以兼指政府的"官员"或社会上其他部门具有权力和职责的"高级职员"(person with a position of authority or trust, eg. in the government or a society)。

executive officer在英语里本是个常用词,也并非都指官员。如《美国传统英语词典》(*The American Heritage Dictionary of the English Language*,简称《美国传统词典》)就有executive officer的专门词条。它的译义之一就是a person holding executive power in an organization(一个组织里掌握实权的人)。这里用in an organization而不用in the government,正是因为英文里的officer并非专指政府官员。英美大公司用Chief Executive Officer或CEO称呼其公司的行政首长,是按照他们对officer的理解,当然可以。但我国的大公司、大企业的头头,称"首席执行官"就显然欠妥。大公司或大企业并非都是国营的,即使是国营企业,按照"政企分开"原则,其主管人员虽然由政府指派,但他的身份,严格地说,也不一定属于"政府官员"。更何况国内外许多大企业是股份公司或私营公司。上市公司中民营公司就占很大比重,其主管人员并不具有"官员"的身份。将officer译为"官",无异将一切企业的主管人员赋予官方的身份,名实不符。其实,我国公司头头的名称,我国公司法都有明确规定,有"董事长""总经理""执行董事""监事""控股股东""实际控制人"等,从来没有出现过一个"官"字,更没有"首席执行官"一说。说句不好听的话,一个民营企业家,公司再大,也只是"董事长"或"总经理",有的自封"董事局主席"也无不可,但自称"首席执行官"就有"冒充官员"之嫌,为智者所不取。

国外不论是股份公司还是国有公司,常用Chief Executive Officer

或CEO称呼一个公司的首脑，是因为officer这个词在英文里并非仅指官员，还可以指各部门的"高级职员"。如果officer只指政府官员，我相信，哪怕大得像微软公司，它的负责人也绝不会用Chief Executive Officer来作为自己职务名称的。众所周知，双方有政府官员来往，与双方民间企业主管的来往，这在国际关系上以及政治上都具有不同含义。这个"官"字是十分敏感、不可以随便使用的。2008年2月，科索沃单方面宣布独立后没几天，塞尔维亚一位官员进入科索沃访问当地的塞族人，差一点引起一场战争，全世界都为之捏一把汗。万一，有一份巨额合同，是由一家股份公司的头头以"首席执行官"的名义与外国公司签订的，一旦发生纠纷，外方以中国词典中对"官"字的传统解释为依据，要求中国政府承担责任，能说人家没有道理吗？我注意了一下，发现新加坡的报刊上把Chief Executive Officer译成"首席执行长"，一个"官"字改为"长"字，意义没有变，中英两种文字不同含义所引起的矛盾却被轻轻地化解了。我不清楚，"首席执行官"这个译名是出于何人之手，也不知道它是否由国家机关确定。总之，它似乎已经不胫而走，很难改过来了。难道我们从此应该削足适履，把汉语词典中"官"字的定义也从传统的定义上改为"包括社会上一切部门的高级职员"吗？否则，是否也该考虑一下把这个十分时尚的"官"衔改得更为符合中国实际一些，不要等到出了纠纷时才来重视它？

再说，executive这个词，在这里也不应按形容词翻译。须知，executive的主要意义是"行政的"。它常作名词用，指"主管人员"。如：Executive pay has been excessive. 这句话意思是"主管人员的薪酬太高了"，而不是"行政费用太高"，更不可译成"执行费用太高"。至于the chief executive，在《新英汉词典》executive条中就有现成的解释：〈美〉最高行政长官；〈美〉总经理；董事。作为公司的首脑，当然应选用后者。可见"首席执行官"的首译者当初就连翻一翻词典的工夫也懒得花，就把这么一个政企不分的头衔译定了，流毒至今，从中也反映出我国有关部门对译事的疏忽与放任自流。

不超越文字本身的传统解释应该是翻译的底线。比如，同一个 official statement，如果是政府机关发布的，译为"官方声明"，如果是非公机构发布的，译为"正式声明"。这是任何一个严肃的翻译家都会采取的做法。为什么对 Chief Executive Officer 这个用语的翻译，大家宁可更变我们老祖宗的解释呢？这可能与当前重商主义的潮流分不开。对此，笔者只能是一声叹息。

witness my hand 辨疑

　　法律英语的翻译中，最难的莫过于一些套语。由于中西文化背景不同，有些套语几乎是无法翻译的，或者译出来也是令人困惑不解的。witness my hand 就是其中的一个。

　　英美国家宣誓书、公证书等法律文件中，末尾的记载常有比较固定的格式和套语，称为 jurat。witness my hand（或 witness my hand and seal）就是其中常见而又晦涩的套语。在中文里应该怎么翻译这个套语，在一般辞书中还很难找到答案。由于 hand 可作"签名"或"笔迹"解，国内通常都译为"证明是我的签名"。但许多国外的类似文件里对此常有不同的译法，或者有意略去不译。为什么会发生这种情况？这个问题一直使我感到困惑。

　　1994年，笔者曾收到一份来自美国纽约州州务卿的法律文书，它的结尾处也有这么一段话：In testimony whereof, the great seal of the State is hereunto affixed. / Witness my hand at the city of New York / this seventh day of October one thousand nine hundred and ninety-four / Gail S. Shaffer / Secretary of State. 我把它译为"兹盖上州大印，以资证明，州务卿盖尔·S.沙弗，1994年10月7日，作证于纽约市。"

　　如果照我国目前公认的译法，我的译文就有不"信"之嫌，因为我没有把这段话中的 witness my hand 按"证明是我的签名"这个含义来译。如果照这个含义来译，无论怎样安排，译文都会十分别扭，意思也不通。试想，一个人如果在文件上签了字，还需再写上"证明这确实是我的签名"之类的话吗？在签名上面如果写上这一句，不但多此一举，甚至有点"此地无银三百两"的味道。何况签名的真伪是应由公正的第三方来确定的事，岂能自己说了算？自己为自己的签名作证,不论从法律或常识上说都是没有意义的悖理。所以我对"证明是我的签名"这一译法总是放心不下。喜欢盘根究底的我就想在网上找一找 witness my hand 的原始用法,结果原始用法虽然没有找到,倒发现了两份距今 137 年的原汁原味的法律文书。一份是 1870 年 5 月 27 日美国第一面国旗的制作者贝特西·罗斯(Betsy Ross)的孙女儿 Sophia B. Hildebrandt 为一篇题为"谁制作了第一面美国国旗"(The First American Flag, and Who Made It)的很有名的文章所作的证词(Affidavit of Sophia B. Hildebrandt, Daughter of Clarissa S. Wilson and Granddaughter of Elizabeth Claypoole)。她在证词中说:她的祖母曾经多次对她讲述如何在华盛顿将军的指示下设计与制作了美国第一面星条旗,并经国会批准,在以后 50 年里继续为政府制作国旗,从而为这篇文章所讲的事实的真实性宣誓作证。另一份是同年同月同日美国费城的公证员查尔斯·H. 伊文思为上述证词所作的公证词。

令人惊讶的是,这两份写于 130 多年以前的证词后面都有 witness my hand 的字样,一个词都不差。英美人民尊重传统的精神的确令人钦佩。

S. B. Hildebrandt 的证词后面写着:

Witness my hand at Philadelphia the twenty-seventh day of May A.D. 1870.

Witnesses present.

Isaac R. Oakford

Charles H. Evans

  S. B. Hildebrandt.

译成中文的话应该是:

公元 1870 年 5 月 27 日作证于费城。

在场证人

艾萨克·R. 沃克福德

查尔斯·H. 伊文思
S. B. 希尔德布兰德

公证员的誓词后面写着：
Affirmed and subscribed before me,
this day and year aforesaid.
Witness my hand and Notarial seal.
Charles H. Evans
Notary Public.

译成中文的话应该是：
（当事人）于上述的年份与日期在我面前提供证词并签字。
特此签名并盖公证章作证。
公证员
查尔斯·H. 伊文思

细心的读者一定会发现，我这样译法无形中已经把 witness 的客体从"我的签名"偷换成整个文件了，这难道符合翻译的原则吗？

hand 在法律文书中常作为 signature（签名）的同义词。至今有些文件的当事人在签名盖章后仍会写上 under my hand（由本人签名盖章）。所以把 witness my hand 译成"证明是我的签名"当然没错。但自己为自己的签名作证，于法于理都讲不过去。因为签名盖章的人所要证明的应是文件的真实性，而不仅仅是本人签名的真实性。一个人的签名是真是假，也不是由他自己加上这句话就可以确定的。英美法学家对用词的精确与讲究是出了名的，对这个明显的悖理不会不知道，因此有些场合中，英美公证文书中虽然盖了公证章，却并没有用上 witness my hand 这样的套语。它们同样是盖章，为什么就不需要本人证明属实了呢？这表明英美人也并非认为凡是签名盖章都要经过本人写上那句套语才算有效，而是在誓词或证词里才用到它。我怀疑这个套语的原义远不止是"证明是我的签名"，而是另有更深的含义。但 100 多年过去了，美国的司法文书中的这一证词的格式竟然丝毫未变。例如：① Will you witness my signature, please?（请你为我的签名作证好吗？）② He witnessed my signature on the new agreement.（他在新合同中为我的签名见证。）尽管人们在这类句子中更常用 signature 来代替 hand，但法律文书中的 witness my hand 一词几百年来仍没有改变，其中的 hand 一词从来没有见到改用 signature 的，由此不难看出，witness my hand 这个套语在英美司法文书中早已超越"证明是我的签名"的原义，成为根深蒂固不可变换的一种表示作证的符号。英美人宣誓作证时必须把手放在《圣经》上，我设想这个套语中的 hand 很可能与此有关。《美国传统词典》hand 条的解释里说 hand 有 participation（参与）的意思，这似乎更接近此处 hand 的原义，具有"我在场，我作证"的意思，久而久之逐渐成为表示见证文书的一种固定表达方式。这里 witness 的客体自然也应当是文件本身的真实性，而不仅仅是签名盖章的真实性。

　　古老套语的原义因岁月的变迁而发生变化，在语言中是常有的现象。比如中文里"足下"一词本是古贤介子推抱树烧死后，晋文公因为悼念他，"伐木以为屐"，常对屐兴叹"悲乎足下"而来，但千百年来，随着岁月的变迁，"足下"已经成为称人的敬词，早已没有原来哀悼的意思。如果外国人现在还把"足下"当作哀悼词来译，对原文倒是忠实了，但离开原义却更远了。我认为，witness my hand 的意思很可能也与这种岁月的荡涤有关。从它目前所传达的意思来看，早已超越"证明是我的签名"的范围，成为见证文件本身的套语。所以，把 witness my hand and seal this 12th day of July 2007 这样典型的证词词尾用语译为"于 2007 年 7 月 12 日签字盖章，特此证明"或"签字盖章，作证于 2007 年 7 月 12 日"，这里 witness 所证明的客体虽然换了，反而更符合原义了。

代词性别带来的尴尬

不论是中文还是英文,第三人称单数的代词,要么用男性的"他"(he/his/him),要么用女性的"她"(she/her/her),缺少一个既可指男性又可指女性的中性代词。造字上的这一缺陷,给法律文书的表述带来许多不便。英国的著名律师苏珊·布莱克(Susan Blake)在其著作 *A Practical Approach to Legal Advice & Drafting* 的第一版里,由于把律师或者当事人的第三人称单数代词在不确定的情况下都用了男性的 he、him、his,因而被认为用了 sexist language(性别歧视的语言)。作者不得不在该书的第四版里专门做了说明和纠正,并有意将律师写成女律师,或者改用 he or she、his or her、him or her 来加以区分。

作者的从谏如流精神值得称道,但我总有点为她抱屈。要是这种情况也叫做"性别歧视"的话,正式的法律文书中"性别歧视"更是俯拾皆是。因为,全世界法学界无形中似乎都已达成一条共识,那就是:当并不指明性别或者不需要区分性别时,男性的"他"(he 或 him)/"他的"(his)均既指男性也指女性。比如我国刑法规定:"引诱、容留、介绍他人卖淫的,处五年以下有期徒刑、拘役或者管制,并处罚金;情节严重的,处五年以上有期徒刑,并处罚金。"尽管犯本条罪的也有不少是女性,但其英译文却是:Whoever lures other persons into or shelters prostitution or procures other persons to engage in prostitution shall be sentenced to fixed-term imprisonment of not more than five years, criminal detention or public suveillance and shall also be fined; if the circumstances are serious, he shall be sentenced to fixed-term imprisonment of not less than five years. 这里面用了 he 作主语,并不

表明只有男性才犯引诱、容留、介绍卖淫罪。

当实际犯罪人是女性时，判决书引用这条法律条文时也无须将其中的 he 改为 she。类似的情况非常多。如刑法规定："走私货物、物品偷逃应缴税额在五十万元以上的，处十年以上有期徒刑或者无期徒刑，并处偷逃应缴税额一倍以上五倍以下罚金或者没收财产;情节特别严重的，依照本法第一百五十一条第四款的规定处罚。"其英译文为: If <u>he</u> smuggles goods or articles and evades or dodges payable duties to the amount of more than 500,000 yuan, <u>he</u> shall be sentenced to fixed-term imprisonment of not less than 10 years or life imprisonment and shall also be fined not less than one time but not more than five times the amount of payable duties evaded or dodged or be sentenced to confiscation of property; if the circumstances are especially serious, <u>he</u> shall be punished according to the provision in the fourth paragraph of Article 151 of this Law. 这里连续三次用了男性代词 he 作主语，当然不是表示只有男性才会走私。

在使用所有格代词方面，也存在以男性代词来代表两性的情况。比如我国刑法第 245 条规定："非法搜查他人身体、住宅，或者非法侵入他人住宅的处三年以下有期徒刑或者拘役。司法工作人员滥用职权、犯前款罪的，从重处罚。"其英译文为: Whoever unlawfully subjects another person to a body search or a search of <u>his residence</u> or unlawfully intrudes into another person's residence shall be sentenced to fixed-term imprisonment of not more than three years or criminal detention. Any judicial officer who abuses <u>his power</u> and commits the crime mentioned in the preceding paragraph shall be given a heavier punishment. 译文中的 his residence 当然不是仅指男人的住宅，his power 也当然不会仅指男性司法人员滥用职权。

奇怪的是，司法文书上这种以男性代表两性的现象从未遭遇什么女权组织的抗议。也从来没有女性犯人以"法无明文规定不罚"

为理由提出过什么抗辩。看来,所有的人,包括犯罪的人,对文字上的这种无奈都是抱着谅解的态度。以前,我国曾经有人倡议另造一个既可指男人又可指女人的"袖"字,但似乎并未得到大众的认可。何况,英语中至今也未有 he 与 she 以外第三人称单数代词出现,因此法律英语中的这种尴尬,恐怕还要继续下去。

为了避免行文上的这种尴尬与麻烦,我国古人似乎也做过努力,于是出现了"其"字与"彼"字,如"彼以其富,我以吾仁;彼以其爵,我以吾义""彼退我进,彼进我退""以彼之矛,攻子之盾""竭其所有,尽其所能"。这里的彼或其,都不分男女,可以避免"他"或"她"的局限性。中华人民共和国成立前,报纸上还曾经流行过一种所谓"社论体",都用"渠"字代替"中性的第三者",也有人为此专门创造了一个中性的"袖"字。可是目前,不知出于什么原因,"彼""渠""袖"的这些用法越来越被冷落,将"其"字作主格代词来用的现象却越来越多。有的判决书上就偏爱用"其"来代替"他"或"她"。出现了诸如"其应在十日内提起上诉""其拒不认罪"之类的语言。我对于这一用法,总是"期期以为不可",但又苦于找不到依据。

近据查考,原来"其"作"他""她""他们"用时,可以用于宾格,也可以用于所有格(如"苦其心志,劳其筋骨""各得其所""其罪恶严重,不得宽恕"),但不宜用于主格。我国著名的古文字学家王力先生在他主编的《古代汉语》一书"常用词"部分中就曾指出,"其"主要意义为"他的",在魏晋以后才作"他"用,并举《三国志·魏书·华佗传》中"当须刳割者,便饮其麻沸散"为例。外研社出版的《汉英双语现代汉语词典》中虽把"其"也译为 he、she、it、they,但从其所举的例句"促其早日实现""任其自流"来看,这个"其"字仍属宾格。可见作为中性第三人称主格代词,"其"字的用法是有一定限制的。它并非可以避免上述尴尬的理想替代字。看来,法律文书上这种代词与实际内容不符的尴尬局面还将继续下去。

在现代英语中，找不到类似"彼""祂"或"其"这样的中性第三人称代词。虽然"one""one's"有时也有类似作用，但用法完全不同。因此，当遇到中文句子里有"其"字时，必须格外留心，采用适当的代词。比如，我国刑法第 241 条"收买被拐卖的妇女，强行与其发生性关系的……"中，"其"字就不是光用一个 her 就能表达的，应译成：whoever buys an abducted woman and forces her to have sexual intercourse with him... 在"收买被拐卖的妇女、儿童，按照被买妇女的意愿，不阻碍其返回居住地的，对被卖儿童没有虐待行为，不阻碍其进行解救的……"这段条文中，第一个"其"字是指妇女，而第二个"其"字是指儿童，儿童中既有男性也有女性，因此译文应当是"whoever buys an abducted woman or child but does not obstruct the woman from returning to her original place of residence as she wishes or does not maltreat the child nor obstruct his or her rescue..."，将第一个"其"字译成 her，而将第二个"其"字译成 his or her。

虽然法律条文中可用男性的 he、his、him 泛指男性和女性，但在具有明确对象的法律文书（比如判决书、合同、协议）中，必须避免这种含混不清的用法，否则就有因主体不符而被认为该法律文书无效的危险。例如，法律条文的"责令他的家长或监护人加以管教"可以译为：The head of his family shall be ordered to discipline him. 同一句话如果出现在判决书中，而被告人又是女的，则应改译为：The head of her family shall be ordered to discipline her. 如"生养死葬的义务"一般译成 duty to support sb in his or her life-time and attend to his or her interment after death，但如果在具体的扶养协议中，被扶养人是女性，就应改成 duty to support her in her life-time and attend to her interment after death。

提防"思维惯性"(一)

记得初学英语时,有一次,老师对我们说:"green tea 是绿茶,那么红茶的英语是什么?"我们齐口同声地回答:"red tea!"于是老师又说:"不对,红茶是 black tea。"这件事给了我很深的印象。许多年后,才体会到这是老师教我们翻译时要提防的"思维惯性"。

翻译上的许多错误,与其说是由于译者知识不够,不如说是译者对思维惯性缺乏应有的警惕,粗心大意所造成。上世纪 90 年代我国一位驻美著名外交家曾在北美版《北京周报》上刊登了一篇英文文章,文中将"美国国务院"误译为 US State Council。这显然是把中国的"国务院"(the State Council)的译名误用到美国"国务院"头上了。其实,中美两国的"国务院"在中文里虽然一样,译成英文却别有讲究。美国的"国务院"的正确译名是 the State Department,或 Department of State,它的首脑是"国务卿"(Secretary of State)。中国的"国务院"的英文译名是 State Council,首脑是"总理"(Premier),两个不在一个档次上。State Council 在美国是指"州议会",在英国是指"枢密院",都与国务院无关。一本重要的对外刊物,一个著名的外交家,能不知道这些区别吗?当然不是。造成错译的原因就在于对自己的习惯思维缺乏警惕。

据 2007 年 8 月 17 日网站报道,美国某法学家一本重要专著的中译本里,译者将 Charles River Bridge V. Warren Bridge(查尔斯河桥诉沃伦桥案)译成"查尔斯·里维尔·布里奇诉沃伦·布里奇案",从而使美国两座著名的桥梁变成两个姓"布里奇"的个人,使两座桥梁的"所有人"(proprietors)之间的诉讼案变成两个自然人之间的诉讼。其实,Charles River(查尔斯河)是美国城市波士顿的一条有名的河流。河上原有一条查尔斯河桥，即 Charles River Bridge，它建成后享有 70 年通行收费特许权。后来离它大约 90 码处，又建造了一座桥，称为 Warren Bridge（沃伦桥），建成 6 年后即不再收费，成为公共桥梁。这对于查尔斯河桥的收费特许权自然构成严重的威胁，于是查尔斯河桥的所有人就对沃伦桥的所有人提起诉讼，但美国联邦最高法院驳回了原告查尔斯河桥所有人的诉讼请求，成为美国法制史上"动态产权的保护"的标志性的著名案例。[1] 这样有名的两条河流与两座桥竟然被译作两个姓布里奇的人，的确令人惊讶。据知两位译者都是我国名校的法学博士、法律工作者，他们当然不至于不认识 River 是"河"，Bridge 是"桥"。凑巧的是，Bridges 正好是英美人的姓氏之一。这可能是造成译者错译的原因之一，但若译者下笔时对自己的第一印象有些警惕，仔细查一查，就会发现英美人姓氏中的 Bridges（布里奇斯）比 bridge 要多一个 s，那就不至于出现这样大的错误。所以，严谨的翻译家是不会轻信第一印象的。

语言文字底蕴极其深厚，每一个字除了它的常用意义以外，几乎都还有一些不大为人所知道的并非常用的含义。恰恰是这些并非常用的含义，像一个个陷阱一样等着鲁莽的人去上当。如果你顺着思维的惯性走，就很可能出错。比如，一般人都知道 prostitution 是"卖淫"，但未必知道它还有"滥用某事物"的意思。例如：She refused the job, saying it would be a prostitution of her talents. 这一句里，prostitution 就与"妓女"或"卖淫"毫不相干，这句话译为：她拒绝了这份工作，说那是对她大材小用。一般人都知道 devil 是指令人憎恶的"魔鬼""坏蛋"，但未必知道它常常与形容词连用，义为"人，家伙"，表示对某人的看法。如：① I hear gou've got a new car, you lucky devil!（我听说你弄了一辆新汽车，你这个走运的家伙！）② The poor devil hasn't had a decent meal in weeks.（可怜的家伙已经好几个星期没有吃过一顿像样的饭了。）③ I don't like Mr. Wang, but to give the devil

---

1 见《美国联邦最高法院判例汇编》[Z]．1837. 18 卷。

due, I must admit that he is a good husband.（我并不喜欢王先生，但说句公道话，我承认他是个好丈夫。）devil 作动词用时，to devil for someone 甚至还有"代人受过""为他人受折磨"（to do unpleasant or boring work for sb）的意思，这可与专门折磨他人的"魔鬼""坏蛋"的形象相去太远了。

有些字词的含义还与所用的时间与地点有密切关系。如 politician，一般词典只告诉你可作"政治家""政客"解。可是前者是褒义词，而后者却是贬义词，怎么可以乱用呢。据葛传椝先生考据，在 300 年前，在英国 politician 有时是"政治家"，有时是"政治阴谋家"。如今在英国，politician 和 statesman 都指"政治家"，但略有不同：politician 着重在才能，statesman 着重在权势。而在美国，politician 通常是指"政客"，往往有"政治阴谋家"的意味，statesman 才是"（有才能，有远见，为国为民的）政治家"或"政界人物"。这就是说，你把一位英国的政治家称为 politician，问题还不大，你如果把一位美国的政治家称为 politician，麻烦就大了。

人的思维是从无数印象中得来。我们对一个词的印象越深，造成的思维惯性就越强。一旦词义发生例外，就会使我们陷入错误而不自知。于是，越是常用词，给我们的印象越深，它所组成的词组就越容易使我们沿着思维惯性误入歧途。比如 hot、cold、open、close、death、home、house 等都是常见常用的词，它们的组合词也往往是误译误用比例最大的。试看下面常用词构成的词组，我们如果沿着思维惯性走，误译的危险该有多大：

hot jewels 不是"热门的宝石"，而是"来路不正的宝石"。此处 hot 作"非法的"解。

hot car 也不是"热门汽车"，而是指"来源非法的赃车"。

hot money 不是"非法得来的钱"，而是"游资"，指在国际间快速流动，以求获取最大利益的资金。

hot pursuit 也不是"非法追捕"，而是"紧急追逐"。指沿海国主管当局对违反法规的外国船舶有权进行追逐，将它驱逐到公海，或将其缉拿交付审判的权利。

hot seat 不是"热座位"，而是"电椅"或"艰难危险的处境"。类似的用法有 hot potato（棘手的事，烫手的山芋）、hot spot（麻烦地点，危险地区）。

hot blood 不是"热血"，而是指刑事犯罪中的"一时冲动""激情状态"（heat of passion），如极度气愤、仇恨、恐惧等心理。具有这种心理状态的犯罪行为属于从轻情节，如谋杀罪（murder）可以降为非预谋杀人罪（voluntary manslaughter）。

diplomatic cold 不是"外交上的冷淡"，而是"托病不出"。

open policy 虽然常指"开放政策"，但在法律术语里是指"不定值保险单"，也称"预约保险单""未确定保单"。即对保险额或货物价值尚未作出规定的海上保险合同，先由被保险人预付一定保险费、在货物价值确定以后再做调整，又称"开口保单"。

open shop 不是"开着的商店"，而是"雇用自由的商店／企业"，雇用人员不以工会会员为限。

open ticket 不是"公开票"，而是指任何一天都可使用的"通用票"。

open prison 不是"开放的监狱"，而是指用于关押 D 类囚犯（即犯罪情节较轻的囚犯）因而防卫和监管措施较松的监狱。

open account 不是"公开的账户"，而是"还在往来的账户"。

open cheque 不是"公开的支票"，而是可向持票人付款的"普通支票""非转账支票"。

open city 不是"开放的城市"，而是"不设防城市"。

open town 也不是"开放城市"，而是指不禁赌、不禁酒等的城市／镇。

open bid 不是"公开投标"，而是指出价人在出价后可以改口的一种投标。

open-end (or open-ended) agreement/contract 不是"公开的协议/合同",而是指一份未作具体规定的、待定的协议。例句如:This is an open end agreement, binding nobody.(这是一份待定的协议,对谁都不具有约束力)。有时也指在一定时期里买方可以随时购买、卖方的价格条件不变的"开口协议/合同"。

open verdict 不是"公开的判决",而是"存疑的判决",指尚未决定的判决,或悬而未决的判决,尤指验尸官法庭(coroner's court)作出的"死因不明的裁决"。

open will 不是"公开的遗嘱",而是指"口头遗嘱",同 nuncupative will。

open doors 不是"门户开放",而是指法院授权执行人员在必要时可以破门而入送达传票的令状。

open trade 不是"公开贸易",而是指"未完成的交易"。

closed shop 不是"已关门的商店",而是"只雇用工会会员的商店或企业",有时亦指"只雇用某一工会会员的制度"。如:① a closed shop agreement(只雇用工会会员的协议)② The union is asking the company to agree to a closed shop.(工会要求公司同意只雇用工会会员的制度。)

closed indent 不是"已结束的进口订单",而是"外商指定供应商的进口订单"。

closed season 不是"临近的季节",而是指法律规定限制或禁止捕鱼或狩猎的"禁渔期""禁猎期"。

death duty(美语亦作 death tax)不是"死亡税",而是"遗产税"。

death case 不是"死亡案件"而是"死刑案件",指被告人可能或者已经被判处死刑的案件。如果是因死亡引起的案件,比如死因争议、损害赔偿等民事诉讼,不属 death case,而称为 death action(死亡诉讼)或 wrongful-death action(不当致死诉讼)。

home consumption 不是"家庭消费",而是"国内消费"。

Home Guard 不是"家庭卫队",而是"地方部队"。指英国在志愿基础上建立的"国民军",其成员的地位与皇家军队相同。

house journal 不是"房屋刊物",而是"内部刊物"。

house arrest 不是"在家中被捕",而是"软禁",指被法庭命令住在家中,不得任意离开,相当于我国刑事诉讼法中强制措施中的监视居住。如:The opposition leader of that country has been under house arrest for five years.(那个国家的反对党领袖已被软禁了五年。)

house money 不是"房钱",而是"赌资",通常为赌场老板向赌徒提供的赌金。

house B/L 不是"房屋提单",而是"运输代理行提单"。运输代理行往往将不同出口人的小批量商品集中在一个提单上装运以节省费用,承运人对这种货物只签发一张成组提单(Groupage B/L)给运输代理行,运输代理行再分别向各出口商签发运输代理行提单作为装运货物的收据。这种提单不能作为物权凭证,因此须在信用证上注明"运输代理行提单可以接受"(House B/L acceptable)字样方能办理结汇。

house of ill fame 不是"名声不好的房子",而是"妓院",同 house of prostitution。也许正因为妓院的名声不好,它有许多叫法。如:disorderly house(不是"乱七八糟的房子")、house of assignation(不是"转让的房子")、sporting house(不是"健身房",而是"寻欢作乐的地方")。

housebreaker 不是"拆房人",而是"破门而入的窃贼",其行为即"入室行窃"(housebreaking)。

提防"思维惯性"（二）

除了常用词构成的词组外，法律术语中有许多具有传统译名的词组，也是最容易受思维惯性影响的误译多发地带。传统译名因为沿用年代久远，译名比较固定，常常与字面意义脱节。如果仅按字面含义来翻译，有时几乎很难看出有什么毛病，实际上却是误译。比如：trial by the country 照字面理解，难道不是"由国家进行的审讯"吗？能说这种译法错了吗？可是按传统译名却应当译成"由陪审团审理"，与 trial per pais 同义。又如 trial by inspection 不是"通过审查进行的审判"，而是指"无需陪审团介入、案情简单的审判"。trial court 不是"审判庭"，而是指"初审/一审法院"。trial marriage 不是"审理婚姻纠纷"，而是"试婚"，指结婚时约定任何一方有权随时废除婚姻关系的婚姻。所以，遇到这类词语，我们同样要格外提防思维惯性的影响。试看如下实例：

ancient lights 不是"古代的灯塔"，而是"窗户采光权"，指民事法律关于相邻关系里的一种民事权利，即房屋所有人享有自己的窗户的光线不被阻挡的权利。有时也被称为 easement of light（采光地役权）。房屋所有人据此可阻止相邻的土地所有人建造影响自己房屋采光的建筑物。

arrest of inquest 也不是"调查中的拘捕"，而是"停止调查"。

arrest of judgment 不是"判决逮捕"，而是"中止判决"。

attorney at large 不是"逃亡的律师"，而是指可以在任何法院执业的律师。

back order 不是"后来的订单"，而是"货未交清的定货"。

consensual acts 法律用语里常指"双方同意才发生的性行为"

(sexual acts which both parties agree should take place)。

age of consent 从字面上看，似乎是"同意的年龄"，但法律用语里它具有特殊的含义，专指女孩子"能同意性交的年龄"。在英国是 16 岁。

consent order 并非法院表示同意的命令，而是经双方同意的法院决定，亦作 consent decree，如双方同意的判决或经法庭核准的双方和解协议，对双方具有约束力且不能复审。

constitutional court 不是解释宪法的"宪法法院"，而是指美国宪法第三条第一款明文规定设立的法院（如联邦最高法院及其下级法院），通常也称 Article Ⅲ Courts（第三条法院）。此类法院的法官如无不端行为，可终身任职，薪俸不得削减。

constitutional diseases 不是"宪法规定的疾病"。此处 constitutional 作"体质上的"解，与宪法无关，指的是"体质上的疾病"。

contingent will 是"附条件遗嘱"，不是"不确定的遗嘱"。

country note 不是"国家发行的钞票"，而是"〈英〉地方银行发行的钞票"。

criminal conversation 不是"刑事对话"，而是"通奸罪"。在英国普通法里，第三人与他人的配偶通奸，被认为侵犯了他人的配偶权利。受害的配偶方有权向通奸的双方提起诉讼，要求赔偿。我国刑法里，除了破坏军婚外，没有设定通奸罪。

dead cat bounce 是指股市在大跌后的短暂回升，如直译为"死猫弹跳"，人们就很难看得懂。

default day 不是"缺席期"，而是"出庭的最后期限"，被告如果超过这一期限不应诉，法庭有权作出缺席判决。

default summons 不是"缺席传票"，而是简易案件中法院为了保护原告的债权而签发的"支付令状"。英国郡法院在发出"支付令状"后 14 天内如果被告既不履行债务，又不提出异议，法院即可作出判决。

dry mortgage 也与干燥无关,指"有限责任抵押"。抵押人的担保责任仅以抵押财产的价值为限,对超过部分的债务不承担担保责任。

dry state 不是"干旱的州",而是指美国"实行禁酒的州"。

easy woman 不是"平易近人的女人",而是指"放荡的女人"。

exhaustion principle 是指"专利权用尽原则",也有人译为"专利权的穷竭原则"。它是指专利产品经专利权人同意付诸流通领域后,专利权人即无权再去控制它进一步流通的一项公认的原则。不应光照字面译作"用尽原则"。

foster brother 是"养兄弟"吗?不是。因为收养法里从来没有准许一个人可以收养一个哥哥或弟弟的。foster brother 是指被同一个养父母收养的"义兄弟""奶兄弟"。同样,foster sister 也不是"养姐妹"而是"义姐妹""奶姐妹"。

foster mother 不是"养母"吗?不错。但作为一个合成词用时,是动词,义为"收养""抚养"。如:She has foster-mothered two children.(她收养过两个孩子。)而 foster father 或 foster parents 都没有这种用法。

get away with murder 这里的 murder 并非真指谋杀,而是口语中故作夸张的说法,指"违反规章制度而未受处罚",有的译为"逍遥法外"。如果照字面译为"谋杀而未受惩罚",反而不符原义。

horse-trading 可不是"马匹交易",而是指政党或者政客之间的讨价还价。如:After a period of horse-trading, they agreed on the election of a member of one of the smaller parties as chairman of the committee.(经过一段时间的讨价还价,他们同意选一个小的政党的党员担任委员会主席。)

joy riding 专指驾驶偷来的车辆兜风(罪),不是"快乐的兜风"。

Judge's Rules 初看似乎是给法官定的规则,其实是英国1712年高等法院用于规定警察如何询问嫌疑犯的一套非正规的"询问规则",其适用对象是警察,不是法官。而在 judge's note(法官笔录)、

judge's comment（法官的评价）、judge's oath（法官的宣誓）等词语里，judge 的译法则迥然不同。

judgment summons 是英国用来拘捕判决确定的债务人的传票，又称"强制执行的传票"，不是"判决的传票"。

judicial murder 不是"合法的谋杀"，而是"虽然合法但不公正的死刑判决"，因此也有人将它译为"司法谋杀"，有点像汉语中"杀人不用刀"的反讽味道。

judicial notice 是"法官常识，司法认知"，不是"司法通知"。

justice's justice 不是"公正中的公正"。正好相反，这是指"不公正的裁判"，是对执法不公的讽刺话。

law list 不是"法律名单"，而是"律师名册"或"开业律师名录"。

litigant in person 不是"当事人本人"，而是指在法庭上自己发言不要律师辩护的"不带律师的当事人"。

lover 不是中国人所说的"爱人"，而是"情人"，尤指"情夫"，带贬义。

free love 也不是"自由恋爱"，而是指未经合法结婚的"自由同居"，有"滥交"的意思。

a woman's maiden name 不可理解为"一个女人做姑娘时的名字"，而是指一个女子"娘家的姓"，亦即她的父姓。

no bill 是指"没有证据（或者证据不足的）诉状"，并非指"没有"诉状。

no case 不是"没有案件"，而是指"起诉不成立"或"起诉理由不充分"。

nullity plea 也并非指诉讼抗辩本身无效，而是指对无效婚姻或无效诉讼提出的抗辩。

nullity decision 也不是"无效的裁决"，而是指确认申请人的某项权利无效的裁决，裁决本身并非无效。

nullity suit 不是"无效诉讼"，而是指要求法庭宣告"婚姻（有时也指合同）无效的诉讼"，因此诉讼本身并非无效。

action of nullity 无效请求的诉讼。它不是指诉讼本身无效，而是指诉讼请求的内容是要求法庭确认某事为无效。

operate policy 不是"执行政策"，而是"赌博"。在美国，policy 常指一种每日以数字号码打赌的抽彩赌博，称"波利希彩票"。

outstanding order 不是"杰出的裁定"，而是"没有执行的订单"。

packing the court 不是"给法院包装起来"，而是"在法院中安插自己的人"。

pedigree-man 不是"名门出身的人"或"有来历的人"，而是"有前科的惯犯"。

power of attorney 不是"检察官的权力"，而是"授权委托书"。

retired partner 不是"退休的合伙人"，而是"已退伙的合伙人"。

sleeping partners / silent partners 直译"睡着的与沉默的合伙人"很容易使人以为是指糊涂、不管事的合伙人。其实刚刚相反，这里指的是"隐名合伙人"，他们才是实际参与合伙但从不出面的真正合伙人。

retired stock/bonds 也与退休无关，是指"已经注销或者已经收回的股票 / 债券"。

serve as an executioner 不是"担任执行人"，而是"充当刽子手"。执行人是 executor。

unnamed policy 不是"未定名的保险单"，而是"未指定船名的保险单"。

显然，这方面的例子是举不胜举的，但仅从这些例子里我们多少已能看出，思维惯性在我们的翻译工作中是必须时刻提防的。

"伏法"与"服法"考

"伏法"与"服法"虽然都是中国土生土长的法律用语,但在法律英语里,两者向来分得很清楚。"伏法"通常译为"(of criminals) to be executed"(犯人被执行死刑),或"(sb) to be killed as a lawful punishment / to be killed according to law"(被依法处死)。"服法"则通常译为"subject to the law / amenable to the law / to submit oneself to the law"(服从法律)。这些译法从来没有争议。

两者的含义完全不同,可是现在,由于它们在汉语里发音完全相同,"伏法"与"服法"的汉语用法竟然出现混淆不清的现象,"认罪服法"与"认罪伏法"居然变成了同义词,对"服法"与"伏法"的误用情况愈来愈多。例如,2005年4月15日中央级某报第五版有一大标题——"亚特兰大奥运会爆炸案水落石出,美一名右翼极端分子认罪伏法"。看了这一标题,人们会以为这位38岁的鲁道夫是被执行死刑了,但细看内容才知道,实际上是他与法院达成了一项认罪协议,被免除死刑,只是判处4次终身监禁,不得假释。中央电视台放映的电视剧《老娘泪》,中文字幕里出现了10多次"认罪伏法"字样,剧中主角程雨来就说了好几次"我认罪伏法了"。这等于说"我认罪并且已经被枪决了",岂非笑话?实际上它们都是"认罪服法"之误。令人更为不安的是,人们对这种误用现象似乎安之若素。

近年来,连一些著名的报刊上也屡屡出现把"服法"写成"伏法"的现象。2009年,奥地利发生了一桩惊天大案:乱伦恶父约瑟夫·弗莱茨勒将亲生女儿囚禁长达24年,并不断对其实施强奸,致使她生下7个孩子。《钱江晚报》在2009年3月17日的"每日新闻天下"栏发表了一篇罪犯出庭受审的大型配图报导,其中有这样的文字:"奥地利禽兽父亲约瑟夫·弗莱茨勒因女乱伦一案曾震惊了世界……针对法庭乱伦和非法拘禁两项罪名的指控,弗莱茨勒表示认罪伏法。"显然,这里的"认罪伏法"也是"认罪服法"的误用。为了核实和对照,我又特地到网上查看。谁知,不查则已,一查问题更大。当天网上不但"中国网""环球在线"确实是如此报道,此外还有"中安在线""大洋新闻""百灵"等十余家知名网站都用了"弗莱茨勒认罪伏法"等字样。这篇报导也是根据外电翻译过来的。我不知道外电的原文是怎样写的,但有一点可以肯定,外电绝不会说这位禽兽父亲"was owed to the law and was executed",因为他明明还坐在法庭上,用一本蓝色文件夹遮面,还说自己是个"好父亲"呢。

　　文字上有点差错是任何人都难免的事,不值得大惊小怪,但"伏法"与"服法"的混用已经不是一般"笔误",而是"意误"。从上述这些实例来看,原载的单位与转载的单位都是国内外著名的大报或权威传媒,连它们都对这一区别熟视无睹,三番五次地出现同样的误用,说明社会上对"伏法"与"服法"的误解已不再是个别问题。为了维护中文传统词义的纯洁,维护法律词语的严肃,避免翻译上的歧义,看来有必要对"伏法""服法"等相关词语从源头上来一次再认识。

　　"伏法"者"犯法受诛也"(1936年版《辞海》);商务印书馆《现代汉语词典》(2002年增补本)解释为"(犯人)被执行死刑";上海辞书出版社《辞海》(1979年版)解释为"因犯法而被处死刑"。"伏法"二字早在两千多年前就已见于中国史籍。司马迁《史记·田叔传》记载的汉景帝与田叔讨论要不要杀梁孝王的一段精彩对话里就有"伏法"一词:"梁孝王使人杀吴相袁盎,景帝召田叔案梁,具得其事,还报。景帝曰:'梁有之乎?'叔对曰:'死罪!有之。'上曰:'其事安在?'田叔曰:'上毋以梁事为也。'上曰:'何也?'

曰：'今梁王不伏诛，是汉法不行也；如其伏法，而太后食不甘味，卧不安席，此忧在陛下也。'景帝大贤之，以为鲁相。"伏者，面朝下也，古汉语里作"趴"解。这是太史公对被判处死刑的犯人在杀头后全身匍匐在地的十分形象的描述，从此"伏法"二字沿用至今，意义从来没有变过。此后，"伏尸万里"等成语里，"伏"字均作此解。

太史公在这段话里，前面用"伏诛"，后面用"伏法"，是很有讲究的。一般辞书把"伏诛"等同于"伏法"，其实它们之间还是有些区别的。"伏法"强调的是"法"字，是依法处死。因此只有经国家法庭判处死刑而被依法执行死刑的才叫"伏法"，译成英文应该是 to kill someone who has been sentenced to death by the court。"伏诛"强调的是"诛"字，泛指"把罪人杀死""把罪人除掉"。如果未经审判被杀死，或被私刑处死，或罪犯在逃跑中被击毙、在越狱中被袭身亡，尽管此人是该死的罪人，都不宜用"伏法"两字，而只能称为"伏诛"，译成英文应是"(of criminal) to be put to death"或者 to be killed。"今梁王不伏诛"是说"现在梁王没有被除掉"，它传达给读者的含义与"依法处死"显然不同。在两千年前的太史公笔下，隐隐然已经为我们定下了这个界限。其用字之精当，实在令人惊叹。

关于"服法"的用法，历史渊源好像并没有"伏法"久远，以致目前各种重要的中文工具书里都难以找到单独的"服法"词条，但几乎一致地都把这里的"服"字解释为承认（to admit）、服从（to obey; to submit oneself to）、信服（to be convinced）的意思，指的是犯人活着时的主观心理状态，如说：你批评得对，我心里很服。（Your criticism is well-grounded, and I am completely convinced.）而"伏法"指的是犯人被处决后的客观结果，与犯人的心理状态无关，如：尽管他拒绝认罪，他还是在昨天以谋杀罪伏法了。（He was executed for murder yesterday although he pleaded not guilty.）所以，伏法的人不一定服法；服法的人不一定伏法。两者的意义完全不同，绝对不可混用。如果你把"这里的犯人大多数已经服法"写成"这里的犯人大多数已经伏法",想想会有何等结果。假设一个人的儿子犯了法,法院通知说"你儿子最终还是服法了",那是说他终于承认法律对他裁决的罪行了,应译成:Your son was bowed to the law at last. 意思是好好改造仍能重新做人。如果法院通知说"你的儿子最终还是伏法了",那是说他最终还是被执行了死刑,已经回天乏力,应译成:Your son was executed at last. 一字之差,对犯人家属来说却是悲喜两重天的事。

"伏法"与"服法"之所以混淆不清,倒也确实事出有因。因为"伏"与"服"互相通用,自古有之。商务印书馆《古汉语常用字字典》(修订版)里"伏"字条的解释中就有"通服"的说法。古人(如韩愈)的文章中就有"伏(服)其为人""自然心伏(服)"的用法。元典章以及大清律中有所谓"伏辩",也称为"服辩",即现代的悔过书、认罪书之类的东西。汉语里的"服罪"通常也可与"伏罪"通用,都指刑事被告承认自己被控的罪过(to admit the crime of which he is accused / to plead guilty)。"服侍"与"伏侍""服输"与"伏输"也有通用现象。历史上这种"伏"与"服"同音通用的情况,正是造成"伏法"与"服法"混用的主要原因。但是,在特定条件下"伏""服"可以通用,并不等于"伏法"与"服法"可以通用,更不等于"认罪服法"可写成"认罪伏法"。道理就像绝不可因此将"伏笔"写成"服笔"、将"大伏天"写成"大服天"一样简单。"伏法"作为"被执行死刑"解,是我国文字中始终未变的传统解释。这里的"伏"字并无"信服"的意思。未见任何辞书主张它可与"服法"通用,更没有见过任何权威辞书主张"认罪服法"与"认罪伏法"通用。在英语翻译中这一界限也始终十分清楚,来不得半点含糊。

汉语的纯洁性有赖于大家来维护。否则,就像劣币会驱逐良币一样,在汉语里也常常会发生不规范的用法逐渐取代规范用法的反常现象。几十年前"即便"被认为是"即使"的错别字。可是现在,

"即便"满天飞,"即使"几乎反过来成为错别字了。"量小非君子,无度不丈夫"本来是推崇君子大丈夫应该度量要大,多少年来,竟慢慢变成"量小非君子,无毒不丈夫",成为鼓吹做人要心狠手辣的信条。这都是约定俗成惹的祸。但愿"服法"与"伏法"不会走上同一条路,服法的人不至于伏法。

走近英美警察(一)

曾有一位英语教师对我说,美国总统大多有两个老婆。我问他有什么依据,他说报上不是把总统现在的夫人称为第一夫人(First Lady)吗,起码他还有第二夫人。另有一位同事,在《纽约时报》上看到美国一件案子开庭时出现"元帅"(Marshal),认为这肯定是一件牵涉到军国大事的大案。这两件事使我想到,"常识"有时比"语言"更难学到。

随着中外文化交流的增多,现在把"第一夫人"当作第一个老婆的笑话恐怕不多了,但英语里的 Marshal 为什么会出现在法庭上,的确使人感到困惑不解。改革开放已经 30 多年,我们对英美国家的警察制度其实仍很陌生。

我们到英国或美国,最先遇到的人是警察。你问路,会找警察;你遇到抢劫,会找警察。你车子开得太快,会招来警察;你停车不当,也会招来警察。警察无处不在。你有没有想过在以下这些情况里,该怎样使用你在书本里学到的有关警察的词语?

和一位陌生的警察面对面说话时,如果你想表现得礼貌一点,该怎样称呼他才合适? policeman? police? 都不对,你最好称他为 officer。它相当于中国话里的"长官"。它是一种表示恭敬的称呼,未必一定指警官。即使明知对方只是一名普通警员也可用。例如:你向一位警察求助时,可以说:Excuse me, officer, I need your help.(对不起,长官,我需要您的帮助。)对方介绍另一位警察给你提供帮助时也会说:Officer Smith will help you, ma'am.(女士,史密斯警官会帮助你。)其实 Smith 也未必是警官。在英美国家,police officer 是对警察比较正规的称呼,可用于称呼任何级别的警察,包括最低级别的警察，无论他是不是警官。甚至这也可以用于自称，即使自己并不是警官，也不会被认为不妥。如：Who are you? — I am a police officer, Madam.（你是谁？——我是警察，女士。）这被认为是典型的问答。

如果你碰上打劫，想报警，该怎么说？ Let me report to the police station? 用不着这么啰嗦。你可以说：① Call the cops quickly!（赶快报警！）② Send for the police quickly!（赶快派人报警！）cop 与 policeman 同义，泛指警察。它虽然不是很正规，在美语里却十分常见，并不含有轻蔑的意味。cop 虽然是从 copper 简化来的，但在英国一般以用 copper 为多。如：A copper in uniform was standing at the corner.（一个穿制服的警察站立在街角。）但 cop 或 copper 一般不作为称呼用。称呼一名警察时，应用 constable 或 patrolman/patrolwoman。

英国人常用 constable 或 police constable 称呼一般的警察，但它丝毫没有轻视的意思。constable 原义是英国县、镇、教区里负责治安的"治安官员"，所以可以用于对警察和警官的称呼。有人认为 constable 指级别最低的警察，这是误解。要知道，英国的城防司令也叫 Constable。封建时代的英格兰皇家军事总长就叫 Constable of England。不过时至今日，它已成为警察的统称。它常与姓名连用，放在姓名前面。如：Constable Smith and several constables were injured in the riot.（警察史密斯和其他几名警察在这次动乱中受伤了。）美国人则常用 patrolman/patrolwoman 称呼定时在街道上巡逻的巡警。它也常与姓名连用。如：Patrolman O'Connor saw the crime take place.（巡警奥康纳看到罪行发生。）与 constable 同义的还有 bobby，但它主要用于英国，在美国并不通用，如：Tourists seem to like London bobbies.（游客似乎喜欢伦敦的警察。）

都说报警电话 110 是全世界统一的，其实不然，美国的报警电话是 911，而且没有 120，不论遇到抢劫还是急病，都可拨这个号。发生重大事故时，警察会在一个地区布置"警戒圈"（police cordon），这是不能随便进去的。当人群四散逃跑时，你也许会惊慌失措地跟着跑。这时，如果警察在你后面对你叫"Freeze!"，那是警告你"不许动！"freeze（冻结）这个词在这里是指"Don't move!"（不许动），而且必须像突然被冻结一样，连手也不许动，尤其不能把手伸到口袋里，否则可能被认为你在掏武器，警察就有理由攻击你。有一位女性同胞在美国被警察打得鼻青脸肿。后来她在美国起诉警察，官司打了几年，法庭竟然判决警察袭击有理。主要根据就在于这位女士在听到"不许动"的口令后，赶忙把手伸到口袋里"掏证件"。这可真是性命攸关的"常识"错误。你在词典的帮助下可以学到一点英语知识，却无法学到这类常识，有时你会发现，就连学到的这点英语知识也常常用不上。比如，你知道 cop 是"警察"，但你听了小偷与警察以下这样一段对话后，可能全懵了。

警察抓到小偷时，小偷说："It's a fair cop!"不是小偷称赞警察，而是表示认栽了："抓得好！"原来 cop 义为"抓到, 抓获"。如警察说: If I cop you stealing again, you'll really cop it.（我要是再发现你偷东西，准够你受的。）原来这里的 cop 却指"受罚；挨打"（在美国俚语中甚至可指被杀）。

警察说: He was boasting how brave he was at the start, but copped out of it at the finish.（开头他夸耀自己如何勇敢，到头来还是避重就轻地认了罪。）这里 cop out of sth 作"回避某事""避重就轻地认罪""自首并告密"解。

警察面对歹徒时发出喊话，你听到的不是"We are policemen!"之类你原以为会听到的英语，而是: This is the police, you are completely surrounded, put down your weapon now!（我们是警察，你们被完全包围了，现在放下武器！）难怪有的人到了美国，不禁自问: 我们学的是英语吗？这就是"常识"带来的困惑。

美国的交通警察是出了名的。赞扬的说他们严格、公正、高效。批评的说他们粗鲁、专横、冷酷。的确，他们的装备、职责、行事风格、执法过程都与我们不太一样。让我们看看美国交警是怎样执勤的。

美国各城市所有制服警察在执勤巡逻中都有权对交通违章开罚单（tickets），最常见的是违章停车罚单（parking tickets）与超速罚单（speeding tickets）。交通管理的执法和事故现场（the scene of the accident）处理主要由交警负责。他们在执勤中必须穿防弹背心（bulletproof vest），随身携带手枪（pistol）、手铐（handcuffs）、警棍（baton）、照明电筒（flashlight）、手持电台（handheld radio）、催泪器（tear browser）、录音机（recorder）。巡逻车上还配有计算机、车载电台（car radio）、摄像系统（camera system）、录音系统（recording system）、自动步枪（automatic rifle）等装备。真可谓威风凛凛，如临大敌。一旦发现违章行为他们就会驾驶警车，打开车顶警灯（roof light），跟上违章车，同时警车内的摄像机（camera）会自动打开，全程拍摄执法过程，以作证据，防止投诉。当鸣警笛提示驾驶员靠边停车后，驾驶员必须按要求坐在车内，双手放在方向盘（steering wheel）上，保持不动的姿势，否则可被视为危险动作，警察可以随时开枪射击。据说曾有一位日本游客就因为停车后双手仍在旁边翻找东西而被当场击毙。

交通警察只有在确认安全后才会下车。下车后，他们一边启动录音机一边走到违章车边，指令违章驾驶员坐在车内出示"三证"，即驾驶证（driver's licence）、车辆登记证（vehicle registration certificate）和社会安全卡（social security card）。如发现违章，他们会立即给违章者开具罚单。罚单通常分为四联：一联送交法院，二联由警察局保留，三联由警员保留，四联交给违章者本人。如果违章驾驶员拒不签字，或发现车辆有盗窃嫌疑、驾驶员证照不全，警察有权对驾驶员当场逮捕。车辆如果超载（overloading），罚款1000美元、吊扣驾驶证；违章情节严重的，吊销驾驶证，且终生不得从事驾驶职业。美国人的驾驶证，其重要性远远超过字面含义。美国没有一个全国性的证件系统,没有身份证,也没有暂住证。其他如信用卡、社会安全卡等都不能用来证明身份。驾驶证就成为证明身份的主要证件。所以美国人只凭一张驾驶证就可以跑遍全国。外国人则以签证(visa)或绿卡(green card)证明身份。美国交通违章的处罚统一由各州、市、县法院负责处理。各地法院都有一个民事法庭专门受理交通违章案件。驾驶员在收到罚单后,必须在21天内到法院接受处罚,如果超时,法院将通知警察局对受罚人予以逮捕。如果受罚人对罚单不服可以向法院起诉。开庭时,警察必须到庭作证,否则警察会败诉。因此,当事人常常把警察没有到庭当作好消息。

美国各州法律对醉酒驾驶(drunk-driving)的处罚十分严厉。醉酒驾驶在美国也称为DUI(driving under influence of alcohol)或DWI(driving while intoxicated),即"酒后驾驶"的意思。美国公路上,每隔一段距离就设有"饮酒驾车检查站",称为sobriety checkpoint。警察发现有醉酒嫌疑的车辆,就会指定其靠边停车,接受酒精测试(alcohol/sobriety test),如果发现血液酒精浓度(BAC = blood alcohol content)达到或超过0.08%,即可被认定为DUI或DWI。即便没有伤人,驾驶人也可被立即拘留,罚款5000美元,吊扣驾驶证6个月至两年,扣2点,同时扣车30天。如30天内不取车即由警察局指定社会部门将车拍卖,资金上交政府。如果在7年内三次被查出酒后驾车,可判入狱25年。醉酒驾驶罪被列为刑事犯罪,可判处1年以下徒刑,并罚款2000美元。所驾车辆一律没收。如果致人死亡,一律按二级杀人罪判处。

美国的驾驶证每18个月为一个周期,实行记点管理制度。凡在一年内记满3点、两年内记满5点、三年内记满7点或者在18个月内记满4点以上的,就会被法院吊销驾驶证(revoke driving licences)。不论何种交通违章,只要被开罚单接受处罚,违章记录就会永久存入个人社会安全档案,成为个人的犯罪记录(criminal record),对个人的职务升迁、信用、保险、求职、入籍等方面都会产生负面影响。因此，在这种严刑峻法之下，警察在执法过程中很少遇到驾驶员不服管理、蛮横抗拒的。

在中国，有些人遇到警察查问时，有理没理都喜欢与警察没完没了地争辩，拉拉扯扯，讨价还价。可是在美国，只有傻瓜才会这样干。美国警察作为国家法律执行者，在执行公务时具有绝对的权威，没有半点讨价还价的余地。如警察在公路上拦截普通违章车辆时，只要他有充足的理由怀疑，就可以举起手枪，喝令车内人员高举双手或抱住后脑走出车门，然后对其进行搜查。当事者若不服气，可以事后凭警察开具的记录和罚单去法庭控告，但绝不可与警察争辩，更不能伴有任何肢体动作，否则会被认为有妨碍执行公务和袭警的嫌疑，轻者被戴上手铐、送进监狱，重者会遭到警察的枪击而丧命。美国法律规定：警察对罪犯实施合法逮捕时，如果遇到反抗，并且有理由相信被逮捕者即将对他进行人身伤害，并且合理地相信对被逮捕者使用适当暴力是制止其反抗的唯一办法，在这种情况下，警察使用适当暴力是法律许可的。

警察执勤中出于自身安全考虑可对犯罪嫌疑人采取较激烈的强制措施。美国联邦刑法和各州的刑法对于"袭警罪"的规定尤其详尽。根据美国刑法的一般原则，任何人都不得对正在执行公务的警察进行任何形式的威胁、袭击和伤害，不得接触警察的身体，而所谓的威胁既包括口头语言上的威胁，也包括具体行为的威胁，甚至威胁警察的直系亲属也构成同样的犯罪。部分州的刑法规定，对于袭击警察造成伤亡的犯罪可以适用死刑。在英国，根据警察法的规定，警察完全有权就某一罪行对任何人进行讯问。按英国1967年刑事法规定，一个正在执行职务的警察若合理地认为有人故意妨碍他对另一个人实行合法的逮捕或拘留，就可对该人实施无证逮捕（arrest without a warrant）。

尽管如此，警察工作的风险还是很大的。据美国警官纪念董事会前主席克雷格·W.弗洛伊德说，大多数美国人不知道，在美国平均每隔一天就有一名警察丧生。这意味着警察在美国已经算得上高风险高强度的职业,因此美国的警察待遇也相当高。他们的工资比其他公务员的工资平均要高30%。据一位来我国访问的美国警官说,他如果在大学里当教授,工资肯定没有现在(当警察)高。

走近英美警察（二）

看过美国大片的人都知道，美国警察逮捕人时，会絮絮叨叨地先向被捕者说一大篇话，但很多人都不知道警察究竟讲了些什么。原来美国宪法规定，警察拘捕嫌犯时，必须按照"米兰达规则"（Miranda rule）在开始询问嫌犯前以清楚的语言向嫌犯宣告"米兰达警告"（Miranda warning）。它的典型表述为：You have the right to remain silent. Anything you say can and will be used against you in a court of law. You have the right to an attorney present during questioning. If you cannot afford an attorney, one will be appointed for you. Do you understand these rights? 意思是：你有权保持沉默。（如果你放弃保持沉默的权利，）你说的一切会在法庭上用作对你不利的供词。你有权获得律师。如果你希望有律师，但没钱请律师，警方讯问开始前可为你找一位律师。听清楚了吗？

如果嫌犯没有被告知这些权利，警察所得到的任何口供在法庭上都将不具有证据效力。所以对嫌犯来说，这又被称为"米兰达权利"（Miranda right）。为了保证"米兰达规则"得到切实遵守，美国法院还专门设立了一项审前程序，称为"米兰达程序"（Miranda hearing），通过这一程序的审查，控方才能将被告人在被捕后向警方所作的口供作为庭审证据。

米兰达是谁？他既不是什么著名律师，也不是什么著名法官，而是一个强奸犯。墨西哥小子埃内斯托·米兰达本来是20世纪60年代美国一个强奸案的被告。美国联邦最高法院在1966年"米兰达诉亚利桑那州"（Mimnda V. Arizona）一案中确立了上述规则。米兰达本人虽然仍然被判有罪，并在假释后一次与人斗殴中死于非命，他的名字却因此成为民主法制史上的一个里程碑。"米兰达规则"是美国警察制度的一大成就。因为自从有了它,刑讯逼供就从源头上失去了存在的基础,使美国少了许多屈打成招的冤案。

英美国家的警察体系与警衔也自有其特点。他们是按地区(area)组织警察,每个地区的警力独立发挥作用,各自为政。每支警力对地方当局负责。日常管理则全部由当地警察局长(Police Commissioner / Chief Constable)负责,如伦敦及其周围地区的治安均由大都市警察局长(Metropolitan Police Commissioner)负责。内政大臣直接监督(不是领导)全国警察,所以他们没有我国"总警监"这样的警衔。美国的警察主要分联邦、州和市县三级。除联邦警察(Federal Police)外,州警察(State Police)、城市警察和县警察(County Police)之间没有垂直的上下级关系,直接由地方政府领导。州的警察机构一般只执行本州的法律,它不受联邦警察的领导和约束,只对各自的州长负责。州警察局长大多由州长亲自任命。县警察局长大多是该地区威望较高的人,经由选举产生。美国县一级的行政机关并不大,县警察局长大多数是集数种职能于一身,具有比其他地方官员更高的权力。三权分立的精神在这里好像突然不见了。他们既是警察,又是法庭上的官员,还有权任命行政司法官助理。他们不但负责向居民发送逮捕证和传票、执行判决,还要负责为法庭提供保卫。有的警察局长还兼任地方监狱的监狱长。因此,他们亦被称为"县行政司法官"(Sheriff)。这是美国县警察机构非常独特的地方。

中国的警察实行垂直领导,警衔(police rank)分为总警监(General Police Commissioner)、警监(Police Commissioner)、警督(Police Supervisor)、警司(Police Superintendent)、警员(Police Constable)等5等13级。【括号里是我国官方认可的英语对应词。】

不要以为各国的警衔名称也像军衔一样都是相通的。我国的警衔就与英美警察的警衔不一样。英国警察的警衔由高至低分为5等,即 Commissioner of Police（警监，有的译为"警察局长"）、Superintendent of Police（警司）、Inspector of Police（督察）、Sergeant（警长）、Constable（警员），具体细分的话，共有 15 级。警察局长是警察中的最高警衔。由于没有全国统一的领导，自然也没有总警监（General Commissioner）这一级。地方当局监督警力的最高机构是 police authority（地方警力委员会），但不设警衔。美国警察没有全国统一的警衔，各州各行其是，大都把职务和警衔等融为一体。如纽约市的警察有 10 个等级，包括：总局长、分局长、助理分局长、副分局长、督察、助理督察、警长、副警长、警官、巡警。但大体上所用的警衔名称与英国大同小异。

如果把我国实行的警衔与英美警察的警衔加以对比，就会发现有两个重要差异：①我们的"警司"（Superintendent）是仅仅高于普通警员的低级警官，而英美国家的 Superintendent 却是仅次于警监的高级警官，地位相当于我国"警督"（Police Supervisor）。②英国的"督察"（Inspector of Police）与我国的"警督"（Police Supervisor）不在一个级别上。前者低于 superintendent，级别较低，而后者仅低于"警监"，高于警司，级别较高。这就造成 superintendent 这个词在中文翻译上有点乱，我国官方译文里将它译为"警司"，有的辞书将它译成"警监"，竟与 commissioner of police 同义。有的辞书将它译成意义含混的"警官"。

英美国家也有交通警察（traffic police）、便衣警察（plain clothes policeman; police detective）、秘密警察（secret police）、骑警（mounted policeman; trooper），美国的州警察（state policeman）口语中也称 trooper，但没有我国的"武警"。他们的 military police（军事警察）与我国武警的性质完全不同。他们实际上只是在军人中负责维持秩序的士兵（soldiers who act as policemen to keep order among other soldiers），是军中警察，即所谓"宪兵"。

除此以外，英美国家还有三种与警察相似的名称是我们更为陌生的，它们是：

sheriff（或 High Sheriff）——这是一种非常古老、奇怪的职务，原是英国王室在各地的代表，地位显赫，因此有的译为"郡长"，但由于执行高等法院及刑事法院的判决是其主要职责之一，因此成为警察系统的重要职务。在苏格兰及威尔士的某些地区或城市，他还是地区的首席法官（Chief Judge in a district）。由 sheriff 主审的法院称为 Sheriff Court（郡法院/郡长法院），享有广泛的民、刑事管辖权。在美国，sheriff 是县城里的执法官（officer who enforces the law in a county in the USA），有的译为"县行政司法官"或"治安官"。sheriff 负责执行法院裁决，有权派法警查封财产、监督议会选举，并且是县里任命的政府代表（official appointed as the government's representative in a county）。他们既是行政长官，又是法官，倒有点像中国古代的县太爷。不过尽管如此，美国人并不把他们列为 judicial personnel（司法人员），而是把他们归于警察系统的 lawman（执法人员）。

marshal 也是一种非常奇怪的职务。在古英格兰，marshal 原是为王室看管马匹的官员。它有许多译名：(英国的)陆军元帅、空军元帅；王宫中的高级（司法）军官、司仪官；执行法院判决的执行官（an official who carries out the judgments given in a court of law）；巡回法官秘书；巡回法官助理；执法官；司法警察；法警。英国的海事法院院长也称 Marshal of the Admiralty Court。美国的 marshal 一般被我们译为"执法官""法庭事务官"与"法警"，职责与 sheriff 近似。但美国的 United States Marshal 是充满传奇色彩的职业，在人们心里享有崇高的威望，远非一般法警可以相比。美国的 US Marshals Service，简称 USMS，就设在司法部里，由司法部直接领导。它是美国联邦政府执法机构（federal law enforcement agency），各地设有分支机构，有的译为"美国法警局"。这是美国最为古老的执法部门。凡是长途押送转运犯人、追捕逃犯、发布通缉逃犯的名单、保护受害人及证人的生命财产安全等艰难凶险的任务都离不开他们，颇像我国的武警。美国历史上就有许多著名的Marshals，一直为老百姓所称道。1998年美国大片《绝命追杀令》(U.S. Marshal)就是讲述著名的吉拉德警官(Marshal Gerald)长途押解危险的犯人途中在飞机上与凶狠的犯人浴血搏斗最终制服犯人的真实故事。但US Marshal的中文译名很乱，一般译为"美国执法官""美国执法警官"或"联邦法院事务官"。但由于他们负责执行法院的判决、维护法庭秩序、送达传票和令状等司法文书、押解犯人出庭，而这些都是中国法警的职责，因此它常被译为"法警"。其实，这个职务的显赫远非我们一般法警可比。我那位同事看到法庭上出现的Marshal其实不是什么元帅，而是Marshal of Court，有译为"法庭事务官"，也有译为"司法警察"。

  bailiff可以说是法律英语中译法最乱的词之一，多达9种：庭丁、法警、法院执行官、执达员、区镇的地方长官、地方司法行政长官的副手、副郡长、法庭事务官、地主的管家等。一个法学名词何以竟然含混到如此程度，令人费解。实际上bailiff是英国历史上形成的介于政府官员与地主管家之间的一个古老的职务。这个词的原义就是"管家、保护者和执行法律的人"。bailiff的职能非常杂乱，但有三点是可以肯定的。第一，bailiff与我国法院的执行员并不相同。在我国，执行员是法院执行庭专管判决执行的法官，是专属于法院编制以内的司法人员，而bailiff不是；我国法院的执行员只负责执行法院自己作出的判决或裁定，而bailiff的执行范围要大得多。第二，bailiff大小是一级官员，虽然他也为法庭听众引座、维持法庭秩序，但与usher（庭丁）和一般维持秩序的法警并不相同，有时甚至是指区镇的地方长官和司法行政长官的副手。把bailiff译为维持法庭秩序的"庭丁"是极大的误解，往往给人造成错觉。第三，bailiff这个词，在英国与美国含义并不相同。在英国指"执达员/官"，是受雇于法院的人（person employed by the court）；在美国是指deputy to a sheriff（县司法行政长官的代表或副手）。由此可见，bailiff是具有浓厚的英国历史背景的名称，不宜移用于我国。用bailiff来翻译我国法院中的"执行员"就像把美国的community（社区）译成"保甲"一样不伦不类。我国法院的执行员应该用execution officers、operational staff、law enforcement officials等译名为妥。

出国前应该首先学会的一个词

现在出国的同胞很多，出国到英美国家的更多。在异国他乡经常要用到的词莫过于"中国人"三个字。你有没有想过，在英语里该用什么词来自称"中国人"？提出这样简单的问题似乎有点杞人忧天，因为到英美去的人大多已有一定英语能力，难道还不知道"中国人"的英语怎么说？其实这里面大有文章。我们不妨先从全美各地华人圈的一次轩然大波说起。

2007年3月8日，美国有线电视新闻网（CNN）创始人泰德·特纳（Ted Turner）在一次公开讲话里因为把"中国人"称为Chinaman（中国佬），在全美各地华人圈引起轩然大波，后来不得不为此作出声明公开道歉。特纳在声明中说："我对于上周四应邀在湾区展望委员会上的发言表示深深的遗憾。大家都知道，我不相信任何形式的偏见和歧视。我也不了解 Chinaman 这个用词对于亚太裔社区有贬低和伤害的意味……对于因为我的言论导致苦痛的人，请接受我的致歉。"

特纳先生是一位65岁的老人，没有反华背景。他是著名女演员简·方达的丈夫，但个人婚姻生活坎坷，深得人们同情。他不单是美国媒体巨头，还是打破个人捐资记录的著名慈善家，个人慈善捐资达10亿美元。他在接受湾区 KGO 电台著名节目主持人罗恩·欧文斯（Ronn Owens）现场访问时说了这句话。当他被问及是否相信中国会推动更环保的替代能源时，特纳回答的原话：The Chinese are very smart. Just think — have you ever met a dumb Chinaman?（中国人都很聪明，你见过很笨的中国佬吗？）为什么像这样一个人，这样一句话，仅因后半句用了 Chinaman 一词就会闹出这么大的动静，还让这么一位名人必须作出如此郑重的道歉？是美国华裔社会不够宽容吗？当然不是。

原来这个词与华人在美国的沧桑史有关，触动了华人内心的伤痛。150年前，美国加州等地发现金矿，吸引大批华人劳工不远千里来淘金，但他们的淘金梦最终灰飞烟灭，只好依靠吃苦耐劳的精神，在白人不愿插手的诸如修铁路、洗衣服、开小餐馆等工作中求生存，社会地位低下，处处受到歧视，不能享有美国国民待遇。1882年美国国会还公然通过种族歧视的《排华法案》(Chinese Exclusion Act)。当时美国华人成为社会上最无助的人群，以致英语里至今还有一个成语Chinaman's chance，即指"毫无希望"。Chinaman这个词正是那个时代用以称呼中国人的轻蔑语（offending term），铭刻着那段华人受排斥的屈辱史。就像美国黑人不能容忍被称为nigger一样，中国人对Chinaman的称呼是绝不能接受的。把它译为（中国佬）还是一种比较客气的译法，但由于它不像Chink（斜眼人）这些"种族歧视语"（racial slur）那样带有明显的污蔑，所以常被人们所忽视。尤其是年轻一代的中国人，很多人不知道这一历史背景，听到美国人把英国人称为Englishman，把法国人称为Frenchman，于是也用"China + man"的构词法如法炮制，并以此自称。有的人竟然还用Chinaman来作自己的网名。

man构成的复合名词一般的确并不带有贬义。如countryman（同乡）、postman（邮递员），都是很正常的称呼。blackman（黑人）这个词甚至还被认为比称Negro更为礼貌。Frenchman被译为"法国人"，Englishman被译为"英国人"，Irishman被译为"爱尔兰人"都没有贬义。如果你以此类推，把Chinaman译成"中国人"，问题就大了。因为Chinaman这个词之所以不被接受，并不是出于构词法，而是触动了华裔历史的伤痛，特纳先生的道歉就是明证。关于"中国人"的英译，用Chinese nationals、Chinese people、native of China、person of Chinese descent都行，其中以用Chinese的最多，最方便，而且没有单复数之分，不卑不亢，十分得体。唯独不能用Chinaman或Chinamen。由此可见，如何翻译"中国人"这类常用词，常常有着一个远比字面更为深远而复杂的问题，不可不慎。

中国是一个非常古老、充满智慧而且在近代史上历经磨难的大国，有关她的语言至今还背负着许许多多人文历史的印记。据我国一位资深驻外大使说，在荷兰语、德语及法语中，Chinese除了指中国人外、常常含有"复杂的""难办的"意思。这可能是许多中国人没有想到的。其实在英语里这种情况也同样存在。如Chinese puzzle不光指中国七巧板、九连环之类的玩具，还指一切复杂难懂的事物。在美国出版的《韦氏新大学词典》（Webster's Ninth New Collegiate Dictionary，第9版）里，在Chinese puzzle词条中，连"中国玩具"的解释也没有了，只解释为an intricate or ingenious puzzle（复杂而精巧的难题）和something intricate and obscure（复杂而晦涩难懂的事物）。与此相连，Chinese copy也变成an exact imitation or duplicate that includes defects as well as desired qualities（与原物优缺点一模一样的复制品或仿制品）。想到国际社会在知识产权问题上对我国的指责，我真不知道究竟该为这些古老词义感到自豪还是羞愧。但是有一点是可以肯定的，那就是Chinese这个词在历史上曾是充满血泪的字眼。除了本文开头的例子外，在大英帝国的标准英语里Chinese slavery曾经是"名为劳工实为奴隶"的代名词，意指工作异常艰苦而报酬微不足道的奴役。20世纪初叶，英国保守党政府因为南非战争后南非金矿的卡菲尔劳工（Kaffir labour）大量缺失，就从中国招募了许多所谓"契约苦力"（indentured coolies）来维持局面。这些中国劳工报酬微薄，被关在围墙里，未经批准不得外出一步，几与奴隶无异。从此Chinese slavery作为"变相奴役"的同义词成为英国工党政治人物口中广泛使用的口号。如今，文字背后的这种辛酸史在一般词典里已经很难找到了。

Chinese除了作"中国人"用外，更多的场合是作定语"中国的"解。

一般都知道 Chinese、China's、China 都可以作定语，译成"中国的"。在中国人看来，好像它们之间并没有什么大的区别，通常不为人们所重视。但在外国人眼里，这三个词所包含的意义是很有讲究的。它们之间同样含有许多容易被人疏忽的问题，不可掉以轻心。

China's 指"中国的""在中国的"时，着重在"中国政府的""中国的"，并非单指"中国人的"。这层含义在法律文书中尤为突出。WTO 法律文件里，如"中国经济的特性"（the special characteristics of China's economy）、"中国的关税配额制度"（China's Tariff Rate Quota system）、"中国的具体承诺减让表"（China's Schedule of Specific Commitments）;"中国专利法"（China's Patent Law）等用语中，几乎都用 China's 而不用 Chinese。如果着重"中国人的"或"中华的"意义时，应该用 Chinese。如"中方"（Chinese side）、"中国政府"（Chinese government）、"中国执业律师"（Chinese national registered lawyers）。这种细微的差别有时包含着重大的政治含义，切不可随便置换。如在法律文件中以及奥运会上的"中国香港"译为"Hong Kong, China"，"中国澳门"译为"Macao, China"。

China 虽是名词，作定语用是常有的事。它与 Chinese 的区别也很容易被忽视。如 China law firm 是指"在中国的律师事务所"，未必是中国人开的，它应包括根据 WTO 文件规定以代表处形式获准在中国设立的"外国律师事务所"（foreign law firms）。若指中国律师开的律师事务所，就应该用 Chinese law firms。又如 China engineer 是"中国的工程师"，人在中国，未必是中国人，而 Chinese engineer 是指"中国籍的工程师"，人却未必在中国；China edition 是指"专门销往中国的版本"，未必是用中文写的，而 Chinese edition 则指"中文版本"，未必专在中国销售；China English 是指"关于中国事物的英语"和"用于中国的英语"，而 Chinese English 则指"中国式的英语"，即带有中国腔调的"不纯粹的英语"。至于完全无视英语语法的"洋泾浜英语"，如把"彼此彼此"说成

you me you me，把"怎么是你？怎么老是你！"说成"How are you? How old are you!"之类的英语，即时下所谓的 Chinglish，应属于不入流的英语，恐还算不上是 Chinese English。

　　当然，有些名词前面用 China 与 Chinese 都可以，如：Chinese varnish（漆）、Chinese ink（墨）、China clay（高岭土）。但绝大多数都有固定搭配，应多查词典，不宜随便改动。如 Chinese law（中国法律）、Chinese legal system（中国法制）、Chinese nationality（中国国籍）、Chinese classics（中国古典文学）、Chinese joint venturer（中方合营人）、Chinese cabbage（白菜）、Chinese lantern（灯笼）、Chinese descent（华裔）等词语都用 Chinese，而 South China Sea（中国南海）、Chinatown（华人区/唐人街）、China teas（中国茶）、China rose（月季花）、China orange（橙子）等词语都用 China，不可随便换用成 Chinese，否则就属错译。

英文里的"张三""李四"

中国人的姓名里,"张三""李四"的知名度极高,因为谁都知道,那是泛指一个不知道姓名或不需要说出姓名的人,或是一个并不真正存在的人。可是,要把它们译成英文,问题就来了。有的人只好把它们译成 A 和 B,或用 ××× 来表示,这在法律文书里是很不严谨而且容易造成误解的。其实英美国家的人也有他们自己的"张三""李四",只是由于一般词典都未收入,许多人不知道而已。英文里的"张三""李四"就是 John Doe 与 Richard Roe。

奇怪的是,中国的"张三""李四"虽然用得很普遍,却不被法律文书采用。法律文书中对于不知真实姓名或不便泄露其真实姓名的人,一般都用"某甲""某乙""某某人"或干脆留白来表示。然而英语里的 John Doe 与 Richard Roe 却是专门为法律程序设计的,常常用作诉讼程序或案例中的虚拟当事人。

"张三""李四"给人的印象都是男性,不像女性,至少是没有性别之分,具有很大的不确定性。英文里的"张三""李四"却有性别。John Doe 指男性,Jane Doe 指女性;Richard Roe 指男性,Jane Roe 指女性。在有必要区分性别的情况下,它们就远比中文的"张三""李四"来得缜密。

不论"张三""李四""某甲""某乙"还是 ×××,指的都是一个人,而复数形式的 John Does 和 Richard Roes 或 John/Jane Does 和 Richard/Jane Roes 却可指几个人,前者指男性,后者指有男有女。由此可以看出,作为法律文书里的不定代词,英美国家的"张三""李四"的含义要明确得多,不易引发歧义。

英美法律文书中的这种用法源自英格兰中世纪。起初只是在收回不动产诉讼中为了避免程序上的繁文缛节，采用 John Doe 和 Richard Roe 这两个虚构的姓名来代替假设的土地所有人（hypothetical landowner），后来在欧美国家，特别是美国、加拿大等国，这两个姓名已被广泛用于诉讼程序与案例里，专指假设的人（fictitious person）、未能确定身份的人（unidentified person）、不知道姓名的人（unknown person）、普通的人（an average man）、无名氏（nameless person）以及依法暂时不便宣告其姓名的人。男的叫 John Doe（约翰·多伊）；女的叫 Jane Doe（简·多伊）；当事人的另一方叫 Richard Roe（理查德·罗伊）；女的叫 Jane Roe（简·罗伊）（注意：虽然权威英文译名词典将 Doe 和 Roe 译作"多伊"和"罗伊"，但标准英文发音分别为 [dəʊ] 和 [rəʊ]。）因此，把它们译成中文时，应取其意，不取其音。如果按名字的发音直译，就会使读者误以为确有其人，表面上译对了，实际属于错译。如：

Judge John Doe 是指"某某（男）法官"，不可译为约翰·杜法官。

Justice Jane Doe 是指"某某（女）法官"，不可译为简·杜法官。

Attorney John Does 是指"某某等几个（男）律师"，不是约翰·杜斯律师。

Attorney Jane Does 是指"某某等几个（女）律师"，不是简·杜斯律师。

Judge John/Jane Does 是指"某某等几个法官"（有男有女），不是约翰/简·杜斯法官。

John Doe action 是指原告在不知道被告真实姓名的情况下提出的诉讼，或者原告本来就是用"不知名人"作为被告（如保险公司对不知名的未投保驾驶人提出的诉讼），译为"佚名被告诉讼案"。

John Doe warrant 是指对尚不知道真实姓名的嫌疑人签发的逮捕证，译为"佚名逮捕证"。

John Doe summons 是法院在无法知道当事人真实姓名的情况下所签发送达的传票，称为"佚名传票"。被告姓名明确后，可以事后补正。

在必须将当事人匿名的案件里，Richard Roe（或 Jane Roe）常用作原告，John Doe（或 Jane Doe）常用作被告或受害人。如：Richard Roe V. John Doe 应译为"某甲诉某乙"或"张三诉李四"，不可按这两个人的姓名直译，否则就没有反映出虚拟的原意。

虽然"张三""李四"的英语对应词是 John Doe 与 Richard Roe，但在翻译中它们之间并非处处可以直接互译。现在，John Doe 的使用范围已经逐渐超出法律用语。美国、加拿大人将无名尸体或急救病房中的无名病人也叫 John Doe。无名的小孩被称为 precious Doe 或 baby Doe。它在日常用语里常用来泛指不知道或不让知道姓名的人，其含义显然已非中文里的"张三"或"李四"所能取代。美国有一部经典电影就叫 Meet John Doe，意指"邂逅佚名氏"，充满了悬念。当时该片进入中国，中文片名却被译作"约翰·多依"，原有的悬念荡然无存。加拿大有一女子，1986 年被人强奸，强奸犯却一直逍遥法外。她在法庭上与警方斗争了 11 年才赢得了官司，使强奸犯被捕。当年公众不知道她的真实姓名，只知道她叫 Jane Doe。后来她根据自己的辛酸经历出版了一本书，就取名为 The Story of Jane Doe（《一个匿名女子的故事》）。如果译成"简·杜的故事"，无异南辕北辙。Jane Doe 的这种潜在作用显然是"张三""李四"所无法企及的。

在日常用语里，John Doe 有时成为一个不定代词，几乎与 someone 同义。如下面两句中的 John Doe 都不是指确定的人，既不可按姓名直译，也不能译成"张三""李四"，否则意思就会完全走样。例句如：

The alarm went out for a John Doe who committed a murder during last week. 警察发出通缉令，搜捕那个上周杀了人的家伙。

District attorney filed charges in March 2000 against a John Doe whose DNA matched that of the rapist. 地方检察官在 2000 年 3 月已对那个 DNA 和强奸犯相符的人提出起诉。

"判决"的误区

法律英语中,"判决"一词的使用频率极高。然而,这个常用词恰恰也是中英互译过程中最容易被误用的一个。试举一例说明:

在词典里,你会看到 sentence 与 judgment 都可作名词"判决"用。to serve the judgment 是"送达判决"。那么,to serve the sentence 也是"送达判决"吗?不是,它指的是"服刑"。两者之间的含义几乎毫无相同之处。

两者的意义为什么相去如此之远?原因在于中英两种语言的习惯不一样。中文里"判决"一词并无刑事民事之分,而英语里两者是大有区别的。作名词用时,sentence 与 judgment 虽然都可作"判决"解,但 judgment 是指 decision of a law court or a judge(法庭或法官作出的裁决),不分刑事或民事,着重在程序上的"裁决",既可指民事判决,也可指刑事判决,还可指"判决书"(written judgment)。而 sentence 是指 punishment given by a law court(法庭决定的刑罚),着重在"刑罚"。它作"判决"解时,只能用于刑事案件,不可用于民事案件。"判决"是可以送达的,而"刑罚"是无法送达的。比如:① After the sentence is served he had his hands free.(他服刑期满后可以自由行动。)切不可译成:在判决送达后他可以自由行动。② She has served her sentence, and will now go home.(她已服刑期满,现在即将回家。)不可译成:她已送达判决,即将回家。真是失之毫厘,谬以千里。

虽然 sentence 也有"刑事判决"一义,在欧洲也可指宗教的判决,但"送达刑事判决"也不应译为 to serve a sentence, 而应用 to serve a judgment of sentence 或 to serve a (written) judgment 来表述。

judgment of sentence（刑事判决）相当于 penal sentence、criminal judgment；相对于此，民事判决为 civil judgment、civil decision。这个搭配中可以看出，sentence 更为着重的是"刑罚"。以下词语中的 sentence 均不宜译为"判决"。如：

sentence of life without parole（终身监禁不得保释）

sentence of seven year's imprisonment（七年监禁的刑罚）

to serve a sentence of five years（服五年徒刑）

under sentence of death（判处死刑）

to pass sentence on sb（给某人判刑）

当然，在没有特定案件性质的情况下，judgment 用得更多。试比较下面两组词：

1. 以下的 judgment 是"判决"的通称，不论刑事案件或民事案件都适用。

judgment of first/final instance 初／终审判决

interlocutory judgment 中间判决；临时判决；中期裁决（= interlocutory decree，指诉讼进行中就某一问题作出的裁决，并非对全案作出的裁决）

judgment by consent 合议判决

judgment by default（= default judgment）缺席判决

judgment execution 判决执行

certificate of judgment（= written judgment）判决书

supplementary judgment 补充判决

2. 以下的 sentence 只用于刑事案件的"判决"，不用于民事案件。

final sentence 终审判决（比较：民事案件的"终审判决"为 final judgment / last judgment）

sentence in absence 缺席判决。专指刑事案件中被告人缺席情况下对其作出的判决。（比较：民事案件缺席判决为 judgment by default）

pronounce a sentence 宣判（比较：如果是民事案件，应改为

pronounce a judgment）

  concurrent sentence 合并判刑

  consecutive sentence 连续判刑

  suspended sentence 缓刑判决；缓期判刑

  death sentence（= judgment with death penalty）死刑判决

  但这种划分有时与中国习惯并不完全相同，如破产案件在我国应属于民事案件，英语却常把"破产判决"译为 sentence of bankruptcy。这可能与英美人对破产人的看法比我们更为严厉有关。在英国，一个破了产的人不能当下院议员、治安官和有限公司的董事，甚至不能签订合同，不能借钱。"婚姻无效的判决"本属民事性质，在英语里却用 sentence of nullity。这可能与英国人传统上把确立与推翻婚姻关系的权力交由教会执掌、因而对婚姻关系采取比较严峻的态度有关。比较：nullity of judgment 无效判决。

  此外，judgment 还具有"经判决确定的"的意思，相当于一个形容词。如：

  judgment creditor 胜诉债权人（指判决上确定享有债权的债权人）

  judgment debtor 败诉债务人（指判决上确定负有清偿责任的债务人）

  而 sentence 就没有这种用法。如"判决确定的犯人"（已决犯）不能译为 sentence offender，而应译作 sentenced offender。

  说到这里，又不能不提到另外一个名词 verdict，它也是"裁决"或"裁定"。但与 judgment 和 sentence 都不同，它主要用于陪审团或治安法官、验尸官作出的"裁决"，如：

  majority verdict（至少有 10 个陪审员同意的）多数裁决

  open verdict（死因）未定的裁决

  The jury took an hour to reach their verdict. 陪审团花了一个小时才作出裁决。

  The jury brought in a verdict of not guilty. 陪审团作出无罪裁定。

sentence 作动词用时,只能用于刑事案件中,表示"判刑""判处"。它相当于 condemn、punish、award punishment、decree a punishment、adjudge、convict 等,但最常用的是 sentence。如:

to be sentenced to death by hanging (= sentence of death by hanging) 判处绞刑

to be sentenced to life imprisonment 判处无期徒刑

to be sentenced to fixed-term imprisonment of not less than three years but not more than seven years 判处3年以上7年以下有期徒刑

to be sentenced to death 判处死刑

to be sentenced to criminal detention 判处拘役

to be sentenced to confiscation of property 判处没收财产

judgment 却只能作名词用,不能用作动词。如果赋予动词含义,必须搭配其他动词。常用的搭配动词主要有 render/make/give/take/pass/enter 等,非常简单,也非常地道。像 adjudge(判处)、adjudicate(裁决)、convict(定罪)等大词反而用得较少。如:

to make (or give) judgment (or make a ruling) 作出判决;作出裁决

to pass judgment 通过判决

to give one's judgment on sth 对某事作出判决

to take judgment (= to enter judgment) 登录判决

to enter (= make) judgment for the plaintiff 作出对原告有利的判决

to enter (= make) judgment against the plaintiff 作出对原告不利的判决

a case in which a judgment has been made disallowing the divorce 判决不准离婚的案件

judgement 和 judgment 虽然是同一个词,实际上也是有区别的。judgment 只用于涉及法律事务时,作"判决"解。有的英国词典甚至认为 judgment 只能是律师用的词语(the spelling judgment is used by lawyers)。当泛指"判断""决断力""见识"等意义时,judgement

中的 e 是不可省的。如：errors of judgement 是指对情况等的"判断错误"，而不是判决错误。to form a judgement upon facts 是指根据事实作出"判断"，不是"判决"。to lack sound judgement 是"缺乏良好的判断力"，而不是缺乏过硬的判决。to show excellent judgement 是指"显示出卓越的判断力"。against one's better judgement 是指"有违某人的良知""心里不以为然"，相当于汉语中的"违心地"。如：He agreed, but very much against his better judgement. (他同意了，但心里非常不以为然。) 这句就是说他违心地同意了。在这些情况下，judgement 都不能写成 judgment。所以，严格地说，judgement 与 judgment 并不是可以随便互换的同一个词，尽管在现代美语里，这种区分已有越来越少的趋势。

谈"酒"的翻译

酒能影响人的行为能力，左右人的意志，所以不论在刑法还是民法中，"酒"字都是使用率很高的词。但简简单单的"酒"字，却往往使翻译者望之却步，成为翻译上常见的误区。因为中英两种文字里"酒"字的构词法完全不同。汉语里，酒是中心词，各种不同的酒是通过前面的定语变化来区分的。浓烈的茅台与清淡的生啤都是酒，没有第二个字。英语却不然，常用的酒字少说就有 wine、spirit、alcohol、liquor、booze 等五个词，它们都可以指酒，却又含义不同，界限并不分明。每个词的用法既交叉又复杂，常常使人感到无所适从。

wine 通常指葡萄酒、果酒、红酒、药酒等。酒精含量较低的甜葡萄酒（sweet wine）或不带甜味的干葡萄酒（dry wine）、苹果酒（apple wine）、黄酒（yellow rice wine）、绍兴酒（Shaoxing wine）、陈年老酒（aged wine）、红葡萄酒（red wine）、玫瑰红葡萄酒（rose wine）、白葡萄酒（white wine）等都是 wine。但这个界限有时相当模糊。中国的茅台酒是有名的烈性酒，也有译为 Moutai wine（当然，现在常见的译法 Moutai liquor/spirits 也不能算错）。各种中国酒，虽然其中不乏酒精度很高的名酒，却一般都译作 Chinese wines。淡酒固然应当译为 mild wine，烈性酒也被译为 strong wine。出现这种矛盾，可能是由于 wine 常用于一般意义上的"酒"字，如 a bottle of wine（一瓶酒）、a barrel of wine（一桶酒）、a carafe of wine（一饮料瓶酒）、a glass of wine（一杯酒）等，都是泛指。如：①他年轻时过着醇酒妇人、寻欢作乐的生活。（He spent his youth in having a good time — plenty of wine, women and song.）②他喜欢撕乌贼鱼下酒。（He liked tearing up cuttle-fish to go with wine.）这里的"酒"字显然并不或无须分清是哪种酒，wine 自然是唯一的选择。

wine 是不可数名词，不加 s，但表示某类酒时，wine 却是可数名词。这时指的就不光是低酒精度的酒了，如：① He stocked a wide range of expensive wines.（他准备了一大批昂贵的酒。）② Our company can offer all kinds of Chinese wines.（我们公司可以提供各种中国酒。）这里的 wines 当然包括烈性酒。

spirit 指酒精度高的酒，常指烈性酒，如：whisky（威士忌）、brandy（白兰地）、gin（松子酒）、rum（朗姆酒）等都是 spirits。与 wine 不同，spirit 是可数名词，而且常用复数。如：The grocer sells wine and spirits.（这家杂货店出售各种果酒与烈性酒。）句子中的 wine 用单数，而 spirit 却需用复数形式。但商业上泛指"酒类"时，包括低度酒与高度酒在内，却都用 spirits 而不用 wine。如我国《进口酒类国内市场管理办法》就被译为 Administrative Measures on Imported Spirits in the Domestic Market。当 spirit 作"酒精"解时，它却是不可数名词。如：① She put some surgical spirit on the spot on her face.（她在脸部的斑点上搽了一些消毒酒精。）② A spirit lamp burns spirit in stead of oil.（酒精灯只烧酒精不烧油。）这两句中的 spirit 都不能加 s，否则整句的意思就完全不同了。

alcohol 也是酒精，为不可数名词。但在法律词语中，大凡涉及饮酒过度的表现，一般都用 alcohol，很少用 spirit 或 wine 来表述，如：酒后驾驶（driving under the influence of alcohol）、酒精性精神病（alcoholic psychosis）、饮酒失去自制（to lose self-control as a result of the effects of alcoholic drink）、超过一定酒精浓度的驾驶（driving with alcohol concentration above a certain limit）、醉得不省人事（to be in an alcoholic stupor）、血液中酒精过量（excess alcohol in the blood）、高浓度酒精导致休克（high concentrations of alcohol leads to shock）。"饮酒过度的人"通常译为 person who drinks too much alcohol；"酒精中

毒的人"译为 person who suffers from alcoholism；"酒精性妄想症"译为 alcoholic paranoia。连"禁酒"也叫 prohibit the sale of alcohol。"酒鬼"除了 drunkard 与 wine bibber 外，也常用 alcoholic 这个词。

但 alcohol 更常见的意思却是"含酒精的饮料"（alcoholic drinks），与 booze 同义。它作"各种酒类"解时，包括果酒与烈性酒在内。这是它与 spirits 最大的区别所在。因此 I never touch spirits 不是说"我从来不喝酒"，而是说"我从来不喝烈性酒"（意指可以来点非烈性酒）。I never touch alcohol 才是"我从来不喝酒（包括一切酒）"。如 Alcohol Administration Act（《酒类管理法》）是一部规范市场各种酒类交易惯例的法律，而非酒精管理法。在 WTO 文件中也常用 alcohol 来指各种酒类。如 varieties of commodities of alcohol 指的是"各种酒类商品"，而不是"各种酒精商品"。如"饮酒的习惯""酒类消费"中的"酒"字，在地道的英语里，用法就与我们可能的选择完全不同。最近英国有一份报纸评论道：People in the middle classes have got into habits of high levels of alcohol consumption without thinking through the implications for the whole community.（中产阶级已经养成了大量饮酒的习惯，而没有考虑到这种行为对整个社区的影响。）美国《时代》周刊转述俄罗斯卫生部长"我们绝对是酒类消费的领头羊"这句话时，用的英语译文也是：We are the absolute leader in alcohol consumption. 尽管这两句里所指的"酒"更多的是价格昂贵的葡萄酒或是一般意义上的酒，这里却没用 wine 来表述。酒字用法的诡谲由此可见。

要区分 alcohol 与 wine 的这种细微差别并不容易，但从"Home-made wine can be very alcoholic."（家酿的酒有的酒性很烈。）这句话里，我们庶几可以体味到 wine 比 alcohol 似乎更贴近生活，更富人情味。不难看出，凡是生活气息比较浓厚的场合，一般以用 wine 较多，如：酒香不怕巷子深（Good wine needs no bush）、酒囊饭袋（wine skin and rice bag）、酒肉朋友（wine and meat friend）。日常生活中，不分烈性酒还是果酒，"酒瓶"都叫 wine bottle，"酒碗"都叫 wine bowl，"酒窖"都叫 wine cellar，"酒杯"都叫 wine glass。"酒馆"也译作 wine shop，"品酒师"叫 wine taster。与人相互祝酒可译为 take wine with sb，"贪酒的人"或者"酒鬼"也叫 wine bibber（比起 alcoholic 来，wine bibber 似乎具有更宽容的味道）。在所有这些用语中的"酒"字，虽然也包括各种烈性酒在内，却都用 wine 而不用 spirits 或者 alcohol。

liquor 也指酒，酒类。它与 wine 的区别在于酿制方法：用发酵法制成的酒称为 wine，用蒸馏法制成的酒才称为 liquor。因此，啤酒尽管很淡，由于它是通过蒸馏法制成的，所以也被英美人称为 malt liquor。在英语与美语里，liquor 的意思并不相同。英国人认为 liquor 是指各种含酒精的酒，几乎与 alcohol 同义，而美国人只把高浓度的烈酒称为"(hard) liquor"，因此美国人说"I drink beer and wine but no liquor."是指"我只喝啤酒、果酒，不喝烈性酒"，在英国人看来这句话却是没有意义的。奇怪的是，尽管美国人认为 liquor 主要指烈性酒，但在美国有关酒类的法律词语中，特别是美国用语里，liquor 却成了泛指各种酒类的词，几乎已经失去烈性酒的独特含义；如 Liquor Control Act（美国《酒类管制法》）、liquor dispensary（酒类专卖）、liquor offence（酒类犯罪）、liquor traffic（酒类贸易，有时专指酒类非法买卖）、liquor license（酒类营业执照）、liquor nuisance（酒类公害）、liquor law（酒类法律）等，不胜枚举。这里的 liquor 显然已经不是"烈性酒"一种含义了。（另有一种叫 liqueur 的酒，不可与 liquor 混淆。它专指餐后少量饮用的"甜性烈酒"，如 liqueur brandy 指甜白兰地。）

英文里专指"酒"的词还远不止这些。常见的如：port（葡萄牙产葡萄酒）、claret（法国波尔多产葡萄酒）、sherry（雪利酒）、hock（德国葡萄酒）、champagne（香槟酒）、vermouth（苦艾酒）、cider（苹果酒）、mead（蜂蜜酒）、stout（烈性黑啤酒）、cocktail（鸡尾酒）、beer（啤酒）等都是，使人眼花缭乱。其实英美人平常说"喝酒"时却极少用到它们。

wine、liquor 与 booze 都可以作动词用，然而都不是一般意义上的"喝酒"。booze 是指"痛饮""豪饮"，liquor 也具有"喝大量烈性酒"的意思。wine 只有"请（别人）喝酒"的意思。如：We were wined and dined very well by our hosts.（我们受到主人的盛宴款待。）也许正由于"喝酒"二字在日常生活中用得太频繁了，人们力求简约的倾向总是使许多原应出现的"酒"字被省略掉。美国的《禁酒法》叫 Prohibition Law，美国实施禁酒的州叫 dry state，都没有出现酒字；在饭桌上你如果听到人家问你"What will you take?"不是问你想吃什么，而是问你想喝什么酒。

用简单的"喝"字来指代"喝酒"已成为汉英两种文字里不约而同的选择。中文里"他喝高了""我们喝一杯"何曾需要加上一个"酒"字？英语里也如此，drink 成为"喝酒"或"酒"的最常见对应词。drunk driving 是"醉酒驾车"，drunk and disorderly 是"醉酒妨碍社会治安"，drink hard 是"喝酒过量或痛饮"，drink to the health of sb 是"为某人健康干杯"。"He doesn't drink."不是说"他不要喝水"，而是说"他不会喝酒"。"Isn't there any drink in your house?"不是问"你家里有饮料吗？"，而是问"你家里有酒吗？"。显然，在这些日常英语里，如果逢"酒"必译，反而是画蛇添足，翻译的大忌。鲁迅先生在《范爱农》这篇文章里，有八处写到"喝酒"，但著名翻译家杨宪益先生的英译里竟然没有出现过一个"酒"字，如：①他告诉我现在爱喝酒。(He told me that he now liked drinking.) ②于是我们便喝酒。(So we drank.) ③然而（我们）还喝酒，讲笑话。(Still, we went on drinking and joking.) ④我们今天不喝酒了。(Let's not drink today.) ⑤他还是那件布袍子，但不大喝酒了。(He still wore his cloth gown, but did not drink very much.) 这样的处理平易自然。这才是上乘的翻译。

关注词义之外的信息

如果你打开电脑，把三个常用的法律用语 homicide squad、murder squad 与 murder gang 输入"在线翻译"，按照"英译中"程序进行操作，得出的中文对义词是"杀人队""谋杀队""谋杀团伙"，都是警察缉拿的对象。你再把 fraud squad 与 fraud gang 输入"在线翻译"，得出的对义词是"诈骗队""诈骗团伙"，也都是警察缉拿对象。如果你不放心，还可以将这些法律用语在谷歌或雅虎的"翻译"功能键上再翻译一次，得出的答案也基本相同，都是犯罪组织。也许是受这些电脑翻译的影响，我手边有一本在国内颇有影响的英汉法律词典，也将 homicide squad 译为"犯罪集团""杀人集团"。用词虽有不同，看来都是警方缉拿的对象是无可置疑的了。

可是，你如果对这些翻译信以为真，错误就大了。据英国 Dictionary of Law（P. H. 科林编，第二版）以及美国 Lexicon of Contemporary English（汤姆·麦克阿瑟著）解释，这里的 squad 是专指 a police organization with particular work to do（为特定工作组成的警察组织）。homicide squad 是指 special section of the police force which investigates murders（警方为调查谋杀案而专门设立的小组），因此，murder gang 与 fraud gang 可以译为"谋杀团伙"和"诈骗团伙"，homicide squad 与 murder squad 则应分别译为"杀人案调查组"和"反谋杀小分队"；fraud squad 应译为"反诈骗小分队"或"诈骗案调查组"才符合原义。例如：The homicide squad will look into this murder. 这句意思是：杀人案调查组会对这个谋杀案进行调查。

电脑翻译会出现这种敌我不分的错误，使我深感惊讶。后来才发现，电脑翻译是按照每个词的词义进行叠加，不会考虑词与词之间的相互影响，也不能对词义以外的其他信息进行综合思考。homicide（杀人）加squad（队）就自然得出"杀人队"的意思。fraud（诈骗）加squad（队）自然得出"诈骗队"的意思。它无法把词义以外的信息一并考虑进去，所以电脑生成的译文往往令人啼笑皆非。

其实，英文里的每个词（尤其是复合名词）除了词义之外，往往还包含许多其他信息，比如词性、时态、词与词之间的关系、隐含的褒贬意义、历史渊源、约定俗成的用法以及中英两种文字的传统含义的差别等，它们有时未必都能在词典的词义上表达出来，而对整个用语的意义却会发生重大影响。正确的翻译应该是在词义的基础上，结合词义以外的其他信息，加以综合判断。人脑能够这样做，电脑目前却办不到。上述的错译就是对squad与gang这两个词的词义之外隐含的褒贬意义没有给予充分关注的结果。

squad与gang这两个词，在一般词典里都译为"小组""小队""一伙人"（group of people），但在法律用语中squad往往具有警方为对付某种犯罪行为而成立的小分队这种非常正面的含义。受此影响，它前面的名词往往要从反面来理解，具有"反""防""抗"的意思。所以fraud squad等于anti-fraud squad，亦即调查欺诈案的公安小组，而不是"欺诈小组"；murder squad等于the squad against murder，亦即"反谋杀小分队"；riot squad是用来对付群众暴乱的"镇暴队"，不是"暴乱团伙"；fire squad等于fire-fighting squad，即"救火队"，不是"放火团伙"；drug squad是指专门缉拿毒品的"缉毒队"，不是"毒品走私团伙"；vice squad是美国取缔卖淫、赌博等罪恶行为的"警察缉捕队"，不可理解为"罪恶团伙"；(police) bomb squad是"警察防爆队"，不是"警察爆炸队"。squad的这种影响恰恰是电脑无从捕捉的，这是电脑错译的根本原因。不过，也有例外，如suicide squad（不是"反自杀小组"，而是"敢死队"）和goon squad（不是"反打手队"，而是"打手队"），但为数极少。

gang 也指"一伙人""一群人",有时与 squad 几乎同义。如 a gang of builders 指"一队建筑工人",gang master 是指"工长、工头",gang days 指耶稣升天节前 3 日的"祈祷日",它们都没有贬义。然而与 squad 不同,它在使用中常指 organized group of criminals(犯罪团伙)或 group of people who are typically troublesome(一伙惹是生非的人)。如 gang land 是指"犯罪集团的活动地盘",不是一般人的活动地盘;gang fight 与 gang war 均是指歹徒帮派之间的斗殴,不是一般群众的打群架。如说"Don't go around with that gang or you'll come no good!",表示说话人认为那伙人不是好人,与这些人混在一起自然没有好下场。"The gang are being hunted by the police."一句中,可以肯定警察正在追赶的不是普通人,而是一伙匪徒或坏蛋。"四人帮"译为 gang of four,而不是 squad of four,就在于 gang 正好含有中文里"帮"字这种微妙的贬义。受 gang 的这种影响,它前面的名词不但没有"反对"的意思,反而具有"从事"的意思。murder gang 是从事谋杀的一伙人,自然可以译为"杀人团伙";fraud gang 是从事欺诈的一伙人,自然可以译为"诈骗团伙"。它们与警方组织的 murder squad 与 fraud squad 显然水火不容,不能混为一谈。如何分辨 squad 与 gang 的这种细微的区别正是译事不易之处,自然不是目前电脑所能办到的。

  一个词在词组里采用什么形式也是一种重要信息,会对整个词组的含义发生根本性的影响。如 fire squad 与 firing squad,用的是同一个词 fire,前者用它的名词形式作定语,指"消防队",后者用它的动名词作定语,却指给死刑犯执行死刑的"行刑队"。fire line 指森林地带的"防火线"或火警时禁止进入的"警戒线",而 firing line 却指"火线、战线",两者含义几乎完全不同。在这些复合名词里,前面的名词 fire 几乎都含有"抗""防""灭"之类的意思。如 fire department(消防部门)、fire company(火灾保险公司)、fire fighter(消防队员)、fire-man(消防队员)、fire marshal(美国的消防局长)、

fire master（英国的消防队长）、fire break（森林失火时用以防止火势蔓延的防火地带）、fire engine（消防车）、fire station（消防站）、fire door（防火门）、fire check（防火检查）、fire escape（防火用的太平梯/门）、fire apparatus（消防设备）、fire engine（救火机）、fire extinguisher（灭火器）、fire hydrant（消防栓）、fire foam（灭火泡沫）、fire hose（灭火水龙带）、fire drill（消防演习）等都作如是解，而用动名词 firing 作定语时，不但没有"防火"的意思，反而含有"用火""生火""射击"的意思。所以上面提到的 firing squad 除了作"死刑执行队"解外，有时也可指在集会上发射礼炮的小分队。此外如 firing battery（战炮队）、firing range（靶场，射击场）、firing pin（枪炮上的撞针）、firing point（射击点；自燃发火点）等都是如此。当然，例外还是有的：fire room 是生火的"锅炉房"，不是"防火房"；fire ship 是装满火药漂到敌人阵营引起燃烧用的"纵火艇"，不是"灭火艇"。如何区分 fire 的这些用法，只能依靠译者的英语水平。

有时一个词的词义后面所带有的历史或地域也是十分重要的信息。常用词 crown 一般指"王冠""王权"，但在英国法律用语中多指"刑事的"，比如 crown law 指"刑法"。需要注意的是，crown 的这一用法仅限于采用英国法律的国家和地区，美语里并没有这一解释，如《美国传统词典》里，crown 词条的 17 条解释里竟然没有一条提到它可作 criminal 解。

词义之外的信息多种多样，有时隐含很深，很难反映在中文词义上，但它们却显然是不可忽视的。即使拿词义来说，一词多义也是常有的事。复合名词不同的搭配常有不同的含义。挑选哪个词义最为合适是复杂的思考过程，取决于译者对这些信息掌握的程度和知识的功底。有许多词语，光从词义上看貌似相同，实有区别。industrial 的词义是"工业的、产业的"，因此很容易将 industrial relations 误解为"工业关系"，其实，在法律用语里，它常指"劳资关系"。同样，industrial dispute 不是工业纠纷，而是专指"劳资纠纷"；

industrial tribunal 是指"处理劳资纠纷的仲裁庭";industrial action 不是工业行动,而是指"罢工、怠工"等反工业行动;industrial injury 不是指工业方面所受的损伤,而是指工人因公所受的"工伤"。又如 the chair 常指主持会议的主席,"She takes the chair in all our meetings."是说她担任我们一切会议的主席。可是 the chair 并不都是那么吉利的词,因为 the chair 也可指电椅。go to the chair 就不是"到椅子上就座",在美国俗语中是指上电椅"被处死刑",如"He got the chair for killing his wife."是说他因杀妻而被送上电椅处死。有一家报纸的国际新闻中出现"悼念一千多名盟军战犯亡灵活动"的词语,令人费解。原来是译者误将 war(战争)加 prisoner(囚犯)叠加翻译成"战犯"之故,殊不知只有 war criminal 才可译为"战犯",这里应是"战俘"(prisoner of war,简称 POW)。

由此可见,光凭词义叠加进行翻译,貌似忠实于原文或美其名曰"直译",实际是很危险的译法。只有立足于中文,对词义以外的全部信息综合思考,才能庶几得出比较准确的译义,而要做到这一点,要靠头脑精心取舍,不能太相信电脑,否则后患无穷。如当前风行的 CEO(chief executive officer)被译成"首席执行官",就像单凭词义叠加的电脑式翻译,没有处理好中英两种文字对 officer 的含义所具有的传统差异,从而使中文词语里,从我们这一代起,多出一种并不是"官"的官,令用者和听者都尴尬不已。

律师称谓辨析（一）

"律师"一词现在几乎无人不晓，其实它是舶来品。1906年，清末浙江湖州的法学家沈家本先生引进西洋律师制度时，我国古代原有的"状师、讼师、师爷、辩护士"等名称，沈先生一概弃之不用，因为它们不但陈腐，而且都不具备现代律师的职能。本来"法师"这个称谓倒很适合西洋的本意，但由于佛道捷足先登，若称"法师"实在有冒充和尚或道士之嫌。好在汉语中有"载法之书为律"一说，沈先生采用了"律师"两字，焕然一新却也名实相符。然而前人立名之难还不止于此。原来"律师"这个称呼也早就被人用过，它原指僧徒善解戒律者。《涅槃经》里就有"如是能知佛法所作，善能解说，是名律师"的记载。后来它又成为道士的尊号。《唐六典》："道士修行有三号，其一曰法师，其二曰威仪师，其三曰律师"。幸好佛道里的这个称呼还没有普及民间，法律界的"律师"这个称呼已经站稳脚跟，终于成为现代法制社会独有的职业。由于历史原因，中文里，律师就是律师，几乎找不到另外一个同义词。英语却不一样，"律师"的同义词很多。近代由于法律日趋繁复，分工日益细化，律师的名称也随之增加。粗粗收集了一下，竟有70多种，而且每一种称呼都有它特殊的含义，远非中文里的律师那样简单。

让我们先从 lawyer 说起。

lawyer 是对律师常用的称呼。按其本义，它是对拥有法学知识并有法定资格从事法律事务者的统称，可以指法官、检察官和法学教师，并不由律师专用。因此英语国家里，它的含义也并非完全相同。比如，在美国，lawyer 一词通常只指 attorney who may practice law（开业律师），但从来不把"专利代理人"（patent agent）和"律师专职助手"（paralegal）包括在内，尽管他们从事的也是律师工作；在英格兰和威尔士，一般尤指事务律师（solictor），但含义却非常宽松，只要专门受过法律训练的人（law-trained persons）都包括在内，因此，在那里，法官被称为 lawyer 都不足怪，因为那里的 barrister（出庭律师）、solicitor（事务律师）固然是 lawyer，其他诸如 legal executive（执法人员）、licensed conveyancer（持有执照的财产转让契据撰写人）以及法官、书记员、法规起草人等也都算作属于 lawyer；在苏格兰，lawyer 专指 advocate（律师），与 solicitor 同义，但在广义上说，只要受过法律培训的辅助人员（law-trained support staff）也是 lawyer。相比之下，新西兰、澳大利亚和加拿大的用法要严格得多，lawyer 只指 barrister 与 solicitor，加拿大（魁北克省除外）的 lawyer 甚至不包括 attorney（代理人、律师），因为在加拿大人眼中 attorney 是与 lawyer 的含义并不相同。在印度，lawyer 一词只用于口语，官方用语里，律师应称为 advocate。

以 lawyer 合成的与律师相关的各种称呼很多，如：

brief-less lawyer 无人委托、生意清淡的律师

commercial lawyer 商法律师

common-law lawyer 擅长普通法（相对英国衡平法）或英美法（相对大陆法）的律师（亦作 common lawyer，不可误解为"普通律师"）

devil's advocate/lawyer 诡辩律师（指擅长辩论与强词夺理的律师）

divorce lawyer 擅长离婚诉讼的律师

government lawyer 政府律师（在美国常指各级政府的检察官）

immigration lawyer 移民律师

latrine lawyer 茅坑律师（latrine 原义为公共厕所，这里指品质低劣为人所不齿的律师）

lawyer of the corporation 法人团体聘请的律师

lawyer with foreign related matters 涉外律师

lawyer-at-law 律师；法律代理人

lay lawyer 业余律师

litigation lawyer 诉讼律师（与 trial lawyer 同义）

office-practice lawyer 咨询律师

part-time lawyer 兼职律师

Philadelphia lawyer〈美俚〉费城律师（对精明能干的律师的称呼，源于费城律师安德鲁·汉密尔顿在 18 世纪一次出色的辩护）

practitioner lawyer 执业律师

private lawyer 私人律师

pro bona lawyer 为公益性法律事务服务的律师

【pro bona lawyer 有时与 public interest lawyer（公益律师）同义，都具有做善事、为客户减免收费提供法律服务的性质。美国法院或政府在刑事案件中专为经济困难、无力聘请律师的被告人指定或聘用的律师称 public defender（公议辩护人）。】

professional lawyer 专职律师

real estate lawyer 房地产律师

securities lawyer 证券律师

shyster lawyer〈美俚〉（同 shyster）讼棍；讼师；不诚实而且不择手段的律师

specially-invited lawyer 特邀律师

sucking barrister/lawyer 初出茅庐的律师（sucking 指"尚未断奶的"）

trial lawyer 出庭律师（以出庭辩护、出庭代理为擅长。英美国家的律师中，其实有许多人一辈子也未必出过一次庭，但这并不妨碍他们成为有名的律师，也不会减少他们的收入，因为法庭以外的法律事务才是数量最大的。）

还有一些称呼不带 lawyer 却与律师相关，如：

gentleman of the (long) robe〈谑〉律师（"穿长袍的先生"是对

律师的谑称，因为律师出庭时常穿律师袍）

  pettifogger 讼棍；诡辩者（对不分是非挑拨诉讼的律师的贬称，尤指未受过良好教育、缺乏应有判断能力、无理纠缠的律师。有时亦作 pettifogger shyster）

  squire〈美〉乡村地区律师；小市镇的治安法官或地方法官（Esquire 原义"先生"，是对比较重要的男士的称呼。在美国已成为专门对律师的尊称与头衔，略作 Esq.。书写时 Esq. 的位置与 Mr. 相反，应当放在名字后面，如：J. Smith Esq.）

律师称谓辨析（二）

我们通常习惯于将"律师"译成 lawyer，殊不知英语里除了 lawyer 以外还有许多专指"律师"的术语，其含义甚至比 lawyer 更为正规、准确。由于对 lawyer 以外的"律师"一词不熟悉，翻译上常常会引起误会。美国前总统克林顿因为与白宫实习生莱温斯基发生绯闻事件而受到法律起诉时，中国报纸上常常出现某某联邦律师出庭指控或传讯总统之类的报道。当时很多人都感到纳闷，律师职能是受人委托出庭辩护或主张权利，美国律师怎么有权出庭指控或传讯一位被认为犯了法的现任总统呢？这位律师又是受了谁的委托？难道是美国法律赋予律师特殊的权力？在美国，"政府的律师""司法部的律师"不但有权逮捕被告人，还有权阻止法官受理被告人家属提出的人身保护权的申请。究竟是什么样的律师有这样大的权力？这在中国人看来简直难以理解。原来问题就出在一个关键词"律师"的翻译上。现在让我们就先从 attorney 开始，看看英语里意指"律师"的词除了 lawyer 还有哪些。

attorney 是 attorney at law 的简称，它是美国人对律师最常用的称呼。这是个多义词，指"代理人、律师、检察官"。但是，美国的许多英语词典的 attorney 词条里居然没有"检察官"这个释义。原来美国的检察制度与英国不完全相同，没有检察院，也没有我国检察系统那样上下统一的组织机构，而是在各级法院里设置了一个检察官办公室，作为行使检察权的办公场所。美国是立法、司法、行政"三权分立"的国家，检察官由司法部管辖，联邦总检察长就是联邦司法部长，所以 Attorney General 在英国是指"检察总长"，在美国是指"司法部长"。美国联邦司法部是行政机关,检察官属于行政官员，属司法部管辖，没有司法权，只有法院才是行使司法权的司法机关（judicial organ）。他们认为警察与检察官只是执法人员（lawmen），能称为司法人员（judicial official）的只有法官，能称为司法机关的只有法院。这与我国把公检法统称为司法机关的观念大相径庭。在美国，只有取得执业律师执照并参加律师协会的人才能担任检察官。检察官必须首先是一名合格的律师，所以在美国人眼里，检察官就是律师的一部分，所不同的只是一个代表控方、一个代表辩方而已。美语里，attorney 既是律师，也是检察官。原来上述报道中指控和传讯克林顿的不是中国人所谓的律师，而是 United States attorney（联邦检察官）。由于媒体习惯于将 attorney 译为律师，于是才出现某某联邦律师出庭指控或传讯总统的新闻，使人如坠云里雾中。所谓"政府律师""司法部律师"实际都是政府检察官与司法部检察官。

　　advocate 律师；大律师；出庭律师；法律顾问（在法国原是律师的统称，在英美国家反而不常用。在苏格兰指大律师，相当于 barrister；在美国仅泛指辩护人、律师，相当于 lawyer）

　　agent ad item 诉讼代理人（常用于书面语）

　　articled clerk 见习律师（尤指在 solicitor 事务所实习的人）

　　attorney at law 法律事务代理人；律师（也可写作 attorney-at-law，常与 attorney 通用。有时它并不专指独立律师，而指代理人。他们可以代表公司出庭，有的甚至参加公司业务经营。如 power of attorney 就指代理权，亦即"授权委托书"）

　　attorney in fact 法庭外接受委托的律师（也称为 lawyer in fact，也可写作 attorney-in-fact）

　　attorney of record 记录在案的律师

　　principal attorney of record 记录在案的首席律师

　　attorney of the day 值班律师

　　prosecuting attorney 公诉律师；控方律师。在美国，即提起公诉的检察官，亦称 government attorney（政府律师）或 prosecutor（公

诉人)。

bar 律师职业[尤指高级律师,如 the Bar Council(高级律师委员会)];律师界[泛指一切律师,如 the American Bar Association(ABA 美国律师协会)]

banister at law 大律师;出庭律师(与 barrister 相同,多用于英国、中国香港、新加坡等地)

barrister 出庭律师;讼务律师;专门律师;高级律师

【barrister 俗称大律师,与 solicitor(事务律师)相对应。barrister 与 solicitor 都是英国的叫法,美国没有这种区分,统一称为 attorney 或 lawyer。barrister 原指英格兰和威尔士能在高等法院以上法院出庭辩护的律师。在英格兰和威尔士,barrister 必须是四大律师学院的成员之一,在成为大律师之前,还得经过一年的严格培训。一组大律师,称之为 counsel。出庭律师只能单独执业,不能与其他出庭律师合伙,不过可以与其他律师共同租用办公用地,分摊费用。还要注意的是,高等法院以上的案子虽然一般只能由大律师出庭,但当事人不能直接聘请大律师,必须先聘请事务律师(solicitor),再由事务律师去聘请大律师,而且只有事务律师能向大律师提供案情,社会公众成员绝对不能这样做。】

member of the bar〈美〉对律师的一种称呼

practising barrister 执业大律师

counsel 律师;法律顾问;辩护律师(在英国常指资深律师,出庭律师。在中国香港法律界常专指大律师,或受薪常驻律师。它没有复数形式,如 right to counsel,指"请律师为自己辩护的权利")

assigned counsel 指并非当事人聘请、而是法官"指定的律师",又作 appointed counsel。

chamber-counselor 顾问律师;咨询律师(这种律师通常只提供法律咨询和建议而不出庭)

counsel for the defence / defence counsel 辩护律师,被告方律师

counsel in chambers 顾问律师（同 chamber-counsel）

counselor/counsellor 律师（用于美国和爱尔兰。在美国常与 counsel 或 counselor at law 互用，多指从事出庭辩护的律师）

general counsel 首席法律顾问（也可指全体法律顾问）

independent counsel 独立检察官（实即美国的 prosecutor）

in-house adviser / in-house counsel 英美等国大公司、商社所聘用的法律顾问（他们同时也是企业的正式雇员）

leading counsel 辩护中的主要律师、主管律师；主辩律师；大律师（在英国通常指王室法律顾问）

of counsel〈美〉助理律师或临时处理特别法律事务的律师（他们并非律师事务所正式成员，不具有律师的全部权利与义务。也译作"特邀律师"）

outside counsel 企业外聘的法律顾问

plaintiff counsel 原告方律师

prosecution counsel 公诉律师；原告律师；控方律师

retained counsel 受聘律师（并非官方指定的律师）

senior counsel 资深大律师

special counsel 特邀律师（这是中国律师制度中一度存在过的特有律师，是律师事务所的正式成员，具有律师的一切权利与义务。又作 special-invited counsel）

jurist 律师；法学家（有时也指法官，尤指专门从事法律学研究的人）

notary public 公证律师；公证人（一般由律师担任，负责见证和核证法律文书）

pleader 辩护律师

practitioner / practicing lawyer / legal practitioner 执业律师；开业律师；挂牌律师（尤指具有从业执照的个人开业律师）

public defender 公设辩护人（美国为穷人设立的免费提供辩护

的律师，由政府发工资）

pupil 见习大律师，实习大律师（指取得律师资格后跟随有经验的出庭律师学习的人）

solicitor 事务律师；初级律师（俗称小律师）

【传统上，事务律师通常不能在高级法院出庭，只能在治安法院（magistrates' court）和郡法院（county court）出庭执业，但依据英国1990年《法院和法律服务法》规定，事务律师已获得充分出庭权，对其在治安法庭出庭辩护的案件上诉到刑事法院或被移送到刑事法院的案件，事务律师也可以出庭办理。在英美法系国家，其实 barrister 与 solicitor 是平等的，只是分工不同，并无大小之分。他们都须通过律师协会考试并取得从业证书才能向公众提供法律服务。法学院毕业生可以根据自己的特长选择其中之一，或两者都选。一般擅长口才的大多选择大律师，擅长书写诉讼文书以及组织材料的，选择事务律师。案件的庭辩固然重要，但胜败的关键还在于材料是否充分有力。我国大陆地区，为了区别于大律师（banister），常将 solicitor 译作"小律师"，使人误以为 solicitor 的地位比较低，名气比较小，其实这是误解。solicitor 的地位并不低于大律师。英国的御用大律师也称 Crown Solicitor。在英格兰和威尔士政府中，财政部法律顾问称 the Treasury Solicitor，苏格兰的副检察长也称 Solicitor General。在美国，solicitor 指"首席法务官"，如市镇或其他政府部门的首席法律官员。Solicitor General 即"司法部副部长"（司法部部长为 Attorney General）。】

official solicitor〈英〉官方律师（亦称为 official solicitor of the Supreme Court 最高法院的官方律师，根据最高法院指令代表无诉讼代理人或无行为能力的人参加诉讼）

trainee solicitor 见习律师

法律英语中的禁忌语和委婉语

所谓禁忌语（tabooed words）也称避讳语，本来大多属于淫秽语言（obscene language）或脏话（dirty words）。由于它们往往是人们不好意思说出口的诸如 fuck、shit、cock、cunt 等由四个字母构成的脏话，因此也被称为"四字头语"（four-letter words）或隐语（shadow language）。但近年来由于人权意识的提高，人与人之间的和谐与平等观念越来越强，原本平常的话语现在听起来也似乎有点冒犯（offensive）的味道，禁忌语的范围早已超过四字头语。为了使一些不得不说的话不致得罪人，社会上渐渐产生了许多委婉语（euphemism）。避讳本来是人情之常，如：汉语中"戏子"被改称"演员"或"明星"，"瞎子"改称"盲人"，"哑巴"改称"聋哑人"，"残废人"改称"残障人士"，"白痴"改称"智障者"，不胜枚举。这都体现了人与人之间的和谐与相互尊重。但这种现象在英语里却有后来居上、越来越正规化的趋势。

英国20世纪60年代，"有色人种"（the coloured）一词原由警察部门正式使用，到了20世纪70年代，对祖先来自加勒比和非洲的人改称"黑人"，对祖先来自印度次大陆的人改称"亚洲人"。现在，英国都市警察局的"平等机会与多样性委员会"为了避免种族主义（racism）的嫌疑，又把黑人和亚洲人称为"明显少数的族裔"（visible minority ethnic），把黑人称为"族裔中的黑人少数"（black ethnic minority）或者"少数的黑人族裔"（black minority ethnic），以使黑人和亚洲人区别于其他族裔的人。比如爱尔兰人和希腊人因为肤色较浅，就属于"不明显的少数族裔"（invisible minority ethnic）。

在美国，语言委婉化的现象更为广泛，比如，你在词典上查，

Negro 是指"黑人""黑种人",并不含有任何不尊敬的意思。但 Negro 这个词有时也属轻蔑语(sometimes offensive)。美国黑人就讨厌用 Negro,而喜欢用 black 这个词。如果称呼一个黑人为 Negro,他会对你说:Don't call me a Negro, I'm black.

在美国,盲人(blindman)须被称为"弱视者"(visually retarded),聋人(deaf)须被称为"听力不完美者"(imperfect hearing)——否则你可能被批评为 sightism(对盲人的歧视)或 ableism(对残疾人的歧视)。对个子矮的人须称为"个高有差距者"(vertically challenged)——否则你也可能被批评为 heightism(对个子高矮的歧视)。对胖子不该使用 fat 这个词,对男子可说 stout(壮实),对女子可说 plump/fuller figure(丰满);对胖的孩子该说 chubby(胖得可爱)或 cuddly(招人喜欢);对瘦骨嶙峋的女人,千万不要用 skinny 这个词,该说她 slim/slender(苗条)——否则你又可能被批评为 sizeism(对体型的歧视)。

美国人对相貌丑的人几乎不用 ugly 这个词,而是说 plain looking(相貌平常);穷人被称为 economically deprived(经济弱势者);女佣被称为 domestic engineer(室内工程师);对老年人也忌讳用 old age,而须用 the advanced in age(高龄人)或 the mature(阅历高深的人)、seasoned man(饱经风霜的人)、senior citizen(长者),否则可能被批评为 ageism(对老年人的歧视)。

这种趋势似乎与日俱增。以 lame(跛子)为例,先后就出现过 cripple(残疾人)、handicapped(体障人)、disabled(行动不便者)、physically challenged(身体不方便者)、differently-abled(行为能力不同的人)等几个阶段,一个比一个温馨。中国人一向讲究"恕"道,对英语里的这些委婉语虽觉惊讶,倒也心有同感,可是,连妓女(prostitute)也被改称为 sex worker(性工作者)时,有的人就觉得美国的忌讳已经到了不可思议的地步,但在非禁娼国家或地区,妓女还是纳税人,称为 worker 并不算过分。

值得注意的是法律英语的委婉化。英美国家的报刊文章以及人们日常谈话中，对比较敏感的法律词语讲究含蓄、幽默，不能说得太直白，因此委婉化了的法律词语十分流行。比如：① She is/got pregnant.（她怀孕了。）到了报刊文章里就可能变成：② She is expecting.（她在待产中。）③ She has a blessed event.（她有喜了。）④ She is in a delicate condition.（她身上有喜。）⑤ She is about to be in a family way.（她不久就要有小孩了。）如果是未婚怀孕，常被婉转地说成：⑥ She had an accident.（她出了一次事故。）⑦ She is in trouble.（她遇到了麻烦。）

又如，die（死亡）是最常见的法律事实之一，但人们宁愿用许多委婉的说法来替代，汉语中诸如"走了""过世""逝世""仙逝""大去""告别人寰""撒手西去"等，不一而足，竭力避用"死亡"二字。英语也是如此。"He died."常常被说成：① He passed away.（他走了。）② He was asleep in the arms of God.（他安睡在上帝的怀抱里了。）③ He fell asleep.（他长眠不起了。）④ He breathed his last.（他咽下最后一口气了。）⑤ He went west.（他上西天了。）⑥ He had found rest.（他得到安息了。）如果是军人牺牲，应说：⑦ He fell in battle.（他战死沙场了。）

如妇女遭人强奸在报刊文章中一般都不用 she was raped，而是说 she was attacked/violated（遭到强暴）/betrayed（被骗失身）。法律上的"强奸罪"虽然从未改动，但在日常口语及报刊上几乎都已改用 ravish or attack（强暴）、violate（侵犯）、indecent assault（非礼）、criminal assault（非法袭击）等比较委婉却含糊不清的词语来替代，说 rape（强奸）反而有"出语不雅"之嫌了。

因此，读美国报纸要多一份心眼：action（动作）常指 violence（暴力）；take care of（收拾）常指 murder（谋杀）；to sleep with sb（与某人上床）已成为表示发生性关系的惯用短语；free wheeling（不负责任）实指 crooked（狡诈的）或 fraudulent（欺诈的）；fingers（五个指头）和 dip（掏腰包）是指 thief（小偷）; out of game（出局）实指 bankruptcy（破产）; misuse public fund（滥用公共资金）是指 stealing or embezzling（侵吞或挪用公款）; 我国法律允许的堕胎（abortion），在美国却被说成 criminal operation（犯罪的手术）。妓院被称为 house of ill-repute（名声不好的房子）、disorderly house（乱七八糟的房子）、sporting house（寻欢作乐的地方）。

法律词语是一种正规用语（formal words）。它是在正式场合中庄重的语言，讲究严谨、准确、真实，有一说一，有二说二，绝不允许模棱两可。如：死亡鉴定（verification of death）、死亡推定（presumption of death）、窒息死亡（death from asphyxia）、死后无子（die without issue）、死刑（death penalty）等词语中的"死亡"是绝不会用 pass away、fell asleep 之类的委婉语来代替的。报纸上报道的"强暴妇女"案和"强暴幼女"案，司法文书里也不会用不明不白的 attack 或 assault 等词，而会直白无误地说成 to rape a woman by violence（强奸妇女）和 to have sexual intercourse with a girl under the age of 14（奸淫幼女）。正式文件绝不应该用"上床""强暴"之类模棱两可的时髦话，否则会给案件的定性带来问题。从这点来说，法律词语里的委婉语却是我们应该力求避免的。

当然，所谓正式与非正式的界限有时是很难区分的。委婉语也未必是什么大字眼，平平常常的小字反而能起大作用。记得伊拉克前总统萨达姆被抓后，对于这么件大事，美军一位将领在记者招待会上只用了三个词："We got him!"台下立即响起一阵热烈掌声。美国前国务卿希拉里·克林顿在 2007 年 1 月首次正式宣告参加总统选举时，大幅的竞选标语上，最大和最醒目的也只见三个词："I'm in!"[1] 美国前总统奥巴马在竞选获胜的演讲词中一连用了 6 个"Yes, we can."，成为激动人心的历史名言。你能说这些场合不正式吗?

---

[1] 希拉里的竞选口号全文是：I'm in! I'm in it to win and that's what I intend to do.（我来了！我为胜利而来。）

这里没有一个正式的法律用语，却具有非凡的语言魅力与气魄。

此外，政客为了达到某种政治目的而制造出来的 doublespeak（暧昧语）也是委婉语的一种。1948年英国作家乔治·奥威尔在其名著《1984》中将这种愚弄公众的欺人之谈称为 newspeak（新腔），自从1948年该书出版以来这种欺人之谈于今尤烈，成为委婉语中不可忽视的部分。如：把"饥饿"说成"食物安全程度极低"（very low food security）；把"严刑拷打囚犯"说成"肢体劝服"（physical persuasion）；把"军队对平民的屠杀"称为"附带伤害"（collateral damage）；美国民主党维护堕胎权，从来不说"堕胎"，而称为"选择"（choice），标榜自己是"赞成选择"（pro-choice），使反对者成为"反对选择"（anti-choice），而反堕胎团体则自称是"维护生命"（pro-life），使反对方成为反生命、支持死亡。委婉语成为掩盖事实真相的工具。

现在的美国，禁忌语和脏话似乎也有咸鱼翻身的趋势。据美国《时代》周刊透露，2003年，美国女星妮科尔·里奇在一次现场直播的福克斯电视台节目上谈到自己拍《简单生活》的经历时说：Have you ever tried to get cow shit out of a Prada purse? It's not so fucking simple. 为此引发了一场这是否属于"广播公司使用下流和亵渎语言"，以及有关广播公司是否应受到制裁的法律诉讼。美国第二巡回上诉法庭在2007年6月4日作出裁定，支持了里奇和其所在的公司。该裁定称："近来，甚至我们政府的高级领导人都在使用各类这种咒骂词，但是任何明白事理的人都知道，他们指的并不是性或生殖器官或性行为。"这份裁定可以说是从法律上给禁忌语开了口子，它所持的理由是无可指责的。这反映了美国的大环境对禁忌语越来越宽松。

英语委婉语是社会文明和谐的标志，也符合中国人"讳人之短"和"推己及人"的理念，因此对我国社会语言也具有不同程度的积极影响，实例不胜枚举。唯独法律英语里的委婉语，应该另作别论。它们在英美报刊作者的笔下虽然层出不穷，除了故作优雅，多半是慑于文责或事实尚未明确，并非正常的法律用语，所以它们一直为英美国家正式的司法文书所不容。如 sexual life 与 sexual organs 在日常生活里都是要避讳的，但前面提到的美国第二巡回上诉法庭的裁决中，就直白无误提到"生殖器官""性生活"。这就是法律用语与委婉语的界限。现在"上床""被强暴"之类的委婉语，虽很时尚，显然在法律英语中并不可取。

看英美人怎样区分盗贼

"盗贼"指强盗与窃贼。中文里对盗贼的区分比较简单：以暴力或威胁使用暴力非法取得他人财物的，是强盗；以秘密方式非法取得他人财物的，是窃贼。我国刑法把"盗窃罪"列为一条罪名，其实只指"以非法占有为目的，秘密窃取数额较大的公私财物的行为"。这里的"盗"字是指"非其所取而取之"，与偷同义，如"欺世盗名""监守自盗"中的"盗"字，都未必使用暴力。犯盗窃罪的人只是窃贼而非强盗，法律上称为"盗窃犯"。犯刑法"抢劫罪"的才是强盗，法律上称为"抢劫犯"。

英美人眼中的盗贼与中国人观念中的盗贼有许多差异。首先，英语里的 theft（盗窃罪）含义较广，不但指未经所有人同意秘密获取其财产的偷盗，还包括使用暴力或威胁使用暴力的侵占和抢劫。这与我国刑法中的"盗窃罪"中以"秘密窃取"为必要条件的定义显然不同。现在许多人将我国刑法的"盗窃罪"译为 crimes of theft，含义是否贴切是值得商榷的，似应译为 crimes of stealing 或 crimes of larceny 意思更为接近。

其次，英美人对偷与抢的区分并不像中国人一样以"是否使用或威胁使用暴力"为主要界限。在他们眼中，steal（偷）与 rob（抢）的主要含义都是 to take something unlawfully from its owner（非法取得他人财物）。美国出版的 *Longman Lexicon of Contemporary English* 中对 steal 与 rob 的解释，含义几乎完全相同，根本没有提到"秘密"与"使用暴力"。因此在英美人笔下，往往会在我们认为不该使用 steal 的地方却用了 steal。如：

I've been robbed; someone has stolen all my money.（我被抢劫了。

我的钱全被抢光了。)

Robin Hood stole from the rich to give to the poor.(罗宾汉劫富济贫。)

She was attacked by two thugs who stole her handbag.(她被两名抢劫她的手提包的暴徒所袭击。)

The robbers stopped the train and stole the gold.(强盗拦截了火车,抢走了金子。)

第一句,明明是被人抢劫了,后面却用了 stolen;第二句,罗宾汉是英国著名的侠盗,他公开地劫富济贫,何须用 steal 的秘密手段? 第三句与第四句,暴徒抢劫手提包、抢劫火车,都是明火打劫,更与 steal 无关。这些句子假如是中国人写的,肯定会被老师在 stolen 与 stole 这几个字上打上大大的问号。然而这都是来自英美人笔下的非常地道的英语。theft(盗窃)的动词是 thieve,我国一般词典都将它解释为"行窃,做贼",没有提到做强盗。而在美国出版的《韦氏新大学词典》(第 9 版)里,对动词 thieve 的解释里却只有两个词: steal 和 rob。既可指不告而取的偷窃,也可指动用暴力的抢劫。可见中英两种文字对 steal 的看法一直有分歧,只是我们没有察觉而已。

英语里这种"偷抢不分"的现象主要来自于英美人对财产所有权的重视。不论是偷还是抢,他们认为意图才是最主要的(taking and removing of personal property with intent to deprive the owner of it 意图剥夺合法所有权人的占有,非法取得或携走他人的财物),至于取得的手段是否使用暴力是次要的。此外,实际生活中,暴力与非暴力的区分确实也越来越困难。因此,英美人眼中的窃贼,有许多在中国人看来就是强盗。一本美国出版的法律辞书就把以下这些盗贼全都列为 kinds of thief(窃贼的种类):

1. thief(pl. thieves)指偷窃或曾经偷窃的人(a person who steals or has stolen),通常译为"小偷""窃贼",如:① Stop thief!(抓小偷!) ② That city is full of thieves.(那个城市小偷多极了。)③ A thief stole

my watch.（小偷偷了我的手表。）。

2. pickpocket 扒手，小偷。尤指人群拥挤时摸人家口袋的小窃贼（a person who steals things from people's pockets, esp. in a crowd）。

3. pilferer 扒手，窃贼。指手脚不干净、偷摸少量东西的人（a person who steals sth in small amounts）。它的动词是 pilfer 或 filch，均指小偷小摸。

4. robber 强盗。指使用暴力抢劫他人财物的人，如：The bank was held up by a gang of robbers.（银行被一伙强盗抢劫了。）

5. pirate 海盗。旧时指专门在海上实施抢劫的强盗或海盗船，近来常用以指盗版者、非法翻印者，如：pirate radio（无执照电台）、a pirate edition（盗印版）、pirate video（盗版录像带）。piracy 则兼指海盗罪、海盗行为、侵犯版权行为。单指"海盗罪"的话，称为 robbery by pirate。

6. hijacker 劫持者，绑架者。尤指劫持飞机、火车等交通工具的匪徒。

7. bandit 土匪。尤指深山老林里以抢家劫寨为生的不法之徒（a person, usu. an outlaw, who lives by robbing others, usu. in lonely places）。banditry 是指土匪行为。

8. thug 杀手，暴徒，恶棍。主要用于刺客之类的不是以钱财为目的人。

9. burglar 入屋行窃者，夜盗。指闯入居室或商店进行偷窃的人，尤指夜间（a person who breaks into houses, shops, etc. to steal things, esp. at night）。

10. housebreaker 入屋行窃的人。housebreaker 与 burglar 基本同义，但 housebreaker 尤指白天作案者，相当于民间所说的"白闯"。入室行窃的行为或案件，不论在夜晚还是在白天，统称 burglary。不太正式的用法为 housebreaking、break-in，指"强行入室"意图偷窃（to enter a building, esp. by force, in order to steal）。关键在于"侵入房屋"。

11. shoplifter 商店行窃者。指冒充顾客拿了商品不付钱的人。

12. rustler〈主美〉偷牛贼,盗马贼(cattle or horse thief)。

13. mugger 行凶抢劫者,暴徒。其动词为 mug,如:An old lady was mugged by a gang of muggers.(一位老太太被一伙暴徒行凶抢劫了)。

从以上这些名称来看,英美人眼中,强盗、土匪、劫机犯、暴徒等都是 thief(窃贼)的一种。这显然与中国人的观念不同。但这并不是说英美人对盗贼的分类很含糊,相反,他们对盗贼的区分实际上是非常细致的,只是区分的角度与我们不同而已,有时其细致的程度令人难以想象。以 bandit(土匪、盗匪、抢劫犯)为例,英语就有 bandit、banditti、banditry 三个词。bandits 和 banditti 是 bandit 的复数形式。在表示集团意义上的匪徒时,用 banditti,如:Before liberation, these mountains were infested with banditti.(解放前这些山区常有大批土匪出没。)这句里用 banditti 代替 bandits 就是合适的。有时 a banditti 作"一队土匪"解。强调"各个"土匪时,一般均用 bandits 不用 banditti,如:① Buses driving through the mountains have been attacked by bandits.(行驶在山区间的公共汽车曾经遭到匪徒袭击。)② More than ten bandits were arrested.(十多名土匪已被逮捕。)③ They are bandits with long records.(他们是惯匪。)这几句里用 bandits 就是恰当的。banditry 专指"盗窃罪""盗匪活动""有组织的抢劫",是不可数名词,不可用以指人,如:The police are trying to stop all this banditry.(警方正在制止盗匪活动。)

又如 larceny 通常被认为是 theft 的同义词,都指"盗窃罪"。然而在英国普通法中 larceny 是与侵占罪(embezzlement)和诈骗罪(false pretenses)并立的"偷窃罪",直到 1968 年英国制定《盗窃罪法》(Theft Act)采用三罪合一的 theft(盗窃罪)的名称。所以英国目前的刑法中只有盗窃罪(crimes of theft),没有单独的偷窃罪(crimes of larceny)。英美法系的加拿大刑法明确认为盗窃罪不以"秘密或企图掩饰"为犯罪构成的必要条件。所以英美法里"盗"与"贼"的界限几乎已不存在。只有在美国的许多州仍统一称为 larceny（偷盗罪），并按偷盗财产的价值区分为"轻偷盗罪"（petty larceny）和"重偷盗罪"（grand larceny）。

谁是书记员？

有个美国人近来在网上写了一篇赞扬"法院书记官"（court clerk）的文章，把美国法院里的书记官称为 unsung heroes（无人讴歌的英雄），因为他们或她们的工作，实在太多太重要了。他们是法院工作得以顺利进行的保证。英美国家法院的"书记官"，在我国法院称为"书记员"。他们在我国法制史上曾经是发挥过特殊作用的一代。1949年后，在很长一段时间里，他们大多是一批受过良好法学教育、勤奋、热情、满怀法治理想的年轻人。判决书上没有他们的名字，或者只有在判决书的左下角才能找到他们的名字。法庭上，他们总是坐在靠边的位置，但熟悉中国法院情况的人都知道，当时真正承办案件、对案件起着重要作用的常常是他们。他们工作之重要，比起英美法院的 court clerk 来有过之而无不及。我觉得把 unsung heroes 用在中国法院的这些书记员身上更为合适。

我国法院书记员本来是法官的后备军。不过，2003年以后情况有了改变。这一年，中组部、人事部、最高人民法院颁布了《人民法院书记员管理办法》（试行），明确规定法院书记员是"审判工作的事务性辅助人员"，实行聘任制，单独序列，合同管理。从此，书记员成为单独序列的"行政人员"，合同期满或不称职的书记员可以解聘。担任书记员的资格也由大学法律本科相应降低到大专学历，有的地区可以降到高中或中专毕业。

英美法院里有三种职务都被我国法律界译为"法院书记员"（通常简称"书记员"）那就是 court clerk、court reporter 和 law clerk。英美法院中这三种职务是相同的吗？中国法院书记员的英文对应词究竟是 court clerk 还是 court reporter 或者 law clerk？作为一名中国律师，如果在英美国家法院找书记员办事，应该找谁？谁才是我们所说的"书记员"？要解决这些问题，最好先看看他们在英美法院里的主要职能是什么。

court clerk 在英国又称 clerk to the court，美语里称为 clerk of the court 或 clerk of court。他们或她们属于"非司法人员"（non-judicial person），但他们是法庭的官员（officer of the court）。这与我国目前实行书记员单独序列管理分属科处级官员十分相似。他们的主要职务是：安排开庭日程（scheduling trials），安排开庭前的各种会议（arranging pre-trial meetings），保管法院大印（custodian of the court's seal），受理申诉、抗诉（filing pleadings and motions），保存与检查（注意不是制作）庭审记录（maintaining and overseeing the records of the court），主持证人、陪审员或大陪审团团员的宣誓（administering oath to witnesses, jurors and grand jurors），收取各种费用、罚金以及其他有关法庭的存款（collecting fees, fines and other deposits of money made with the court），正式宣布法庭的开庭、闭庭、宣告法官入席（officially open and close the court session, announce the entrance of the judge），等等。在美国，court clerk 的设置是识别"存卷法院"（court of record），即相当于国家普通管辖法院的典型标准之一。美国的联邦法院、地区法院、上诉法院、破产法院等"等级法院"才有自己的书记官。在纽约等大城市的治安法庭上，书记官也是法庭里最高级别的治安官（peace officer），担任书记官必须大学本科毕业或具有法学学位（law degree），资格要求仅次于法官。

court reporter 的主要职责是：制作庭审笔录（creating a written transcript of everything that is said by all participants of a court trial），录取口供及证言（taking depositions），为会议提供文件（documenting meetings）。法律规定只有 court reporter 制作的记录才是法律上认可的法庭记录。因此，一个 court reporter 必须熟练掌握速记、运用电脑和录音设备的技能，能以一定的速度和准确度处理文字并须有良

好的语法水平和理解能力。对他们的学历要求比 court clerk 低一些，只要求专门培养 court reporter 的职业院校毕业（一般是三年）。但他们的年薪有时比 court clerk 还高出一两万美元。

law clerk 是指法学院在读生或刚毕业的学生在著名的法官手下工作的法律助理。他们由法官自己聘用，任期不定，工资不高，甚至不拿工资，主要目的是为了实习法律业务，扩充视野，密切人际关系，为日后工作出路打基础。他们的任务就是协助雇用他的法官从事法律研究，起草判决或裁定，写作有关的重要文章等。法官的 law clerk 人数的多少由法官自己决定，有的著名法官甚至有 3—4 名 law clerk。

我国目前法律辞书将 court clerk、court reporter、law clerk 译成"书记员"或将我国书记员译成 court reporter 或 law clerk 都是不准确的；它误导读者，使人以为英美法院里这三种职务是同一种工作的三种不同名称。实际上，不论从工作职责、学历要求还是工作性质上说，它们都是完全不同的三种职务。按照我国书记员管理办法规定，法院的书记员的职责与英美的 court clerk 的工作相比，大致相似，所不同的只是，我国的书记员除了一切行政性和事务性的工作以外，还要承担法庭记录的繁重任务，而英美法院的这一任务是另由 court reporter 来完成的。但从资格要求上看，我国书记员的资格要求反比英美的 court clerk 低，与 court reporter 相当。结果，产生一种非常矛盾的现象，即：我国法院的书记员实际上担任了英美法院 court clerk 与 court reporter 的双份工作，他们的工作任务比英美法院的书记员重，而资格要求反比英美法院书记员低。他们才是法院中的 unsung heroes。因此，把 court reporter 译为"书记员"，显然欠妥，应译为"法庭记录员"。反之，也不要因为我国书记员承担了法庭记录任务而把他们译为 court reporter。同样，law clerk 亦不应译为书记员，应该译为"法官助理"，才名实相符。clerk 的本义是"办事员"，不能一到法院就都译成"书记员"，比如把 file clerk 译为"档案书记员"就不妥，应译成"档案管理员"才符合实际情况。

"犯人""罪人"与其他

汉语里的"犯人"是"一词多义",而英语里的"犯人"却是"一义多词",这就必然使"犯人"的英汉互译容易发生舛误。曾有专门从事外电翻译的专家也将数千名"战俘"误译成"战犯"。虽然中英对义词的词义都没有用错,但一字之差,含义却发生严重差异。这是法律英语不同于一般翻译之处。

"犯人"与"罪人"都指犯了罪的人,然而前者译为 criminal,后者通常译为 sinner 或 guilty person。它们传达的意思完全不同。犯人常指触犯了刑律的人(one who has committed a crime)。"罪人"则常指 one that sins(犯了罪的人)。这里的 sin(犯戒律;犯过失)在英语里更多地是指 transgress the law of God(违犯了上帝的律法),即中国人所说的"伤天害理"。所以"历史的罪人"(sinner in history)往往是指一个人的历史功过,不包含他一生中是否被判过罪坐过牢,具有"人在做,天在看"的含义,他们的罪行往往要经过岁月的洗炼才会得到世人的审判。如秦桧是历史上公认的罪人,实际上他踞相位 19 年,一生富贵,死后被封申王,从未做过 criminal(犯人)。

汉语中的"犯(人)"意义很复杂。它既包括在押的犯人(在押犯),也包括已经释放的原犯人(劳改释放犯);既包括现场犯罪的人(现行犯),也包括罪行尚未证实的人(嫌犯);既包括必须判刑的人(罪犯),也包括依法可不予判刑的人(少年犯);既包括监狱里的犯人(囚犯),也包括不在监狱里的犯人(通缉犯)。总之,中文里的"犯(人)"含义太广,恰与英文含义太细一样,都成为翻译的难点。

英语里的"犯人"有好多个。比较常见的就有 criminal、offender、prisoner、felon、convict、culprit、crook、outlaw、jailbird、cellmate、 inmate、internee、detainee、delinquent、vandal、lag 等。它们各有各的含义。

criminal 一般词典均译为"罪犯"。它实际只指两种人,一是"犯了罪的人"(a person who is guilty of crime),如现行犯,二是"已被定罪的人"(a person who has been convicted of a crime)。因此,只有经过法庭判决有罪的人才可以称为 criminal。即使因犯罪被捕,在法庭判决有罪以前,都不可称 criminal(犯人),只能称为 criminal suspect 或 suspected criminal(犯罪嫌疑人)。但习惯上,如 criminal at large(在逃犯,通缉犯)、criminal for trial(候审犯人)、criminal in custody(拘押犯)、hardened criminal(惯犯,累犯)等用语里的 criminal 都是未必经法院判决的犯罪嫌疑人,却一直这样用,没有人认为不妥,这是中英两种文字不谋而合的习惯用法。此外,由于 criminal 既是名词"罪犯",又是形容词"犯罪的",从而容易发生违反上述内在含义的错译。如,将 criminal attempt(犯罪未遂罪)译成"未遂犯",把 criminal homicide(杀人罪)译成"杀人犯",把 criminal conversation(通奸罪)译成"通奸犯",等等。法律英语中还有一些罪犯的名称并不用 criminal 或 offender 之类作为中心词,而是传统上另有专用的名称,这就非得熟悉这些传统用法不可。常见的有 arsonist(纵火犯)、abductor(劫持犯)、larcenist(盗窃犯)、murderer(杀人犯)、knife robber(持刀抢劫犯)、accessory(从犯)、drug trafficker(毒品走私犯)、drug dependent(吸毒犯)、kidnaper(绑架犯,拐骗犯)、skyjacker 或 hijacker(劫机犯)、confirmed thief(惯窃犯)、instigator(教唆犯)、co-instigator(共同教唆犯)、gun-runner(军火走私犯)等,都不该用 criminal、offender 等中心词。

offender 指"违法者""罪犯",基本上与 criminal 同义,但含义比 criminal 委婉,包含轻刑事犯与违反交通法规者。比如在"初犯"(first offender)、"少年犯"(young offenders、juvenile offenders)、"劳改犯"(offender under reform through labor)、"劳改释放犯"(offender released from labor camp）等词语里，很少见到用 criminal 代替的。此外，offender 不光指犯罪的人，也可指法律、规章制度、社会善良风俗的冒犯者，如：They are offenders against the law of God!（他们是一些冒犯天理的人！）

prisoner 的中文对义词也是"犯人""罪犯"，指被关在监牢的人（a person who has been put in prison），着眼点在于"关入监牢"，不在于此人是否真正犯罪。因此 prisoner of war 是指战争中被俘虏的人（captive），简称"战俘"（POW）。战俘不同于战犯，一般不对战争负责。犯战争罪的人才可称为"战犯"（criminal of war、war criminal），那是极为严重的罪行，许多二战战犯都被判了绞刑。prisoner 与 criminal 的区别有时很模糊，完全要根据具体情况而定。①［法庭上法官说］"把犯人带上来问话！"（Bring the prisoners here for questioning!）②［监狱长说］"犯人每天只许到监外活动一次。"（The prisoners were allowed out of jail for exercise once a day.）这两个句子中，prisoner 都不宜换作 criminal 或 offender。因为它着重的是"监牢里的犯人"。而"前科犯"（criminal with previous conviction）、"缓刑犯"（probationary criminal）里的 criminal 都不宜换作 prisoner，因为这些人虽然已经确定为"犯罪的人"，但并没有关在监牢里。反之，处于被关押状态（未必有罪）的"犯人"，都宜用 prisoner。如"政治犯"（prisoner of state）、"在押犯"（prisoner on remand）、"待决犯"（un-sentenced prisoner）、"被管制犯"（prisoner under public surveillance）等都分得很清楚。将"街头持刀杀人的犯人被警察当场击毙。"这句话译成"The prisoner was shot dead on the spot by the police."好像并无不妥，但在英语里却是误译，因为这里并未说这个杀人犯是从监狱里逃出来的，应将 prisoner 换成 criminal。

convict 是一个比 prisoner 更为"专业"的用语，通常译为"囚犯""囚徒"，如 ex-convict（以前坐过牢的人）、convict settlement（囚

犯集中营）。

felon 重罪犯。指涉及没收财产或死刑的严重犯罪（felony）人，非指一般犯人。

culprit 犯罪人，罪犯。始见于英国1678年的一件谋杀案。指对"犯罪"或"差错"应负责任的人（the person guilty or believed to be guilty of a crime or offence）。所以，它也被译为"刑事被告人""未决犯""嫌疑犯"，如 prime culprit（首犯）。

crook 原义"骗子"，在美语里常作非正式的 criminal 解。如：This club is a meeting place for all kinds of crooks.（这个俱乐部是各种犯罪分子碰头的地方。）

outlaw 不法分子，亡命之徒。尤指以前曾经被迫生活在正常社会以外不受法律保护的人。如：Robin Hood led a band of outlaws who lived in Sherwood Forest.（罗宾汉带领着一帮不法之徒生活在舍伍德森林里。）可见 outlaw 未必是负面人物，这是它与土匪、强盗不同的地方，如《水浒传》里的梁山好汉就是 outlaws。

jailbird（英国英语中亦作 gaolbird）与 convict 同义，指"囚犯"。通常指"惯犯""坐过很长牢监的人"（a person who has spend a lot of time in prison），相当于汉语里"二进宫""三进宫"之类，不是正式用语。

inmate（美语里为 cellmate）同监犯人。用于犯人之间，所以亦译为"狱友"。如：They were cellmates in prison for five years.（他们是同监服刑过五年的狱友。）

internee 拘留犯，仅指被拘留、扣押的人（a person who is interned）。拘留不是逮捕，但根据我国刑事诉讼法，经公安机关正式立案侦查而被刑事拘留的人，也称"犯罪嫌疑人"（criminal suspect），经法庭判决有罪后，才是 criminal。

detainee 指被拘押的人（a person under detention）。拘留是治安条例中的一种刑事处分，拘押却是一种强制措施，未必是处分。因此 detainee 实际上还够不上称为"犯人"。

delinquent 通常都指有轻微的犯罪行为的违法者、过失者。在美语里，拖欠债务过期不还，也被视为 delinquent。所以，少年犯亦称为 delinquent 或 juvenile delinquent。我国的所谓"劳教人员"也不属于 criminal 或 offender，以译为 person undergoing rehabilitation through labor 或 delinquent 为宜。

vandal 专指故意摧残文化艺术、破坏财产、糟蹋美好事物的人，包括那些在珍贵的文物上胡乱涂鸦的人。这是个非常特殊的词。它原指公元 4—5 世纪曾经攻占罗马的汪达尔人，一般用大写（Vandal）。现在已经作普通名词。如：The walls had been covered with paint by young vandals.（墙壁上布满了年轻人的胡乱涂鸦。）

lag〈俚〉囚徒，犯人，囚犯。如 an old lag 指曾经多次坐牢的老油子、三进宫。有时作 lagger。

"犯人"是法律英语里极为常用的字，由于中英文的语言习惯不同，翻译中竟有这么多隐含着的问题，难怪连翻译外电的专家也被忽悠了。

译事无小词

第二次世界大战以后，英美法系在世界事务中就处于举足轻重的地位。它被广泛应用于美、英及澳大利亚等英联邦国家以及中国香港地区。目前，联合国国际法院运用的司法程序依据英美法，国际贸易的基本规则同样依照英美法。法律英语成为法律事务无法绕开的一种语言工具。然而，自1949年以后，中国长达数十年的"一面倒"政策使法律英语成为真正的冷门，一大批精通英美法的专家学者受到冷落，英美法教学经历了长达数十年的断层。中国没有像印度、巴基斯坦、泰国等国家痛苦的殖民地经历，但历史的揶揄使我国法律界的英语能力远远落后于这些近邻。

建国后半个世纪里，我们没有出过一本像样的英美法词典，因此误译了很多东西。确如当时一篇报道所记录的："中国政法大学教授潘汉典用了一个例子，来说明一个完备权威的英汉法律词典的重要性：asylum（政治庇护权）——一个世界通用的法律术语，却被我们译成居留权，而且写进宪法，一错30年，从1954年到1975年，再到1978年，最后到1982年，三次修宪，错译均没有被发现。到1985年修宪时才得以改正。据介绍，中美入世谈判多次陷入僵局，与双方是用两种概念说话有很大关系。而在实践中，因没有严谨的英美法律词汇汉语对译词导致的教训，同样不在少数。上个世纪90年代中期曾发生过一件事，国内某银行给美国方面开了十几张汇票，因具名问题，美方最多可以领取100亿美金。这一下中方急了：精通英美法、英文又好的中国律师在哪里？最后，高宗泽律师（时任中国律师协会会长）临危出征，终于不辱使命，为中方挽回了损失。但办案经费也高达人民币九位数。"[1] 直到2003年才由一批有远见的法学家历尽艰辛为我们编写出新中国第一部值得称道的《元照英美法词典》，为法律英语翻译者提供了一本珍贵的工具书。

好的工具书虽能给你提供准确的词义，但光靠词义搬运是不够的，一个优秀的翻译家同时还必须是具有广博知识、聪明才智且洞明世界形势的人。翻译有如临帖，既要形似，又要神似，在选词用句方面，有时远比创作还难。尤其是法律英语，在关键时刻，一个词的取舍对国家形象乃至世界形势都会产生一定的影响。这种事例很多，如：

（一）1972年1月，美国总统尼克松的特使亚历山大·黑格（Alexander Haig）将军为尼克松访华的事到北京与周恩来总理会谈。在会谈中提到苏联威胁时说：U.S. government is concerned about the viability of China. 时任翻译的章含之女士翻译为：美国政府关心中国的生存能力。章含之注意到这句话翻过去后，周总理没说话，但显然皱了下眉头。黑格走了以后，周总理立即要求章含之找来各种版本的韦伯斯特、牛津大辞典，查viability这个词的意思是什么。查了之后，确实是"生存能力"的意思。周总理再次会见黑格时，就当面指出黑格上次用词不当，用这种词，中国不能接受，因为中国不需要别人关心自己的"生存能力"。[2] 试想，如果当时章女士没有把viability这个词译得如此准确，或周总理没有如此精辟的洞察力，美国人对中国又将如何看待？

（二）翻译的魅力有时完全超出词义的本身。最准确的译句未必就是最明智的选择，也未必能反映当时当地发话人的真实用意。邓小平在上世纪90年代初面对复杂诡谲的国际形势曾为我国的生存策略提出"韬光养晦"的指导思想，主要内涵是要保持谦虚谨慎，

---

[1] 摘自《南方周末》2003年1月9日刊文"被遗忘30年的法律精英"（万静波、吴晨光、谢春雷）。

[2] 事见章含之女士回忆录。

不当头、不扛旗、不扩张、不称霸。[3] 凡是中国人都了解，邓小平当时指的是我们在国际上不要处处锋芒毕露，多面树敌，老是教训别人，而应该以和为贵，广交朋友，积蓄实力。给人的印象是谦虚、宽容、明智、务实。可是在我们的英文报道中，"韬光养晦"却被译成 hide our capacities and bide our time（隐藏我们的实力，等待时机），给人一种"伪善奸诈、伺机报复"的负面印象，成为国际上"中国威胁论"的合理注脚。我们不能说这个翻译不对，因为许多辞书的确就是这样译的，但说它在这里没有译出核心精神，译得不智不准，恐非为过。

（三）2004年12月，我国第十届全国人大常委会拟就了《反分裂国家法》草案，准备由人大常委会分组讨论审议后，交由全国人民代表大会通过成为法律。这件事在我国台湾地区、美国乃至全世界都引起震动。因为这是针对台独分子搞"法理台独"的有力反制，是悬在台独分子头上的一把"达摩克利斯之剑"。根据新华社英文报道，《反分裂国家法》所使用的英文译名是 Anti-Secession Law。这里的"分裂"一词，既没有用 Taiwan Independence Movement（台独运动）中的 independence，也没有套用我国刑法的用语 to split the State / to separate a country / to break up the State（分裂国家），而是匠心独具地采用了 secession 一词。2004年12月17日，前美国国务院发言人包润石评论此事时完全采用了新华社的这一英文用语。一位台湾的新闻记者傅建中先生在台湾地区的媒体上为此发表了"看美国对反分裂法的用字遣词"的文章，认为新华社所采用的英文译名 Anti-Secession Law 可谓匠心独具，惊呼这"看来是经过高人指点的"。的确，美国既是一个通过对英独立战争立国的新兴国家，同时又是通过南北战争反对分裂而赢得统一的国家，美国人民对"独立"与"分裂"两个词的感受显然是不同的。secession 一词对每个美国人都有其特殊的历史意义，1861—1865年的美国南北战争就

---

[3] 见前国务委员戴秉国2010年文章。

是因为南方 11 个州要脱离联邦搞独立而引起的,至今美国的法律和历史教科书中提到南方的分离运动时,其"分离"的用语就是 secession。这个词不仅仅是指分离、脱离,还含有叛国的意思。因此美国南北战争亦常被称为 the War of Secession。正如傅建中先生所说:"美国为了维护国家领土和主权的完整,不惜诉诸战争,死人 60 余万。中国在此使用 secession 一词,无疑要提醒美国南北战争的旧事,美国都不能容忍的分离叛国行为,大一统思想深植人心的中国岂能例外?"

法律词语翻译采词用字的诡谲、奥妙、艰辛与重要,于此可见一斑。这充分说明,翻译法律文书本身就是一种创作,它往往涉及中英两种文字各自内在含义的不同空间,这一空间有时是相当广阔的,因此,翻译绝不能以一般的"达意"为满足。把这概括为"译事无小词",恐非过分。

从"债权扣押令"看立名之难

garnishee order 在中国香港一般被译为"债权扣押令"。如果光看这一中文对应词,你或许以为这是扣押债权的法庭命令。如果你真的这么认为,那就大错了。正好相反,它是法庭为了保护债权人的利益而扣押债务人财产的通知或命令。

garnishee 是指"第三债务人",即"欠原债权人钱但被法庭命令不得将钱偿还给原债权人,而必须向原债权人的债权人付钱的人"(person who owes money to a creditor and is ordered by a court to pay that money to a creditor of the creditor, and not to the creditor himself),亦即被要求扣留应向判定债务人的付款的第三债务人,有的译为"案外债务人"。比如:债务人甲有一笔钱存在银行里,但就是不肯用来偿还欠乙的债务,这时,银行就是第三债务人。法庭认为必要时,就可以向银行发出 garnishee order,银行接到这一命令后,就不得将甲的存款付给甲,而必须付给乙,否则就要承担法律后果。

这种命令通常分为两个阶段,第一阶段是原告提出申请后,法院发出 garnishee order nisi(债权扣押暂令),以便使第三债务人有向法院提出异议的余地。如果第三债务人没有提出异议,法院就会发出 garnishee order absolute(债权扣押实令)。因此,有的词典干脆将 garnishee order 解释为 "a court order used to prevent sb who owes money from having free access to his/her bank account"(用于阻止欠债人动用银行存款的法庭命令)。P. H. 柯林将它解释为 "court order, making a garnishee pay money to a judgment creditor"(使第三债务人向判定债权人付款的法庭命令)。

garnishee order 产生于"对案外债务人的扣押程序"(garnishment),

是执行判决的辅助手段。在美国,某些州称之为"受托人程序"(trustee process)。它的译名先后出现了许多拖着长长解释的中文对应词,少说也有四五种:债权扣押令、债源扣押令、向第三债务人发出的还债令、扣押第三债务人保管的财产令等。这些都有人用,这是法律英语翻译工作中的无奈。难怪前人有"一名之立,竟日踟蹰"之叹。英语里用 garnishee order 这么两个词就能包含的意义,其中文对应词却如此累赘,可见我们目前法律用语的贫乏与稚嫩,也反映了法律用语立名之难。

律师在法庭上应该怎样称呼法官

在国际法庭或者英美法系国家的法庭内外应该怎样称呼一个法官，远比人们想象的复杂得多。中国律师在法庭上常用"法官先生"称呼庭审法官。在国外出庭时，是否也能这样？这是一个常被国人疏忽的问题。

在我国，各级法院的审判员、助理审判员或中华人民共和国成立前旧法院的"推事"都可译为judges，我国宪法与法院组织法里没有"法官"，只有"审判员"，这使得"法官"（judge）这个词听起来多少有点尊称的味道。直到改革开放后我国出台了法官法，才使法官成为一种职业的名称。在英美法系里，judge并没有尊称的意味，它只是一种职业的称谓，如说"He is a High Court judge."，只是说明他是高等法院法官，相当于我国审判员的称呼，着重于他的职务，并无尊称的意味。

不过，英美法系国家的各级法院的法官并非都称为judge。以加拿大为例，只有家事法院（Family Court）与省法院（Provincial Court）的法官称为judge；最高法院（the Supreme Court）与上诉法院（Court of Appeal）的法官称为justice。小额索赔法院（Small Claim Court）和破产法庭（Bankruptcy Court）的法官称为adjudicator，他们不是judge，而是律师，可以用Sir或Madam来称呼。对遗嘱检验法庭（Probate Court，指有权认证遗嘱、房地产、遗产的特种法庭）的法官则可以用和最高法院的法官一样的称呼。而在英国，对高等法院的那些普通法官（puisne judge）也用justice来称呼。

这是高等法院法官的头衔（title given to a High Court），而不是指职业，因此是一个带有尊称意味的词。它相当于senior judge（资深法官)。美国联邦最高法院的法官、各州最高法院法官以及上诉法院法官也称为 Justice；首席法官称为 Chief Justice，其余的称 Associate Justices，其中 justice 一词很少见到用 judge 替代的。但这种限制在美国似乎有越来越少的趋势。翻开美语词典，你会看到 justice 的第一项解释就是 judge，两者没有任何区别。如美国宪法中，最高法院法官就称为 Judge of the Supreme Court，并没有用 justice 这个词，可见 judge 是法官的通称，包括 justice，而 justice 不包括 judge。不过也有例外，如美国纽约州初审法院的法官称 Justice，上诉审的法官反而称 Judge。得克萨斯州的上诉审法官称 Justice，而初审法官及刑事上诉审法院的法官反而称 Judge。

英国的法官体系等级森严。皇家首席大法官称 Lord Chief Justice，简称 LCJ，是英国高等法院王座庭的庭长，也是上诉法院刑事庭庭长，其地位仅次于 Lord Chancellor（也称为大法官）的上议院议长。上诉法院的民事庭庭长为"掌卷法官"（Master of the Rolls）简称 MR。上议院常任上诉法官称 Lords of Appeal in Ordinary，亦称为 the Law Lords；上诉法官称 Lord Justice of Appeal，简称 LJ。1873 年以前，justice 只用来称呼英国高等法院王座法庭和民诉法庭的法官，高等法院的一般法官原来只称 High Court Judge，简称 J；通常称为 Puisne Judge（普通法官，有的译为常任法官），后来高等法院中的这些普通法官也都被称为 Justices，显然带有尊敬的意思。高等法院以下的法官都称为 judges，如：巡回法官称 Circuit Judge；郡法院的"地区/地方法官"称为 District Judge（旧称 District Magistrate）。最基层的治安法官有两种：领薪的治安官称为 Stipendiary Magistrate，须在律师中选任；不领薪的非职业治安法官称为 Justice of the Peace，缩写为 JP，在中国香港译为"太平绅士"。可能由于 JP 是一种可从无法律专业知识的人士中选任的荣誉职衔，所以特地用了 justice 这个称呼，以示尊重。结果，英国治安法院（Magistrate's Courts）审理一般案件的治安法官（magistrate）虽然是最基层的法官，却也可称为 justice，如：chairman of the justices 有时是指"首席治安法官"，并不是"高等法院首席法官"。

英语中对单个法官和全体法官的称呼不一样。法官的总称是 judiciary，它等于 all judges，是指"所有法官"，不能用于个别人身上，只能用于全指意义，如：the Nova Scotia Judiciary 指的是新斯科舍的全体法官；the Judges of Nova Scotia 是指新斯科舍的有些法官。由此可见"法官"二字在英语中的译法和用法远比中文中的"法官"二字复杂。

judge 虽然不是一种尊称，但放在人名前面时应当大写，如：The case has come before Judge Adams.（该案已经交给亚当斯法官审理。）如果你想对某一法官表示尊敬，最好不要用 Judge 一词来表示。英美国家常用 Justice 来称呼一位法官，尤其是高等法院以上的法官，以表示尊敬。Justice 作为称呼用时，用法就如 Mr. 一样，放在人名前面，如：Justice Smith 是口语中对"高等法院法官史密斯"的尊称。但在书面文字中 Justice 常用大写 J 来代替，Lord Justice 常用大写 LJ 代替，其位置却必须放在人名后面，如：Mr. Smith J（高等法院法官史密斯先生），Mr. Adams LJ（大法官亚当斯先生）。提到两个人时，J 应双写，如 Smith and Brown JJ（史密斯法官和布朗法官）。如果把这些称呼读出来，却仍然须读作 Justice Smith、Lord Justice Adams，不能照字面直读。类似情况的称呼还有 MR（Master of the Rolls 的缩写，义为上诉法院民事庭庭长），书写时，它应放在名字后面，如 Lord Smith MR；读出来时，它却应放在名字前面，读成 Master of the Rolls Lord Smith。如果想要表示更尊敬一点，通常在前面加上 honorable（尊敬的）一词即已足够。honorable 用于尊称国会议员、法官、州长、市长等时，应用大写。通常前面加定冠词 the，如：The Honorable Justice Alfred Vandenberg（尊敬的艾尔弗雷德·范登堡法官）。人名如用缩写，Honorable 也可以缩写为 Hon，如：The Hon. T. E. Dewey J（尊敬的 T. E. 杜威法官）。不过，如果读出口来，仍应读作 The Honorable Justice T. E. Dewey，词序排列与书面语不同。

不论 justice 还是 judge 都是中性名词，不可说 Madam Justice/Judge Jane（珍妮法官夫人），而只能说 Justice/Judge Jane（珍妮法官）。对于一个已经退休的法官，尽管他/她们在退休后仍担任一些公共职务，不可称为 Justice 或 Judge，在这种情况下，应称为 Retired Justice/Judge Jane（退休法官珍妮）或 Former Justice/Judge Jane（前法官珍妮），但在非公务或非公开场合下，他/她们被称为 Justice 或者 Judge 也是符合礼仪的。

当然，泛指法官时，judge 这个词还是被广泛采用的，如 Canadian judges don't use gavels（加拿大法官不用法槌）、as grave as a judge（像法官一样庄重），其中 judge 如果换成 justice 反而不妥。在英美国家的法庭上，老百姓为了对法官表示尊敬，各种称呼都有。有时法官被称为 Your Majesty（陛下）、Dear（亲爱的）、Excellency（阁下，对大使、总督、教皇的称呼），甚至 Your Holiness（陛下，对教皇的尊称），但这些都不是出庭律师应该用的适当称呼。如果在高等法院，对一位男性法官，你可以称他为 My Lord 或者 Your Lordship（阁下），如：① My Lord, I would...（阁下，我想……）② If it pleases Your Lordship, I would...（阁下同意的话，我想……）如果法官是女性，你可以称她为 My Lady 或者 Your Ladyship（夫人），如：① Yes, My Lady, I agree.（是，夫人，我同意。）② If it pleases Your Ladyship...（如果夫人许可……）当法庭的法官中有男有女的话，通常用中性的 Court（庭上）来称呼也被认为是恰当的，如：If it pleases the Court, I would like to...（如果庭上同意的话,我愿意……）在法庭上直面称呼法官时，不宜单用 judge，而应称 My Lord、Your Honor 或者 Your Worship（一般译为阁下、庭上、法官大人），这是应有的礼貌，也是最常见的并被广泛接受的称呼。Your Honour 主要用于称呼高等法院法官，Your Worship 主要用于地方法院开庭时

147

对法官的称呼。有时你会看到 Your Worship Judge Jane（珍妮法官阁下），这种用法也是合乎礼仪的。英美法庭上，人们对法官的这些称呼都已成为不成文的规矩。而我国，律师用得最多的似乎还是"法官先生"。

英美国家里，出了法庭之后，对任何法官你都可以用 Judge 或用 Mr. Judge 来称呼。法庭以外，用 Good day Judge 来向法官打招呼也被认为是恰当的。但法庭上，除了前面所说的小额索赔法庭与破产法庭以外，切不可用 Sir（先生）或 Madam（女士）来称呼一位法官。在中国法庭上，中国律师常用"法官先生"称呼庭审法官，但在英美法庭或国际法庭上直面称呼一位庭审法官 Mr. Judge 是不可取的。美国人尽管对总统都常称"总统先生"（Mr. President），但在法庭上或其他公开场合（如记者招待会），对法官却始终保留着"阁下"（Your Honour 或 Your Worship）这样的尊称，以示对司法的尊重。这就是国情。

律师在法庭上，对同行的称呼应得体

中国法庭上律师互称对方律师时，目前一般用"我尊敬的同行"或"我的同行""对方律师"，或直呼其名"××律师"的都有，这些称呼是否也适用于英美法庭？很少有人注意。在英美法系的法庭上，律师之间的称呼比起律师对法官的称呼，规矩似乎宽松得多。许多著名律师的庭辩中，也不乏睿智、俏皮的称呼，只要合乎礼仪，均被认为得体。问题是怎样才算合乎礼仪，中国与英美国家未必相同。比如你与对方律师私交甚好，在法庭上直呼其名，甚至互相称呼"老王""老李"。这在中国法庭上，可能是亲昵的表示，在西方法庭上是不可取的。英美律师在法庭上互称对方时常用 my learned friend/colleague（我渊博的朋友/同行）。这是西方法庭长期以来约定俗成的、被公认为得体的用法。如果要想称呼对方为某某律师先生，不应用 Mr.，应该在对方律师姓名后面（不是前面）加 Esquire（如 John Jones Esq.）。尊称一个律师时最常见的词语是 distinguished member of the bar（律师界杰出的成员）。提到某某已经过世的律师时，应称 successful attorney。用过谦或过于溢美的称呼都会被认为失礼或不得体，如：my honorable friend（我尊敬的朋友）一般只用于下院议员、法官等高级官员之间，用在法庭上称呼对方律师就未必得体，更不用说直呼其名了。只有对方律师具有下院议员身份时才可用 hon. and learned（精通法律的阁下）。法律上并无明文规定法庭上律师必须怎样互称，你如果用一些欠妥的称呼来称呼对方，也不会承担什么法律责任。但作为一个高素质的律师，对此却不能不加注意。

票据中的 face 与 back

在票据中 face 是指票面，back 是指票底。从字面上看，票面与票底是对义词，但根据票据法，票据中的所谓票面（face）实际上包括票底（back），如：face value（票面价值）、face amount（票面数额）、face instrument（票据的票面）均包括 back。例如：Currency will only be exchanged at face value.（货币只按面值交换。）这里说的面值就理所当然地包括票底所显示的价值。一张支票的票面与其背书所显示的金额数字都属于该支票的 face amount。至于像 faceless civil servants 并不是指"没有个性的公务员"，而是指"不知名的公务员"。这里的 face 连一个人的背景（background）都包括进去了。

foreign client 与 client abroad 相同吗？

foreign client 与 client abroad 常被译为"外国客户"或"国外客户"，有时被当作同义词。其实它们的含义并不相同，foreign client 是指外国人或外国企业为委托人的客户，他们可能是人在中国，因此译为"外国客户"或"外国当事人"较妥。而 client abroad 是指人在国外的个人或企业，他们可能是外国人或外国企业，但也可能是中国人或中国企业，因此译为"国外客户"或"国外当事人"较妥。"外国客户"的法定地址一定是在国外，而"国外客户"的法定地址不一定在国外。比如某人出国去了，国内的官司还在继续进行，他委托了一位律师代理诉讼，他就是这位律师的"国外客户"，如：① The lawyer takes possession of the goods on behalf of his client abroad.（该律师代表他的国外客户收取货物。——强调当事人在国外）② He brought an action for damages against your company on behalf of his foreign client.（他代表外国客户对你公司起诉要求获得损失赔偿金。——强调当事人是外国人）因此，foreign client 未必是 client abroad，而 client abroad 也未必是 foreign client。前者指当事人的国籍，后者指当事人的所在，两者不是同义词。

"无行为能力人"的两种不同译法

"无行为能力人"是常见的法律词语,是指"不满10周岁的未成年人或不能辨认自己行为的精神病人"。他们许诺的赠与以及签订的合同等民事法律行为都是无效的。"无行为能力人"有两种译法:一是 person with incapacity for civil conduct(有时简略为 person with incapacity);二是 person under disability。在我国法律文书中,几乎普遍采用前一种译法,如:The court had to act because of the incapacity of the trustees.(法院因受托人无法律行为能力而不得不采取行动。)对 person under disability,《美国传统词典》有一个释义是 a legal incapacity or disqualification(法律上的无行为能力或不合格),意思几乎与 incapacity 一样,但 disability 现在已经更多地用于专指无生活行动能力的人,如残疾人、长期卧床不起的病人等。他们虽然生活不能自理,却可能是具有完全民事行为能力的人。他们的法律行为,比如在合同上的签字,是有效的。现在我国有些法律辞书里一般都将 person under disability 作"无行为能力人"解析,而 disability 本身在许多场合都作"残疾、伤残"解,如在 disability clause(伤残条款)、disability compensation(伤残补偿)等法律词语中也较常见。有些美国的法律辞书对 disability 的解释就只有 "a state of the body when a part cannot be used normally, esp. in the limbs and sense organ"(指人的身体,尤其是肢体与感官功能不能正常行使的一种状态),没有一句提到法律上的行为能力。因此我认为,除非上下文里已有合乎逻辑的交代,为避免误解,表示某人虽然失去生活能力、但未确定是否丧失民事行为能力,英文用 person under disability 表达更为可靠。

常用词在法律英语中的蜕变

英语中有些很普通的常用词,在法律英语中却常另有其特殊含义。这种现象,无以名之,姑且称之为"蜕变",例如:

cover 原义为"封面;盖子;覆盖,掩盖",但在法律英语中,cover 的名词是指"保险,保证金,押金",作动词时,是指"承保;投保;负责支付;清偿"。remit cover 指"汇交押金";cover note(亦作 covering note)指"暂保单;临时保单;投保通知单",即保险经纪人或代理人在正式保单未发出前开具给被保险人的临时保险凭证。下面各句里的 cover 与其原义已经相去甚远,变得面目全非了:

They have sufficient cover for this loan. 他们这笔贷款或有足够的保证金。

Do you have cover against theft? 你投保了盗窃险了吗?

He wants a cover for the medicine. 他要求这批药品有押金。

The damage is covered by the insurance. 损失由保险公司负责支付。

All the goods are fully covered. 所有货物都已投保。

If the proceeds do not cover the claim, the difference shall be paid by the debtor. 如果收益不足以清偿债权,不足部分由债务人偿还。

Before a vehicle licence could be issued the motorist had to show a cover note to prove that insurance had been arranged. 在获得签发车辆牌照之前,驾车人须出具本投保通知单,证明已办理保险。

当然,普通英语与法律英语之间并无界线。如上述的"All the goods are fully covered."难道就不能译成"所有货物都已覆盖好了。"吗?这自然只能取决于上下文以及当时的情景了。

case 在日常用语里本来是指"箱子""盒子"等容器,在法律用语中作"案件""案情"等解，已经与原义完全不同了，如：

The judge who tried the case found the prisoner guilty. 审理此案的法官认为犯人有罪。

He has lost his case and I should say he'll go bankrupt. 他的官司输了，我想他将破产。

但是在更多的场合下，case 还可进一步引申，具有更特殊的含义，比如：

This is a case of mutual help. 这是一个互相帮助的问题。（并非"这是一个互相帮助的案件"）

His case is a peculiar one. 他的情况特殊。（并非"他的案件特殊"）

He has no case. 他无话可说。（并非"他没有案子"）

The case rests. 案情陈述完毕。（并非"案件终止"）

类似以下的句子中，case 均不宜译成"案件"：

No case to answer. 无须答辩。

That isn't the case with Peter. 彼得的情况并不如此。

This was not the case. 情况并不如此。

If that is the case, I must leave. 如果情况如此，我必须离开。

It was a case of love at first sight. 这完全是一见钟情。

He is a hopeless case anyway. 反正他是不可救药。

In many cases regulations alone will not work. 在很多情况下，单是规定还不行。

He put up a very strong case. 他提出了非常有力的论据。

There is a strong case against the accused. 存在对被告人不利的强有力的论据和事实。

一词多义，本是英语中的常见现象，不足为奇，但一个词的常用意义的蜕变有时会给人们的认识造成一种条件反射，导致误译，这却是翻译法律英语时必须注意的问题。由日常用语蜕变过来的法律英语为数不少，如：

outstanding 原本的意思是"杰出的""突出的""优秀的""显著的"，如：outstanding communist fighter（杰出的共产主义战士），outstanding contribution（突出的贡献），outstanding student（优秀的学生），an outstanding piece of work（一篇优秀的作品），outstanding features（显著的特点），等等。这些已给人们造成很深的印象，以致一看到 outstanding question 就会顺理成章地译成"突出的问题"，一看到 outstanding expenses 就会以为是指"超常的费用"。其实在法律英语中，尤其是与"报酬""债务""工作""问题"等词语合用时，outstanding 常作"未偿付的""未解决的""未完成的"解，与原本的意思几乎毫不搭边。因此，outstanding question 应译成"有待解决的问题"，outstanding expenses 应该译成"未付的费用"，例如：A good deal of work is still outstanding. 许多工作尚未完成。（不是"许多工作仍然是杰出的。"）法律英语中类似这样的词语很多，常见的有：outstanding order（尚未履行的定单），outstanding issue（悬而未决的问题），outstanding account（未清账目），outstanding balance（待结款项/未清余额），outstanding check/cheque（未兑现的支票），outstanding debt（未偿付的债务），outstanding claims（未解决的索赔案件），outstanding drawing（未偿还的提存），outstanding loan（未偿还的贷款），outstanding obligations（未了的债务）。在这些词语里没有一个是按"杰出""优秀""显著"等原义翻译的。这表明，英文词语的常用含义有时与法律英语的含义差别很大。

deed 原义"行为"或"事业"，但在 deed of association（合伙契据）、deed simple（单纯契据）、deed of mortgage（抵押契据）、deed of gift（赠与契据）、deed of trust（信托证书）、deed of appointment（任命证书）等法律用语中均作"文据""契据"解。

position 原义是"职位"，但 cash position 却指"现金头寸"，bull position 指"（股市交易中的）多头"，即对市场看好，认为是"牛市"，如：Remain in a bull position until the market changes.（在市场

出现变化前维持多头形势。)bear position 指"(股市交易中的)卖空，空头"，认为是"熊市"，如：The dealer was in a bear position until he found more stock to buy.（投资人空仓情况一直持续至发现有更多的证券可买时为止。）

accommodation 原义是"住所""办公处""病床"，但在法律用语中却指"和解""调停"或"短期贷款"，如 accommodation party（调解当事人；票据融通人）、accommodation bill（融通票据）。又如：They failed to agree on every point but came to an accommodation.（他们并非在每一点上都意见一致，但已达成和解。——不是"他们无法在每一点上达到意见一致，但还是一起来到住所。"）

log 原义指"圆木；木料"。log off 或 log out 却指"注销""退出系统"，如：Have you logged off properly?（你退出系统的程序了吗？）。log on 指"注册""进入系统"，如：You need a password to log on.（你需要用密码进行注册。）

由于人们的认识都有"先入为主"的倾向，对一个词的普通含义比较熟悉，对它蜕变出来的含义比较陌生，许多误会都是由此而生。随着时代的变化，常用词的蜕变愈来愈随意，受株连最多的是英语同根词。其实，词义蜕变是有严格限制的，正如现在中文"小三"虽已蜕变为"情妇"的同义词、但却不能把"老三"也当作"情妇"解一样，英语词义的蜕变也不可任意类推。

译事的无奈——以音代意

译事历来有所谓"意译"和"直译"之争。细分的话，直译里面还有"以意直译"和"以音直译"之别。以意直译就是按字面意思直译。这种译法风险很大，即使每个词的意义都译对了，也未必能表达真正的含义，如：把 sporting house 译作"健身房"，好像没错，其实它指"寻欢作乐的地方"，常指"妓院"；把 consensual acts 译作"双方同意的行为"，其实它是"通奸"的委婉说法；把 default summons 译作"缺席传票"，其实它指的是法院发出的"要求归还欠款的传票"；把 hot seat 译作"热门的席位"，问题就更大了，因为它实际上指的是"电椅"。由于"以意直译"有这么多风险，译事里常招诟病，因此"以音直译"的方法逐渐成为一种热门选择。

"以音直译"本是译事中的无奈。有些外来词很难找到恰当的中文对义词，除了直接音译以外，谁也提不出更好的办法，结果"以音直译"的办法反而平安无事，长盛不衰。20世纪30年代，西风东渐，中国文坛上出现许多以音代意的西洋名词：democracy（民主）译成"德模克拉西"，tobacco（烟草）译成"淡巴菇"，fair play（公平竞争）译成"费厄泼赖"，inspiration（灵感）译成"烟斯披理纯"，hysteria（情绪激动）译成"歇斯底里"，coup d'état（政变）译成"苦迭打"，等等。到了21世纪，随着时间的推移和中西文化的融合，这些一度风行全国的译名，有的慢慢被中文所吸收，有的则已消失得无影无踪。现在如果还有人用这种译名，反倒有卖弄之嫌了，但以音代意的翻译方法不会停止，因为大千世界，外来文字中的"不可译"的新东西永远都会存在。

改革开放后，中国文字里已经出现了许多找不到中文对义词的西方事物，如：比萨饼（pizza），奶昔（milkshake），冰激凌（ice cream），肯德基（Kentucky），卡拉OK（karaoke），星巴克（Starbucks），迪斯科（Disco），基因（gene），克隆（clone），酷（cool），的士（taxi），吉普（Jeep）。再如：悍马（Hummer）原义"蜂鸟"，是美国AMG公司1982年生产的蜂鸟牌多功能越野车，以性能优越而受追捧，由于悍马的音译更为形象，蜂鸟牌反而鲜为人知；柔道（judo）源自日本的体育运动项目之一，以徒手赤脚搏击，摔倒对方或使对方背部着地30秒者为胜；瑜伽（yoga）是印度的一种传统健身法，强调呼吸规律、静坐、修身；法老（pharaoh）；法西斯（拉丁语fasces的译音）；等等。几十年后，它们有的也可能定式为中文里的新成员，有的也同样将被时光淹没得无影无踪。我们今天感到前人把democracy译成"德模克拉西"有点可笑，甚至有点卖弄，而我们的后人何尝不会给我们同样的评价？

法律用语崇尚严谨，不轻易采用音译，但仍有不少词语不得不用"以音代意"的方法处理，比较著名的有：

莫纳盾规则（M'Naghten Rules）指法官用以鉴别犯罪嫌疑人是否确实患有精神病的规则。它来自伦敦一件轰动一时的杀人案的犯罪嫌疑人M'Naghten的名字。此人在1843年企图刺杀英国首相罗伯特·皮尔（Robert Peel）爵士，结果却误把皮尔的秘书爱德华·德拉蒙德（Edward Drummond）当作首相本人射杀死亡。医学专家认为莫纳盾是精神病患者，法庭因此判决莫纳盾无罪。判后舆论哗然。英国上议院因此要求高等法院王座庭大法官对神智不全犯罪作出明文定义：凡是神智不全的辩护，必须证明被起诉人有精神病，并在犯罪时不知道自己行为的性质或不知道自己行为是违法的。一百多年来，这一规则在英美国家得到普遍应用。

米兰达规则（Miranda Warnings）是美国刑事诉讼中的一项重要原则。根据美国宪法，公民不得被迫自证其罪。警察逮捕犯罪嫌疑人时必须告知其有权保持沉默、有权请律师等宪法规定的权利，否则即属程序不合法。1963年,一名无业青年欧内斯特·米兰达(Ernest Miranda)被控告犯强奸绑架妇女罪被判决20年有期徒刑。被告律师以程序不合法上诉至美国最高法院。1966年美国最高法院"米兰达诉亚利桑那州案"(Miranda v. Arizona 1966),以5比4一票之差裁决撤销原判,发回重审,这一裁决从此成为美国法制史上一条著名的规则。

布雷顿森林体系(Bretton Woods System)即根据《国际货币基金协定》而建立的以美元为中心的货币体系。该协定是1944年在美国布雷顿森林召开的国际会议上通过的,故名。

布斯塔曼特法典(Codigo Bustamante)是拉美国家间的国际私法公约,系1928年21个拉美国家在哈瓦那开会通过,共437条,全面规定了有关国际民法、国际商法、国际刑法及国际程序法方面的冲突规范,但正式签署并批准此公约的只有15个拉美国家。

福费庭业务(Forfaiting)来源于法语à forfait,指放弃或让出对某项事物的权利,是国际贸易中新型的高风险、高收益的一种融资方式。出口商把尚未到期的应收账款无追索权地贴现给包买商——通常是出口商当地的银行或大金融公司,从而获得资金融通,期限可以从一个月到十年。

康曼达(commenda)指具有信用和委托双重含义的两合合同或两合公司。它起源于地中海沿岸航海组织。出资者只履行出资义务,承担有限责任。航海者则以自己的名义独立从事海上贸易,承担无限责任。

劳埃德(Lloyd's)社(又译作"劳合社")为英国的一家保险人组织,在国际贸易中享有极高的信誉,如:《劳氏日报》(Lloyd's Loading List)列载正在或即将在英国和欧洲大陆港口装货的所有船只;《劳埃德船舶登记册》(Lloyd's Register of Ships)为全世界所有船舶的详情的分类目录。

门罗主义(Monroe Doctrine)1823年美国总统门罗提出"美洲

是美洲人的美洲"的口号，主张美国对美洲国家的内部事务具有防止外部干预的特权，后人称此为门罗主义。

此外，诸如巴尔的摩租船合同（Baltime Charter Party）、金康租船合同（Gencon Charter Party）、逻辑（logic）、海洛因（heroin）、吗啡（morphine）、杯葛（boycott）等等，都是从英语音译过来的法律词语。音译的缺点是同一个词常常各有各的译法，给读者带来许多不便。一个外来语专有名词往往需要几年，甚至几十年的时间才能形成相对统一的译名。马克思、恩格斯的译名在中国就历经二十多年才得以统一。有些译名并不以英文的读音为准，中文里常有另外的译法，如：古罗马君王 Caesar（恺撒）的英语读音是 ['si: zə]，非洲尼罗河（Nile）的英语读音是 [nail]，但谁也不会因此将它们改译成"塞撒""奈尔"。泰晤士（Thames）是英国流经伦敦的一条著名河流，英国创立于 1785 年的报纸 The Times 长期以来被有意地谐音译作"泰晤士报"，谁也不会认为这是错译。格鲁吉亚这个国家的英文名称是 Georgia，按其英语读音 [ˈdʒɔːdʒjə] 应读成"乔治亚"，无论如何也不会读成"格鲁吉亚"。难道是前人译错了？当然不是。这里面就有许多语源学与修辞学上的原因。

约定俗成的潜规则使这些译名历久弥坚，即使译音有出入也不允许改动。不论英译中还是中译英，都是如此。有的译作将英文里的 Mencius 当成外国学者，译成"孟修斯"，哪知它就是咱们的老祖宗孟子的英文名字。英国人对中国的许多先哲都是按发音直译，如韩非子就译成 Han Fei Tzu，老子就译成 Laotzu 或 Laotse/Laotze，唯独对孔子与孟子特殊优待，把他们的名字后面加上希腊古贤名字的后缀，分别译作 Confucius 与 Mencius，当中国人翻译这些人名时，反而自己人不识自己人，有的人竟把 Mencius 当成西哲了。

"审讯"一词的英译比较

中文里的"审讯"一词的含义相当模糊。译成英语时,译者会面临许多不同的选择。以下几个常用词几乎都与"审讯"有关,但用法并非一样,试比较:

try 审讯,审判,审理。不论民事案件或刑事案件都可以用,如:
He was tried for stealing.(他因盗窃而被审判。)
The case was tried in London.(此案是在伦敦审理的。)
We can't try this man; he is mentally unfit to plead.(我们不能审理此人,他精神上缺乏辩护能力。)

值得注意的是,try 的原义是指"对一个犯人或案件的审查"(to examine a person thought guilty or a case in the court of law)或"受理民事案件"(to hear a civil trial),不包括"判决"。严格地说,中文里的"审判"应译为 try and decide,或 examine and decide (on a case),但法律英语中把 try 当作"审判"已经约定俗成,为大家所接受。不过,它虽然可作"审判",却不能作为"判决",如:He was tried for murder and sentenced to life imprisonment.(他因谋杀而受审并被判决无期徒刑。)前面的动词用 try,指"审判",后面的 sentence 指刑事案件的"判决""判处"。

【trial 是 try 的名词形式,有时相当于"案件",如:
His trial is fixed for the 15th of the month.(他的案件定于本月15日审判。)
The book describes a number of famous murder trials.(这本书描述了许多著名的谋杀案件。)】

hear 审理,审讯,聆讯;听取;受理。这个词是"审讯"的标准英语对义词，它指对证据的审查、听取证人的陈述，属于 trial 的一部分，如：

The court has heard the evidence for the defence.（法庭已经听取了辩方的证词。）

Which judge is to hear the case?（哪位法官受理此案？）

This case will be heard in public / in private session.（本案将公开审理 / 不公开审理。）

【hear 的名词形式 hearing 为可数名词，有时被译作"听证（会）"，也可用于司法程序以外的听证行为。司法程序中的"听证"正式名称为 judicial hearings，用复数，如：The judicial hearings will be held in public.（司法听证会将公开举行。）

hear 只是整个 try 过程的一部分，特别指对当事人及其律师所做的辩护意见的听取、审理、审讯，不包括审判过程中诸如合议、判决等其他阶段，如"审理与判决案件"就应译为 hear and decide a case，"听审"应译为 hearing trial。另如"审讯室"（hearing room）和"审讯日期"（hearing time），均用 hearing 为宜，而"初审"（trial of first instance）和"二审"（trial of second instance）等词语中一般都不可将 trial 换成 hearing，因为 trial 指的是审判的全过程。但日常用法中，hear 与 try 已几乎成为同义词，两者意义常常很难区分，如 public trial 与 be heard in public 都指"公开审判"，try a case 与 hear a case 都指"审理案件"。在"Please give him a fair hearing!"（请给他一次公平的审理！）这样的句子中，说话的人所要求的当然是指整个审判过程的公正，包括审判结果。】

court-martial 作名词用时，指军事法庭（military tribunal），如：He was tried by court-martial and found guilty.（他被军事法庭判决有罪。）但 court-martial 也可指军人犯罪的审判，如：There have been several court-martials this year.（今年已有好几起军人犯罪案件。）它也可作动词用，指"受到军法审判"，如：The officer was court-martialed for deserting his men in the battle.（这位军官因在战场上遗弃他的士兵而受到军法审判。）

inquest 审讯，审问。尤指有陪审团参加的审讯。所以也可指参加审讯的陪审团、法医或验尸团对死亡或埋藏物的调查。只作名词用。

inquisition 审问，讯问；勘验。也指"陪审团的裁决"。尤指宗教法庭的严刑审讯，所以至今还把"刑讯"译为 inquisition by torture。

interrogation 审问，讯问，质问。指严肃地询问（severe questioning），常用于公安侦查预审阶段，如：Under interrogation, she gave the names of her accomplices.（在讯问下，她说出了同犯的名字。）

review and handle 审查处理；审理。是 hear 与 try 的通俗用法，可以用于诉讼或非诉讼场合，如：This problem and this case shall be reviewed and handled as a whole.（这个问题与本案应当一并审查处理。）

order rejection of the appeal or protest 裁定驳回上诉或抗诉。"驳回"不等于拒绝或不受理，而是审理的结果之一，如：He filed an appeal to the court at the next higher level, but his appeal was still rejected.（他向上级法院提出上诉，但仍然被驳回。）这表明上级法院已经审理过他的上诉，但没有接受他的上诉请求。

revise the judgment 改判。是审判的结果之一，指原判只是作了改变，并不撤销。

Rescind the original judgment and remand the case to the court which originally tried it for retrial. 撤销原判，发回重审。

default judgment 缺席裁判。指被告没有依法出庭、法院为了维护原告利益而作出的针对被告的判决，所以也是审判的结果之一。

此外，还有几个与审讯密切关联的词，也必须注意：

plead（在美语中，其过去式和过去分词为 pled）有三种含义：

1. 指律师在法庭上的辩护,抗辩,答辩,请求。是法律术语,如:He needs a good lawyer to plead his case.(他需要一名好律师来为他的案子辩护。)

2. 指律师或代理人向法院"递交或提出申请或辩护意见",如:① We must plead insanity; otherwise he will be convicted and executed.(我们必须提出精神错乱的辩护意见,否则他就有可能被定罪并执行死刑。)② "How do you plead?" the judge asked. ——"Not guilty, my Lord."(法官问道:"你的辩护意见是什么?"——"无罪,法官大人。")

3. 承认(admit),申明(declare),如:① The accused pleads guilty to some charges.(被告人承认一些指控的罪行。)② plead not guilty 申明无罪

【plea 是 plead 的名词形式,指法庭上当事人或者辩护人所作的抗辩、托词、请求、承认等法律陈述,如:

The accused made a plea for aid.(被告人请求援助。)

He did not appear in the court under the plea of headache.(他借口头痛没有出庭。)

The defendant put forward a plea in suspension.(被告请求中止诉讼。)

plea bargaining 认罪求情协议(为控辩双方经法庭批准达成的一种妥协)

plea of guilty 表示认罪;有罪答辩

to enter a plea of not guilty 作不认罪的抗辩;作无罪答辩】

bail 保释金;保人;保释。名词与动词同体。指被法院或者警方拘押的犯罪嫌疑人在开庭前获得保释时所交纳给法院或警方的保证金,如:① He stood bail of $20000 for his friend.(他为朋友交纳了两万美元保释金。)② We need $50000 to bail her out.(我们需要 5 万美元把她保出来。)③ The magistrate refused/granted him bail.(法官

不准许 / 准许他被保释。)

中文里的"审讯"与"审判"常常被错误地混用，还有一些意思矛盾的句子，如"他未经审判就被判了死刑""上级法院驳回了他的上诉，没有审讯。"中文尚且如此，英译就更难掌握了。幸亏还有几个作"审判"解的英语，在一些法律词语中，用法比较固定，未见用 trial 或 hearings 代替的。举例如下：

adjudication 审判。如：The people's courts are responsible for adjudication.（人民法院负责审判。）再如：state adjudicatory organ（国家审批机关），object of adjudication（审判对象）。

judicial 原义为"司法的"，但常常用作"审判的"，如：judicial tribunal（审判庭），judicial right（审批权），judicial official（审判人员），judicial committee（审判委员会），judicial assembly（审判大会）。

juridical 原义"司法上的"，也可指"审判上的"，如：juridical action（审判行为），juridical business（审判事务），juridical expense（审判费用，诉讼费用）。

有加有减，始成方圆

　　法律英语的翻译，重在忠实，不宜随意增减，但有些场合下增字或者减字却是必要的，否则反而有悖于原意。在中译英时，常常会碰到这种情况。比如，我国法律用语中，"消除影响，恢复名誉"是一个常见常用的说法。译成英语时，应将"消除影响"译成"消除坏影响"（eliminate the ill effects）。因为，此处要消除的影响其实是指坏影响。所以应该在 effect 前面加上 ill 这个词，才更符合原义，应译为 elimination of ill effects and rehabilitation of reputation。

　　又如，我国民法通则规定："从事高压作业"造成他人损害的，应当承担民事责任。这里"高压"既包括高气压，也包括高电压，如果只译成 high pressure 就不符原义。因此应该加上 high voltage（高电压），将"从事高压作业"译为 engage in operations involving high pressure and high voltage。

　　此外，我国法律文书上出现的"境外"当然指中国境外，应译成 outside the territory of China，所以，"境外固体废物"也应译成 solid waste from outside of China，加上 China 一词，反而更符合原义。

　　在英译中时，由于中英两种文字的结构不同，也同样需要随时顾及上下文的关系，按照原文的真实含义来做必要的加减，不能就字论字、只求不错不求准确，例如：trade and foreign exchange balancing requirement 如译成"贸易与外汇平衡要求"就可能被误解为"贸易与外汇之间的平衡要求"，而原句的意思是 trade balancing requirement and foreign exchange balancing requirement，只是为了避免重复，将 trade 后面的 balancing requirement 省去罢了。因此翻译时此处应该加词，译成"贸易的平衡要求与外汇的平衡要求"方符合原意。

又如，jurisdictional immunity of foreign head of states 以及 jurisdictional immunity of foreign vessels，如果就字论字，jurisdictional immunity 应该译成"管辖豁免"，但译成中文时，却应该加上"司法"两字，译作"外国国家元首的司法管辖豁免"和"外国国家船舶的司法管辖豁免"才更符合原意。

同样的道理，有时原文的文字有重复，翻译时就应将重复的词减掉，不必逢字必译。例如"产权清晰，权责明确，政企分开，管理科学"这一套语中，"清晰"与"明确"是一个意思，"产权"与"权责"的意义也有重复。译成英语时就不必讲究中文里的四平八稳，而应将其中意义重复的词减去，译为：clear definition of property rights and responsibilities, a separation of government from enterprises, and scientific management.

同一含义的法律词语，由于中英文化不同，表述的方式也会发生差异。我国法律中，一个人在经济上支持其亲属的生活，用语颇为讲究。支持其配偶的称为"扶养"，支持其父母等尊亲属的称为"赡养"，支持其子女等卑亲属的称为"抚养"。这反映了中国的古老文化对法律词语的深远影响。如我国婚姻法规定："父母对子女有抚养教育的义务；子女对父母有赡养扶助的义务。父母不履行抚养义务时，未成年的或不能独立生活的子女，有要求父母付给抚养费的权利。子女不履行赡养义务时，无劳动能力的或生活困难的父母，有要求子女付给赡养费的权利。禁止溺婴、弃婴和其他残害婴儿的行为。"这里面的"抚养""赡养"，在译成英语时一律都用 support 这个词来表达，无法体现出中文那种细腻的人文色彩。但在英译中时，我们就应根据不同情况采用具有中文特色的词语适当表达，如：duty to support children 应译为"抚养子女的责任"，duty to support parents 应译为"赡养父母的义务"，husband and wife shall have the duty to support each other 应译为"夫妻有互相扶养的义务"。

为了符合汉语中的习惯用法，对有些句子，在有把握的情况下，还可以撇开原句的词义进行改译，如：the present incumbent of the White House 逐字直译的话是"白宫的现在任职者"，反而不如译成"现任美国总统"，既简单又明确；areas for non-state-operated investment 如果直译成"非国家投资领域"，也不如译成"民间投资领域"顺口、明了。不过这种"意译"与"直译"的争论，孰是孰非，至今还没有定论。（请另见本书"法律英语中的直译与意译"一文。）法律英语毕竟是意义严谨、缜密的文体。"意译"不可不用，但绝不宜多用，更不可滥用。

不都是恶棍

提起恶棍、坏蛋,一般都会想起 rascal、devil、demon、hooligan、hoodlum、gangster、miscreant、scoundrel、villain、wrongdoer、scapegrace 等一大串名词。其实它们并非都是我们要指的恶棍或坏蛋。它们中间有许多细微但又不可忽视的区别,值得我们在使用时仔细掂量。

rascal 指"不诚实的人"(a dishonest person)。在幽默的口气里,常指玩小聪明、搞点恶作剧的人,也许算不上真正的恶棍,如:You little rascal! Where have you hidden my bike?(你这个小坏蛋,把我的自行车藏到哪里去了?)

devil 原指魔王撒旦(Satan),泛指恶棍、恶人,如:That devil will do everything he can to injure you.(那个坏蛋会想尽办法伤害你。)但在日常用语里,它常常被赋予一种亲昵的味道,相当于汉语里的"家伙"或"淘气包"之类的意思,如:① He lost the action, the poor devil.(他败诉了,可怜的家伙。)② My son is exactly a little devil.(我儿子是个十足的小淘气。)有时它也指"精力旺盛的人",甚至用作鼓励的话,如:① He is a devil with ladies.(他追女人不要命。)② Be a devil, tell me the truth.(不用怕,把真相告诉我。)大律师或作家的助手也称 devil,因此 devil 作动词用时还有代人受过的意思。to devil for someone 就指"代他人受折磨",这里已经一点恶棍的气味也没有了。与 devil 几乎同义的 demon 也是如此,a demon for work 就指"工作狂"或工作起来精力过人的人。

hooligan 指"吵吵闹闹、粗鲁、斗殴、破坏公共秩序、损坏公物的流氓、阿飞",如足球流氓等。他们当中,有的是社会上的体面人，本质上不属于恶棍。

hoodlum 指"暴徒"（violent criminal），为非作歹的歹徒。

gangster 指"成群结队的歹徒、匪徒"，尤指持有凶器行凶杀人的盗匪，如：描写盗匪的影片即 gangster film。

miscreant 指"品质与行为都很坏、遭人痛恨的人"，是对恶棍、歹徒的古老表达。

scoundrel 指"坏人"，尤指自私自利、没有良心的无赖、坏蛋，如：What a scoundrel, to go away and leave his wife and two children!（这个没良心的人，竟然丢下妻子和两个孩子跑了！）

villain 指"恶棍，歹徒，坏蛋"，在警方用语中常指 criminal（罪犯），如：The police have caught the villains.（警方已经抓住了罪犯。）戏剧、小说中的反面人物也称 villain，但在口语中，它也常常用于开玩笑或表示亲昵的责备，相当于"淘气包，小坏蛋"，可用于人或动物，如：Stop eating all these sweets, you young villain!（别吃这些糖果了，你这小坏蛋！）

wrongdoer 指"做坏事的人"，包括做违法或不道德的事的人。他们或许还够不上恶棍、坏蛋。

几种不同的"驳回"

dismiss 通常指"解雇,开除",如:He was dismissed for being late.(他因迟到被解雇了。)在法律用语中常被译作"驳回",如:

to dismiss an appeal 驳回上诉

to dismiss the charge 驳回控告

The case was dismissed. 此案被驳回了。

The justices dismissed all the charges against Mr. Smith out of hand. 法官立即驳回了对史密斯先生的全部指控。

但 to dismiss an accused 不是"驳回一个被告(的申诉)",而是指"宣告一个被告无罪"。为什么翻译上的反差会这么大?原因就出在中英文字含义的差别上。

dismiss 的原义是 to refuse to accept(拒绝接受)或 "to reject a case, an action or an appeal in a law court"(驳回诉讼)。从法律上说,"驳回"本身就是审理的结果。"驳回"并不完全等于"不接受",所以"驳回"并不能全面反映 dismiss 的含义。to dismiss an accused 是指"不接受此人作为被告",亦即 to dismiss all charges against the accused(驳回对被告的一切指控)。

reject 与 dismiss 基本同义,如:

The higher court has rejected/dismissed her appeal. 上级法院已经驳回她的上诉。

所不同的是,reject 有"拒绝""不接受"(refuse)的意思。下面的句子中的 reject 就显然不能用 dismiss 替代:

He tried to join the army but was rejected. 他想参军,但被拒绝了。

I decided to reject the offer of a position. 我决定拒绝接受入职邀请。

overrule 也可译为"驳回",如:

The court overruled his unreasonable claim. 法院驳回了他的无理要求。

但 overrule 的主要意思是上级机关"否决""驳回"某既成的决定,含有"废弃""不准""宣布无效"的意思。下面的句子中的 overrule 就不能用 dismiss 来替换:

The higher authority overruled his claim and objection. 上级机关不批准他的要求和异议。

The judge overruled the previous decision. 法官宣布以前的决定无效。

All is as God overrule. 一切均如上帝所决定。

"当事人"的英译问题

诉讼程序中的"当事人"是指民事上的权利义务诉讼程序的主体,即发生纠纷时有权进行诉讼,并受法院裁判拘束的利害关系人,可以是自然人,也可以是法人。当事人有广义与狭义之分。后者仅指原告与被告,前者则包括共同诉讼人、有独立请求权的第三人。民事诉讼的当事人在不同阶段有不同称谓:适用第一审程序的,称原告、被告;适用第二审程序的,称上诉人、被上诉人;在诉讼监督程序或者仲裁案件中,常称申诉人、被申诉人;在执行程序中,称申请执行人、被执行人。在这个意义上的一方当事人,一般均可译为 party, 如:"附带民事诉讼的当事人"(a party in an incidental civil action),"违反合同的一方(当事人)"(the party in breach),"有过错的一方(当事人)"(the party at fault),"外国籍的当事人"(a party of foreign nationality),"参与诉讼的当事人"(parties to the court proceedings)。

我国律师界通常把案件的诉讼委托人也称为当事人。这个意义上的当事人实际上是指委托律师或会计师办理案件或代理诉讼的客户,它的用法与诉讼中的当事人完全不同,不应译作 party,而应译作 client 或 client concerned。在英语中,client 的正确含义应是"客户;委托人;被代理人;诉讼委托人"。它既可指律师或会计师的当事人,也可指医生的病人、商店的顾客。这一区别在英语中是分得很清楚的,比如,一个律师说"我的当事人是这一合同的当事人",句中前后两个"当事人"的译法就完全不同,应译成: My client is a party to this contract. 试比较下面两句中"当事人"的不同译法:

The lawyer paid the fine on behalf of his client.(律师代表他的当事

人付了罚金。）这里的"当事人"是指律师自己的诉讼委托人，所以应用 client。

The lawyer paid the fine on behalf of the party to the agreement.（律师代表协议的一方当事人付了罚金。）这里的"协议的一方当事人"是指诉讼的一方，所以此处"当事人"如果仍用 client 就错了，应该用 party。

刑事案件的被告人是否可以称为"当事人"？英语里的 client 与 party 是否也适用于刑事案件的被告人？商务印书馆《现代汉语词典》的"当事人"条只把刑事案件中的自诉案件的自诉人和被告人列为"当事人"，没有把其他刑事案件的起诉人与被告人列入"当事人"，这是符合当前法律实践的。必须补充一句的是，对于律师来说，凡是前来委托诉讼以及咨询的人，都是他或她的当事人，没有刑、民之分。所以在法庭上律师把刑事案件的委托人称为自己的当事人或 my client 应该没有问题（尽管一般都称之为"被告人"或 the accused）。

一般认为 client 虽有"客户"的意思，但商店或企业的"顾客"应用 clientele，不用 client；而律师、会计师等专业人员的客户，不用 clientele。其实这两个词的用法只是各有偏重而已，并非如此泾渭分明。律师等的委托人也可称为 clientele，所不同的是 client 是可数名词，而 clientele 是集合名词，不可加 -s，如：① My clientele has always favored quality rather than quantity.（我的顾客们一贯讲究质量而不是数量。）② We try to give our clients complete satisfaction.（我们打算使我们的顾客完全满意。）

汉语里的"当事者""事主"与"当事人"虽然都指"与事物有直接关系的人"，但法律用语里两者并不通用。英语里也是如此，"当事者"与"事主"，通常以译为 person 与 party concerned 为宜。

何为 legal memory

　　legal memory 一般被译为"法律追忆期",或"法律可以追溯的时期"。在英格兰法中 legal memory 指法律上设定应该记事的时间,以 1189 年为界限(time when things are supposed to be remembered in law, taken to be 1189)。此前均属 time immemorial,中译为"无法追忆年代",又称"太古年代"。

　　1189 年,对于英国来说,正是诺曼王朝末期,金雀花王朝(Plantagenet)之前的年代,亦即英国历史上领导第三次十字军东征的国王、被称为狮心王的理查一世(Richard I)即位的那一年。它比 1620 年英国清教徒乘五月花号船到美洲开辟殖民地还早 431 年,当然可以算得上是 time immemorial 了。但对中国人来说,1189 年正好是南宋淳熙末年,宋光宗赵惇登基的前一年。

　　大家知道,南宋绍兴十一年,即 1142 年,我国历史名将岳飞被奸臣秦桧杀害。这件事比英王理查一世登基的事还早 47 年。难道连秦桧杀害岳飞这样如在眼前的事也算是发生在无法记忆的年代?实在有点儿不可思议。所以,在法律词语中把 time immemorial 译为"太古年代"或"无法追忆的年代"都是不够准确的。作为法律追溯期的一个界限,它应该译为"法律不能追溯的年代"。

　　英国 1276 年颁布法律,对法律可以追溯的年代人为地规定了一个限制,将英王理查一世登基的 1189 年定为法律能够追溯的最早一年。超过这一年,法律即不能追溯。然而,legal memory 这个法律术语的翻译现在看来有点乱。例如,中国有一本英汉法律词典说,法律可以追溯的时期"是由查理一世即位时算起"。英王 Charles I 中文里传统上译为"查理一世",他即位于 1625 年,1649

年被斩首,是英国资产阶级革命中唯一被议会宣判死刑的英国君主。如从他即位的 1625 年算起,与 1189 年相差 436 年。这显然是把"查理一世"与"理查一世"混为一谈了。

如果说这仅仅是译名错误造成的话,那么,以下的差异肯定会使你不得不正襟危坐。《美国传统词典》对 legal memory 有一条明确的解释。它在此条中说:*Law* The period of time required for certain customs to attain legal significance. In British common law and in most states of the United States, about 20 years, also called "legal memory."(在法律上指某些风俗习惯获得法律意义所需的时间期限,在英国普通法与美国大部分的州,约为 20 年,又称"法律追忆期"。)现行法律中的取得时效和消失时效的概念都与这个 legal memory 有关。中国民法通则也规定:"诉讼时效期间从知道或者应当知道权利被侵害时起计算。但是,从权利被侵害之日起超过 20 年的不予保护。"

可是,这个追溯时效与上面所说的 legal memory 的含义迥然不同,两者的时间竟然相差 1169 年。例如:Prostitution has existed from before the time of legal memory.(卖淫业从法律追忆期之前就已一直存在。)这一句中的 legal memory 如按《美国传统词典》解释,就成为"卖淫业从大约 20 年前就已一直存在",这岂不成为笑话?

为什么一个普普通通的法律用语的中文翻译会出现如此大的差距呢?原来这与中国传统上是一个崇尚大陆法系的国家有关。它反映出我们对英美法的隔阂与生疏。把 1189 年以前规定为 time immemorial 是英国法学家在 1275 年作出的决定,并未被大陆法系所接受。此前,time immemorial 只是 time out of mind 的同义语,指 the distant past beyond memory(无法追忆的遥远过去),与法律追溯力没有法律上的直接联系。到了 1275 年,英国《威斯敏斯特第一条例》(*Statute of Westminster I*)规定了 1189 年为法律追溯期的起始年。但是到了 1832 年,英美法学家们又放弃了在法律上确定一个日子作为法律追忆期开始期的做法,转而规定凡是享有满20年(或违法享有已满30年)的权利,均不受追诉。为避免误解,前面的句子最好改为:Prostitution has existed from the time immemorial.(卖淫业从法律不能追溯的年代就已存在。)

house、chamber、home 异同谈

在法律英语中，house 与 chamber 都指人住的地方，虽然大小不同，有时几乎是同义的，比如：在英国，the Upper Chamber 与 the House of Lords 都指"上议院"，the Lower Chamber 与 the House of Commons 都指下议院；法国等国的"众议院"或"下议院"，也称 Chamber of Deputies；美国弗吉尼亚、西弗吉尼亚以及马里兰等州的下院称 House of Delegates；日本的"参议院"则译作 House of Councilors。然而，有时这两个词的含义迥然不同，如 death house 指的是"死囚行刑前的监房"，相当于 death cell，而 death chamber 指的是"死囚的行刑室"，指的是处决囚犯的地方。

在法律英语里，chamber 其实具有非常特殊的含义。它常指"法官办公室""出庭律师办公室""国库"，甚至可指"立法机关"。这是 house 与 home 所没有的意义，如：

chamber business 办公室事务，指法官不必在法庭上处理，而可以在办公室或其他场合处理的事务。

chamber clerks 法官书记官，即法官个人的书记官。在英国，高等法院或上诉法院的法官以及高等法院庭长、皇家首席大法官（Lord Chief Justice）等都有个人书记官，他们不属于法院书记官，与秘书类似。

chamber counsel/barrister 只提供法律咨询和建议而不出庭的律师；顾问律师

chamber of commerce arbitration court 商会仲裁庭

chambers decision 在法官办公室作出的裁决。指不需在法庭公开审理，由法官在办公室里通过听审等程序作出的决定。

chambers judgment 在法官办公室作出的判决。指由法官在其办公室里举行听审程序作出的判决。

chambers order 在法官办公室作出的裁定。

senate chamber 参议院会议厅

home 在英国指"家",不论房子大小,只要有人住着,都可以称为 home；如果没有人住着,便不叫做 home,而是称为 house(住宅)。但在美国,home 常常也指"住宅",比如：build homes 在美语中是指"建造住宅"；在英国,只能说 build houses。同样,美语中 buy a home 是指"买了一幢房子",在英国只能说 buy a house。因为家庭是人的组合,是无法建造或者买卖的。所以,当一个美国人说 "I have a beautiful home." 时,千万不要以为他指的是美满的家庭,他是说有一幢美丽的房子。如《纽约时报》2008 年 12 月一篇报道中国的文章中说：Some 15 million families own private cars, and many Chinese also own their own homes. 这是说中国已有 1500 万人拥有私家车,许多人还有了自己的"房子",这里的 homes 自然不可理解为"家庭"。但奇怪的是,称"某某人的家"时,在美国倒常用 home 来表示,如 the Smith home(史密斯先生家)、the Harold home(哈罗德先生家)；在英国反而不用 home 来表示,而用 the Smith's 与 the Harold's。

由于美国人将 home 作"住宅"解,因此美语里常用 home 这个词来指房屋。常见的相关词语有：

home loan bank 住宅贷款银行

home loan 住宅抵押贷款

home loss payment 住宅损失赔偿金

home occupation 住宅占用

home owners policy 房屋业主保险单

Federal Home Loan Bank Board(美国)联邦住宅贷款银行委员会

Home Owners Loan Act（美国）《房主信贷法》

Home Owners Warranty Corporation（美国）房主担保公司

homeowners association（房屋）业主协会

但不论英美，home 常指"国内的，内部的"，house 没有这个意义，如：

Home Office（英国）内政部，内务部

Home Secretary（英国）内政大臣

home factor 本国／本地代理商

在合成词中，house 仅指房子的建筑物，有点儿冷冰冰的，比如：court house（法院）、warehouse（仓库）、custom(s) house（海关）、storehouse（仓库）、workhouse（收容所）、house of detention（看守所）、house of correction（教养院，监狱）。而 home 常常带有一点温情的味道，比如：detention house 是"拘留所"，而 detention home 却是指"少年感化院""少年管教所"。此外，诸如 hometown（家乡）、homeland（祖国）、homemade（家里制作的或本国制作的）、home-brewed（家里酿的）、homespun（家里纺织的）、homesick（乡愁）、home affairs（国内事务）、home product（国内产品）、maternity home（妇产医院）、infant home（育婴堂）、home place（家乡）等词组都带有一缕温馨的乡情，这里的 home 是绝对不能被 house 所取代的，不论英美。

house 与 home 的这种区别，有时不易区分，可以说是你中有我，我中有你，很难截然分开。归根到底，还是要多读多留心。

一个简单而又难用的词

在法律英语中，law 可以说是用得最多的词了，可是它绝非一个容易用的名词。它是可数名词吗？它能与不定冠词连用吗？它能与定冠词连用吗？一个严谨的译者下笔时都不免会产生这些问题。长期以来，许多语言学者都曾尝试着从中理出规律来，如葛传椝先生在《英语惯用法词典》的 law 词条中就曾指出，Chinese law、Roman law、commercial law、international law 等词语前没有 the；说某国或某时的法律，law 前面该有 the（例如：This is forbidden by the law. 这是法律所禁止的。）；说"法律学"，law 前面有时有 the，有时没有 the；说"律师界"，law 前面通常有 the。此外，他没有提出其他建议。

张道真教授在《现代英语用法词典》中认为，law 作法律通称或作为整体法律时，是不可数名词，多加定冠词，例如：① The law forbids stealing.（法律禁止偷窃。）② The police must enforce the law.（警察必须执行法律。）作为学科或指某类法律时常不加冠词，例如：① He is an expert in company law.（他是公司法专家。）② My brother is studying law.（我的弟弟在读法律。）

law 作可数名词时指一条法律，例如：① There ought to be a law against such things.（应该有一条法律来禁止这种事情发生。）② You are supposed to know the laws of your own country.（你总该知道你自己国家的法律。）但他也指出，表示"法律"有时也可不加定冠词，例如：By law a general election had to be held no later than October.（根据法律，大选不得迟于 10 月。）

《牛津英汉双解商务英语词典》认为 law 作具体的法、法规、法律解时，可以与不定冠词连用，有复数，如：A new law concerning the rights of employers came into force today.（一项有关雇主权利的新规定今日生效。）但作整体的法律、法规解时，law 不与不定冠词连用，无复数，如：The case is on trial in a court of law.（本案在法院审理中。）law 作为法律专业、法学解时，也不与不定冠词连用，如：He practiced law in London for a number of years.（他在伦敦从事法律工作若干年。）

　　语言学家的这些分析与归纳的确是煞费苦心的，使我们大致上有个取舍方向。但是，什么是"整体的法律"，什么是"具体的法律"？什么情况下 law 是可数名词，什么情况下 law 是不可数名词？这些界限实在太难区分了，例如：good citizens obey the laws 与 good citizens should abide by the law 都是指"好公民应该守法"，你能说 obey the laws 中的 laws 是指具体的法律，而 abide by the law 就是指整体的法律吗？又如：① Does the law allow me to do this?（法律允许我做这件事吗？）② When a Bill is passed by Parliament and signed by the Sovereign, it becomes a law.（当一项法案由国会通过并经国王签署，即成为法律。）③ He is an attorney at law.（他是法律代理人/律师。）第一句用 the law，第二句中用 a law，第三句的 law 前面却什么冠词也不能用。这里面，哪个是指具体的法律，哪个是指整体的法律，谁能分得清楚？特别如：have the law on sb 与 go to law against sb 都指"与某人打官司""对某人提起诉讼"，可是第一句必须用 the law，第二句只能用 law。这里面几乎没有什么道理可讲。

　　反观《美国传统词典》以及《韦氏新大学词典》（第9版）中的 law 词条，只有一大批具体的用法和例句，根本没有提到什么情况下应与不定冠词连用，什么情况下应与 the 连用等分析与归纳。它倒启发了我们，只有多读多看，慢慢培养出一种"语感"，才能知道什么地方多了什么，什么地方少了什么，什么地方应用不定冠词，什么地方应用定冠词。正如中文里，"一头牛"是地道的，而"一头马"就不能认为是地道的用法,约定俗成的事物从来如此。记得我年轻念书时,英语老师功底很深,我们写的英语作文,自以为写得循规蹈矩了,但到了他手里,总能改出这里多了冠词,那里少了冠词。问他为什么,他也说不出道理来。可是一查词典,他总是对的,这就是语感。只有得到这种语感,你的英语才算真正学到手。

law 及其近义词

众所周知，law 是规范人的行为或程序的规则（a principle governing action or procedure），但英语中具有这种规范效力的同义或近义词还有 rule、regulation、precept、statute、code、ordinance、order、canon 等。它们与 law 的用法与含义究竟有什么差异？

law 法律、法规、法令。它是体现国家意志，规范人们和组织活动的规则的总称，既包括成文法，也包括不成文法。通常认为，经过国会、议会通过，并经一国元首签署同意的才称为 law。实际上，只要经过国会等权力机关通过，尽管被总统否决（which has been passed by Congress over the President's veto），有时也称为 law。它可用作可数名词，例如：a law has to be passed by Parliament（法律必须由议会通过），conflict of laws（法律冲突）。它也可用作不可数名词，例如：children not admitted by law（根据法律，儿童不得入内），case law（案例法），civil law（民法），rule of law（法治），martial law（戒严法）。

rule 规则、规章、条例、规定。它用于更加具体的有限场合，范围比 law 小，例如：the rules of game（游戏规则），majority rule（多数裁定原则），rules and regulations（规章制度），Non-Contentious Probate Rules（《无争议遗嘱认证规则》）。

regulation 指管理，例如：the regulation of trading practices（对贸易的管制）。但其复数形式 regulations 却指法规、规章、制度，常用于当局为了管理一个组织或系统所作的指示或规定（prescription by authority in order to control an organization or system），例如：fire regulations（消防规章）。

precept 本指指导行为的格言、箴言（something advisory and not obligatory communicated typically through teaching），例如：Example is better than precept.（身教重于言教。）在法律英语中，它常作"命令""指令""令状"解，例如：precept of attachment（扣押令）。

　　statute 则专指立法机构通过的制定法与成文法（established written law or a law enacted by a legislative body），例如：statute book（法律全书），statute of limitation（时效法），statute of wills（遗嘱法）。而 order book 却指"订货簿"或英国议会的"议事登记簿"。

　　code 法典。指比较完备、系统的某一类法律的总称，例如：civil law 仅指民法，而 civil code 就指经过系统整理的"民法典"。诸如 penal code（刑法典）、code of criminal procedure（刑事诉讼法典）、Code Napoleon（拿破仑法典），都具有这种含义。

　　ordinance 法令、法规、条例、指令、政令。常指政府的特殊政令（special decree or order given by a ruler of governing body）。它只在一定范围内有效，几乎与 order 同义，有些英英词典就用 an order given by a ruler or governing body 作为解释，例如：the ordinance of the City Council（市议会的法令），Conveyance and Property Ordinance（物业转让与物业条例），Housing Ordinance（住房条例），Wills Ordinance（遗嘱条例），martial law（戒严令）。在美国英语中，ordinance 与 municipal law（国内法）同义，不过，法院的裁定通常都称 order。rule 也常常被译作"条例""规则"，例如：rule adjudication（审判规则），rule of court（法庭规则），rule of debate（辩论规则），company rules（公司工作规则）。这就产生一个疑问，rule 与 ordinance 究竟哪个范围大？这很难定出一条明确的标准。笔者认为，在这个意义上说，rule 着重在包括成文与不成文的"规则"，范围似比 ordinance 要广一些。ordinance 则主要指成文的"条例"，例如：rule of law 就指"法律原则""法治"或"法律规则"，其含义的范围就比 ordinance 大多了。

canon 原指基督教或天主教的教规。在非宗教的世俗用法中（in non-religious use），常指判断行为是非的总的规则、标准或原则，例如：This film offends against all the canons of good taste.（这部影片违反了一切审美准则。）canon law 则专指"教会法规"，而不是标准法。

除此以外，还有两个与 law 关系密切却极易被误用的词：act 与 bill。它们在一般英汉词典里都被译成"法案"。其实，bill 只是提供立法机关审议，未经合法通过，尚未发生法律效力的一种建议、草案（draft of a new law which will be discussed in Parliament），例如：bill of budget（预算案），Noise Prevention Bill（噪音防止法案）。所以，bill 的中文对义词一般以译为"提案"或"草案"更为明确。一旦 bill 经过立法机关完成所有立法程序并被国家元首批准生效之后，就成为 act（法案），与 statute（成文法）同义，成为 law 的一部分，例如：public acts 是英国"公知法"[1]的总称，而 public bill 是指有关公益的议案；private acts 是"非公知法"的总称，而 private bill 是指影响某一特定人群利益的议案。尽管如此，英美人对于一些著名法案，常有沿用最初提出的名称而使得 bill 与 act 看似完全同义的现象，如英国的《权利法案》早在 1689 年就已生效，美国的《人权法案》也早在 1791 年生效，但习惯上英美人至今仍更多地把它们称为 The Bill of Rights。

---

1. 指当事人无需对其效力进行辩护或举证的议会制定法。

多用途的 serve

在法律英语中，serve 是最为常见的多义词之一。它是及物动词，也是不及物动词，基本含义有服务、服役、服刑、送达、递交、适用等，用途之广，堪属罕见。搞翻译的人都知道，词义越广的词越难对付，稍不留心就会张冠李戴，闹出错译，比如：把 to serve a sentence 译成"送达判决"好像没错，其实它是"服刑"的误译，to serve a written judgment 才是"送达判决"。又如：He served three years in the local jail. 这句话是指"他在地方监狱服刑三年"还是"他在地方监狱服务过三年"（比如当监狱长）？这就完全要看上下文来决定了。

作为法律英语，serve 的用法至少有四点值得注意：

1. 作"服务""服役""担任"解时，可以是及物动词，也可是不及物动词，它的基本含义是 to work faithfully for 和 to do a useful job for、to do a duty、to have an office，指的都是体面、正当的职务，因此，可以说：

to serve one's country（为国尽力）

to serve articles（在当学徒，在见习）

to serve on a jury（担任陪审员）

to serve as a witness/defender（担任证人/辩护人）

这种职务不分高低、大小，也没有贵贱之分，只要是正当的职务，都可适用，如：

As a president, he served ten years in the Congress.（他在国会担任过 10 年主席。）

The old housemaid has served the same family faithfully more than 10 years.（这位老保姆已经为同一家雇主忠实工作了十多年。）

　　除非有意调侃、讽刺，serve as 一般不宜用于不齿于人的行当，如"当小偷"和"当诈骗犯"就不宜译成 to serve as a thief 和 to serve as an defrauder（应该把 to serve as 改成 to be）。不过，serve as 亦可译作"作为""权作"，这种情况下，用于职务以外的任何事务都是合适的。

　　2. 在法律英语中，serve 常作"服（刑）"解，原义是"to spend a period of time for a crime; to be in prison"，如：

　　　　to serve a sentence（服刑）

　　　　to serve a term in prison for fraud（因诈骗罪服有期徒刑）

　　　　to serve admonitions（受警告处分）

　　　　to serve a sentence on bail（保外执行）

　　由此可见，serve 究竟应作"服务"还是"服刑"或"服役"，主要取决于上下文或者句子中的其他词汇。比如前文例句"He served three years in the local jail."，由于句中有 local jail，在没有上下文的情况下，一般应该译为：他在地方监狱服刑三年。如果该句改为"He has served this county for three years."，全句就译成：他在本县服务过三年。

　　3. 作"送达"解时，专指法院对当事人的正式送达。这种送达有一定法律程序，具有重要法律意义，绝不可轻易换成 send 之类的其他词语。但 serve 并非只用于法院的正式送达，一般人相互之间比较正式的"发送"、当事人向法院的"递交""呈交"，甚至体育运动的"发球"等也可用它表示，如：

　　　　to serve a written judgment on sb / to serve sb with a written judgment（给某人送达判决书）

　　　　to serve a summons/subpoena on sb（向某人送达传票）

　　　　to serve a process on sb（对某人发出传票）

　　　　to serve notice on sb（给某人发正式通知）

to serve one's defence（向法院递交答辩状）

The summons was served by a bailiff.（传票已由法警送达。）

If the private prosecutor, having been served twice with a summons according to law, refuses to appear in court without justifiable reasons, the case may be considered withdrawn by him.（自诉人经两次合法传唤，无正当理由拒不到庭的，按撤诉处理。）

有时 serve 还可作"发球"的名词用，如：

Whose serve is it?（该谁发球了？）

The tennis player repeated with a wicked serve.（网球手频频使用刁钻的发球。）

4. 作"适用""适合"解时，"It serves one right." 被译成"活该""罪有应得"，几乎已成为习语。其实在这样的句子中，it 是指各种 misfortune，其中一般虽指"不幸""灾祸""厄运"，有时仅指生活小事中的失误或出洋相，属于熟人之间的戏语。翻译时，应取其意，不用其词。用字的轻重应根据上下文来决定，如：

He was a murderer. The capital punishment served him right.（他是杀人犯，死刑是他罪有应得。）

She failed her exam: it served her right, because she had not studied hard.（她没考过，因为她没有用功学习，怪不得别人。）

This serves to show how foolish you have been.（这足以说明你有多蠢。）

上下文是决定译文的依据

英语中有不少多义词,还有不少模棱两可的词。遇到这类词时,其意义常常取决于上下文(context),如 new issue 指"新发行的股票",也指"新议题"。to raise a new issue 是"提出新议题"还是"提出新发行的股票"? 这就要看上下文来决定。又如:original title 可指"原来的书名",也可以指"原来的产权""原本的房地契"; original offer 可指"原要约""原报价",也可指"原来的企图"; fixed charges 既可指"固定支出""固定费用",也可指"固定的担保"; kinship 指"血缘关系""亲属关系",同时也指"深切的同情""相似的性格"。对这些多义词,如何选择最确当的中文对应词,就要结合上下文一并考虑。

在"He claims kinship with her."这一句有 claims 这个词,所以应译为"他声称与她有血缘关系。"。而在"We felt a kinship even after meeting only once."这一句里,有了 felt 这个词,血缘关系是不可能 felt 的,所以这句话不宜译作"仅仅会面一次,我们就感到有血缘关系。",而应译作"仅仅见了一次面,我们就一见如故了。"。

再如:provision 既可作"供应"解,又可作"规定"解,当遇到 provision of value of the quota made available,究竟应译为"可获得的关税配额数量的供应",还是译为"可获得的关税配额数量的规定",就要看上下文来决定了。

又如:at a loss 可以作"吃亏"解也可以作"困惑"解,如"He sold his car at a loss."固然可译成"他亏本出售了车子。",但在"The defendant's statement left the plaintiff at a loss."中,由于前面有了一个 left,这句话就不能译成"被告的陈述使原告吃亏了。",而应译为"被告的陈述使原告不知所措。"。

有时，一个词本身就有几种解释，用起来就更要小心，如 remit 可作"赦免""取消""汇寄""提交""缓和"等许多种意义，to remit a fee/cheque/payment 常被译为"汇寄费用／支票／款项"，to remit a debt/payment/penalty 常被译作"免除债务／费用／处罚"。当你遇到"Your fees cannot be remitted."这样的句子时，究竟应该译成"你的费用不能免除。"还是"你的费用不能汇寄。"？"The taxes have been remitted."究竟应该译成"税款已经免除。"还是"税款已经汇上。"？这里面几乎没有文字本身的含义可资区别，只有依据上下文来进行判断。

汉语是表达能力很强的文字，有时，即使是同一个词，同一个含义，也需采用不同的词语来表达，方显确当。比如：同一个 rescue，to rescue a sold woman 应译为"解救被卖的妇女"，而 to rescue the criminal under escort 则应译为"劫夺押解途中的囚犯"；同一个 resell，to resell goods 只须译作"再销售货物"或者"转卖货物"，而 to resell the cultural relics the sale of which is prohibited by the state 就应译为"倒卖国家禁止出售的文物"。

大家知道，Wall Street 是指纽约华尔街，"He is living on Wall Street in New York."一句应译为"他住在纽约华尔街。"，而"Shares prices fell on Wall Street today."与"Wall Street responded quickly to the news."中 Wall Street 分别表示纽约证券交易所（the New York Stock Exchange）和纽约金融机构（the financial institutions of New York collectively），两句应分别译为"今天纽约证券交易所股价下跌。"与"纽约金融机构对这一消息迅速回应。"。

再如：同一个 retirement，在 retirement allowance（退职补助金）、retirement benefit（退休金）、take early retirement（提前退休）等搭配中都作"退休""退职"解，但 retirement of debts 却译作"债务清偿"，retirement of documents 译作"赎单"，retirement period 译作"回收／

赎期"。有许多译文，字字都没有译错，人们读了，却总有不知所云的感觉，这多半是缺乏上下文全面贯穿之故。

"破坏"的译法何其多

"破坏"这个词，在法律词语中用得很多。我国刑法中，提到"破坏"两字的就有 19 处。汉语里的"破坏"含义很广，它着重的是破坏的行为，小到破坏一个界碑，大到破坏世界和平，用的都是同一个"破坏"。可是英语里的"破坏"着重的是破坏的对象，译法竟有十几种，其中最为常见的就有 undermine、sabotage、disrupt、impair、damage、destroy、wreck、violate、break、breach、infringe，例如：

破坏国家统一 to undermine unity of the country

破坏国家法律、行政法规的实施 to undermine the implementation of the laws and administrative rules

破坏监管秩序 to undermine the supervising and administering order

破坏交通工具 to sabotage any means of transport

破坏生产经营 to sabotage production and business operation

破坏广播电视设施、公用电信设施 to sabotage any broadcasting, television and public telecommunication facility

破坏公私财产 to sabotage public or private property

破坏火车、汽车、电车、船只、航空器 to sabotage a train, motor vehicle, train, ship or aircraft

破坏公共秩序 to disrupt public order

破坏金融管理秩序 to disrupt the order of financial administration

破坏依法举行的集会、游行、示威 to disrupt an assembly, a procession or a demonstration held in compliance with law

破坏环境资源保护 to impair the protection of environment and

resources

破坏国家边境的界碑、界桩、永久性标志 to damage the boundary tablets, boundary markers or permanent survey indicators along the national border

造成文物的严重破坏 to cause serious damage to relics

为什么同是一个"破坏",中文和英文的翻译却有如此大的差异?原来中文里的"破坏"含义比较笼统,英文里的"破坏"却分得比较细。这种差异从英英词典中就可以看得很清楚,如:undermine 有 "make a hollow or tunnel under; weaken at the base, removing support"(从下面掘洞或挖地道,削弱其基础,使失去支持)的意思,像"破坏国家统一、破坏国际和平与安全"(undermine international peace and security)之类的"破坏"当然以用 undermine 为宜了;而 sabotage 专指 "willful damaging of machinery, materials" 或 "secretly damage, destroy or spoil sth"(故意损坏机器、原料等具体的东西或者阴谋破坏某事物),所以破坏工厂、矿场之类具体的财物用它是适当的,"破坏分子"亦常译为 saboteur;至于 disrupt 是指 bring or throw into disorder(扰乱),所以破坏管理秩序、破坏治安之类,非它莫属;impair 则指 "spoil or weaken, make sth useless"(削弱或损害事物的作用);damage 是指 harm or injury that causes loss of value(损害、损毁,使之丧失原有价值)。所以破坏界碑要用 damage,而破坏环境资源以用 impair 为妥;breach 是指 "an act of breaking, not fulfilling a law, promise, custom etc."(破坏、违反或不执行法律义务、许诺、风俗习惯的行为),所以"破坏协议""破坏合同"等以译为 breach of an agreement、breach of the contract 为宜。

此外,中文里常把侵犯与破坏混在一起,如:infringe 的主要意思是指 to go against or take over the right of another(侵犯或夺取他人的权利),violate 是指 to disregard or act against sth solemnly promised(无视或侵犯庄严承诺过的东西)。所以,"我们的国家主权和领土

完整不容破坏"可以译为 the sovereignty and territorial integrity of our country must not be infringed。"破坏规章制度"常被译成 violate rules and regulation。至于我们常见常用的 destroy，由于原义有 ruin（毁灭）的意思，一般只用于 crimes of destroying criminal evidence（毁灭罪证罪）之类，译为"破坏"的反而较为少见。

不过，英语里的这种区分，界限并非十分分明，含义也难免有重叠，如"破坏国际和平与安全"，笔者就看到过 disrupt/undermine/wreck/sabotage international peace and security 等译法。何况中文里的"破坏"一词，含义复杂微妙，有时很难找到合适的英语来表示。在这种情况下，不用"破坏"的英语对应词来译，反而成为首选。如所谓"破坏婚姻家庭罪"，其具体破坏方式很多，可能是一般的挑拨离间、造谣破坏，也可能是一方有婚外情，或者是家长干涉婚姻自由，译为 offence against marriage and the family 虽未必精准，却很合适。又如我国刑法的"破坏军婚罪"，按照该条具体内容译为 crimes of cohabiting with or marrying the spouse of an active serviceman（与现役军人的配偶同居或结婚罪），虽没有使用"破坏"这个词的英语对应词，意思却更显准确。作为非英语国家的中国人，地道的英语来自多读多看，来自长期积累的语感。

"叛变者"的译法

traitor、mutineer 与 defector 都可指"叛变者",但含义大不一样。traitor 是指"卖国贼"（a person who is disloyal, esp. to his country）、"出卖朋友的人"（a person who betrays a friend）、"背信弃义者"（one who betrays another's trust or is false to an obligation or duty）。因此 traitor 是十足的贬义词,是人人痛恨的小人。defector 尽管在一定条件下可能成为 traitor,但并不完全等于卖国贼。它是从动词 defect（变节、叛变、投奔敌方）变过来的,着重在"叛党投敌"（to desert a political party, group or movement, esp. in order to join an opposing one）,如：The Soviet scientist defected to the United State.（这位苏联科学家投奔了美国。）这一句话里的 defect 就并不包含贬义。因为叛变不一定就是不正义,革命本身就是从叛变开始,要看对谁叛变,如：He is a high-ranking defector seeking political asylum.（他是曾担任高级职务、寻求政治庇护的背叛者。）这一句中,defector 就不可换成 traitor。而 mutineer 这个词是从动词 mutiny（叛变,哗变）转变过来的。一般词典对此都没有解释或者解释得很含糊,而《美国传统词典》对此却有非常明确的说明。它说 mutineer 是指 "a person, especially a soldier or sailor, who takes part in a mutiny"（指参与兵变或者哗变的士兵或水手）,可见也并不一定包含贬义。

take note 与 take notes

"Take note of how to take notes of its copious notes." 是什么意思？

英语中一词多义常常会搞得我们一头雾水，这是其中一例。

note 作"注意"解时是不可数名词，作"笔记"或"注释"解时却是可数名词。因此 take note of（注意到）在法律文书中是一个常见常用的短语，它表示一方已经知道另一方所作的承诺、同意、理解、拒绝、反驳等法律行为，所以它是具有一定法律含义并可能产生一定法律后果的字眼。在 WTO 法律文件中就曾多次出现 take note of 这一词组，如在《中华人民共和国加入议定书》不过 13 行的"序言"中它就出现了两次：① Taking note that China is a signatory to the *Final Act Embodying the Results of the Uruguay Round of Multilateral Trade Negotiations*（注意到中国是《乌拉圭回合多边贸易谈判结果最后文件》的签署方）② Taking note of the Report of the Working Party on the Accession of China in document WT/ACC/CHN/49（注意到载于 WT/ACC/CHN/49 号文件的《中国加入工作组报告书》）。这里面的 note 因为是不可数的抽象名词，义为"注意"，前面不可加 a，结尾也不可加 s。

如果将 note 作为可数名词来用，写成 take a note of 或 take notes of，它就不是指"注意到某事"，而是指"将……记下来"，如：Take note (of) what I said, and don't forget it. 这一句里 note 显然是一个不可数名词，因此应译为"注意我说的话，不要忘了"。再如：She diligently took notes of what I said in the class. 句中 note 为可数名词，整句应译成：她勤奋地记下了我上课时所说的话。同样的道理，take a note of how much money you spend on the trip 是"把旅途上用了

多少钱记下来",而不是"注意旅途上用了多少钱"。

  the Working Party took note of these commitments 是"工作组注意到这些承诺",而不是"工作组记下了这些承诺"。he had developed the habit of taking notes 是"他养成了记笔记的习惯",而不是"他养成了注意事物的习惯"。凡作为"记笔记"时,take 有时也可用 make 代替,但作为"注意到"时,take 则不可用 make 代替。知道这些区别后,本节句首那句话的意思就很明确了,可译为"注意如何把它的详细注释记录下来。"。

带颜色的法律词语

在法律英语中,有一大批与颜色有关的词语。每一种颜色几乎都与一定的历史或者使用原因有关,在长期的使用过程中已经约定俗成,形成相对固定的含义,翻译时应当特别小心。其中常见常用的有:

amber box measures(国内支持农业的)"黄箱"措施

【WTO 用语,指一国政府对农产品的直接价格的干预和补贴,包括对种子、肥料、灌溉等农业投入品的补贴,以及对农产品营销贷款的补贴等。《农业协定》中把这些对农产品生产和贸易有直接扭曲作用的措施称为黄箱措施。WTO 成员方对黄箱措施须承担约束和削减的义务。】

black bag job 秘密调查工作

black ball 黑票;秘密反对票

black economy 黑色经营(常指不向税务机关报税的交易)

black flag 海盗旗;黑旗(常指西方习惯中悬在监狱外以示执行死刑的标志)

Black Maria 囚车;警车

black market 黑市

call black white / call white black 颠倒黑白

in the black 账户上有结余;有盈余

【例句如:① Your account is in the black.(你的银行账户上有结余。)② Our company should end the financial year in the black.(我们公司在财政年度末应该有盈余。)】

blacklist 黑名单;将……列入黑名单

【例句如: Your firm will surely be blacklisted by the government if you continue doing so.（如果你的商行继续这样干下去，必定会被政府列入黑名单。）】

blacklisted certificate 黑名单证书

【进口国为了抵制与其处于敌对状态国家的货物而要求出口商提供的证明文件，证明事项由进口国指定。一般为出口商声明货物产地不属于黑名单上的国家，该项贸易的制造商、银行、保险公司、运输公司等有关各方面都不属于黑名单上的国家，装运该批货物的船只、飞机都不曾在黑名单上的国家港口或机场停留，等等。如一些阿拉伯国家为了抵制以色列，在信用证中常有此种规定和要求。】

blackmail 敲诈罪；勒索罪

blackmailee 被绑架者；被勒索者

blackmailer 敲诈勒索者

blackout 灯火管制；新闻封锁

blacksheep 害群之马；败家子

blue beard 泛指"乱娶妻妾的人"（原为法国民间故事中连续杀了六个妻子的人）

blue blood 贵族出身的人

blue book 指"蓝皮书"（英美等国政府就某一专题发表的文件，封皮是蓝色。原指英国皇家专门调查的官方报告）

blue box measures（国内支持农业的）"蓝箱"措施

【WTO农业协定规定的蓝箱措施是指按固定面积和产量给予的补贴，如休耕补贴、按基期生产水平的85%或85%以下给予的补贴、按固定牲畜头数给予的补贴等。这些补贴与农产品限产计划有关，但成员方不必承担削减义务。】

blue chip 蓝筹股（指绩优股票，一般指第一流的商业或工业股票）

blue-coat（= blue-man）警察；穿蓝制服的人

blue laws 严酷的法律

blue movie/film 色情电影；黄色电影

blue murder 强烈抗议

blue-ribbon 最高荣誉；第一流的

blue ribbon jury 特别陪审团；蓝授带陪审团（美国法院在遇到十分重大复杂的案件时，法庭可以在任何一方动议下命令组织这种陪审团）

blue ribbon law school （美国第一流的）国立法学院

blue-sky （指股票等）不可靠的；不保险的；财务不健全的

blue sky law 蓝天法；蓝天法案（指美国有些州为了防止投资人受欺诈性的证券交易商的欺骗而专门订立的证券法规，故又称"无信用股票取缔法"）

blue-stocking 女学者；女才子

out of the blue 意外的，突然的

green box measures （国内支持农业的）"绿箱措施"

【WTO用语，农业协定中规定的绿箱措施是指由政府提供的、其费用不转嫁给消费者且对生产者不具有价格支持作用的政府服务计划。这些措施对农产品贸易和农产品生产不会产生或仅产生微小的扭曲影响，因此WTO成员方无须承担约束和削减义务。】

green card 绿卡

【常指美国政府对非美国公民所签发的允许永久居住的登记卡。最初是用绿色印制，故名。尽管自1965年以后，这种卡已经印刷成红、白、蓝色，但绿卡这一名称一直沿用至今。此外，在英国，也指在国外旅行的汽车已经投过保的"绿色保险卡"。】

green clause L/C 绿条款信用证

【部分预支信用证中的一种。信用证的开证行要求受益人必须将预支货款项下的货物以开证行的名义存放在出口国海关仓库，受益人凭"栈单"和补交单据的声明书预支部分货款。它的预支货款

的条款常用绿色,故名。】

green hand 生手;没有经验的人

green issues 环保问题

Green Paper 绿皮书(原指英国政府向议会提出供讨论新法的政府提案报告。有的国家也称其为 Green Book)

green policies 环保政策

green products 环保产品

green measures 环保措施

Gretna-Green marriage〈英〉私奔结婚;违背父母意愿的婚姻

greenback〈美〉美钞

grey area measures 灰色区域措施

【所谓灰色区域,是人们用来形容关贸总协定条款规定中存在的漏洞。利用这些漏洞所采取的贸易措施被称为灰色区域措施。为了保护本国的产业,欧美国家制定了各种贸易限制措施,从形式上看,并不违反关贸总协定自由贸易的原则,但是从实质上却是属于限制贸易的内容,具有很强的贸易保护的色彩。】

grey collar 灰领子职工(指服务性行业的职工)

grey knight 灰甲骑士(指事前不公布自己发展计划的兼并公司)

grey market 灰市(指买卖供应短缺的商品的市场)

quote grey market prices 报暗盘价格

pink slip 解雇通知书

the pink 社会名流

in the pink (condition) 非常健康

the purple 王位;帝位;显贵的地位

born to the purple 出身高贵

red bill of lading 红提单(指将海运提单和单上货物的保险单并在一起的一种提单)

red book directory 红皮人名地址录(美国律师协会每年出版,

用以记载其会员及协会职员之姓名地址）

red chip 红筹股（指在香港注册的内资企业将其持有控股权的子公司在香港上市所发行的股票。有时内资企业在香港买下一个"空壳"公司上市所发行的股票也归于红筹股）

red clause L/C 红条款信用证（部分预支信用证中的一种。这种信用证的预支货款条款常打成红字，以资醒目）

red-handed 正在犯罪的；现行犯的。例句如：He was caught red-handed.（他被当场捉住）

red-hunter 迫害进步分子的人

red tape 官样文章；繁琐手续

red-tapism 文牍主义；官僚作风

red-tapist 文牍主义者；作风拖拉的人

in the red 透支；账户上没有钱；有赤字；亏损

【例句如：① His account is in the red.（他的账户透支了。）② His company will end another financial year in the red.（他的公司在财政年度末将再度出现赤字。）③ I can't afford a holiday; I am in the red at the moment.（我目前账户上没钱，不能度假。）】

carte blanche 全权委托；自由处置权（原为法语，原义是"白卡"，指可以任何方式或方法处理所委托之事的委托授权）

【例句如：He has carte blanche to act on behalf of our company.（他拥有代表我公司的自由处理权。）】

white flag 白旗；休战旗

white goods 白色商品；家用电器（因电冰箱、洗衣机等家用电器常漆成白色而得名）

white hands 廉洁；诚实

white knight 白衣骑士（指把公司从不利的被兼并状况中挽救出来的人）

white lie 没有恶意的谎言

white-light 公正无私的裁判

White Paper 白皮书

【在美国称 White Book，即政府关于当前政策等重大问题的官方公告，有时常与主要内容连用。例如：a food safety white paper（食品安全白皮书），a white paper on industrial training（工业培训白皮书）】

Whitehall 白厅；英国政府所在地；英国政府

Whitehall mandarin 白厅官员（指英国高层官员，非正式用法）

yellow book 黄皮书（指法国政府公布的正式文书）

yellow-dog contract "黄狗"合同（在美国指不准雇员加入工会的雇用合同）

yellow journal/press 黄色报刊；色情报刊

yellow journalist 猎黄新闻记者；以报道色情内容为业的记者

寻找正本

凡是重要的法律文书都有正本副本之分。正本是具有法律效力的"书证",副本则必须经过对方确认才具有法律效力。法律英语中对于正本副本的区分远比中文复杂、详细。若不留心,很容易造成误会和错译,如:

true copy 真实抄本

【true copy 常被误以为是"正本",其实它是指"经核证无误的副本",与 exact copy 同义,如:① I certify that this is a true copy. 此句意思不是"我证明这是正本",而是"我证明这是真副本";② It is certified as a true copy. 此句意思也不是"它被证明是正本",而是"它被证明是真正的副本"(即与正本无异的副本)。】

certified copy / certified true copy 经核对无误的副本(或称"经核实与原本无异的副本",尤指经负责保存原件者签字证明为真实的文件副本,即通常所谓"证明无误的副本",不是正本)

file copy 档案副本(存入档案以供参考的副本)

carbon copy 复写本(用复写纸制作的副本)

certified true copy of the signature page 经核证签字证明无误的副本(也不是正本)

"正本"的英语对义词为 authentic copy/writing。

正本的形成往往有一个誊写、校正的过程。fair copy 即为"誊清本",或者"校正本"。final copy 为"最终文本"。所以 fair copy 与 final copy 不同于副本,但也不同于正本,它们是尚未经过签字盖章的正本。

counterpart 仅指(合同及契约文件的)"复印本""副本"(没有

说明是否经过与原本的核对，其法律效力不及 true copy 或 certified copy）

duplicate 通常指书信、报告、收据、发票等的复制副本

【如 a duplicate certificate（复制的证书）、the duplicate of a letter（一封信的副本），duplicate 与 copy 同义，自然不是正本。不过在诸如 a document in duplicate（一式两份的单据）这样的表述里并不排除两份都是正本，要依上下文来确定。】

verbatim reprint 文字上没有任何改动的再版本（当然不是正本，但文字内容与正本无异）

随着印刷技术的提高，跟 copy 有关的用语越来越多：

photocopy 指影印件

duplicate 指复制件

hard copy 指"复印文件"，又称"硬拷贝"，通常是指在计算机中打印出来的文本，或从缩微胶片中印出来、不必凭借专门设备即可进行阅读的复制文件。因此，hard copy 的内容可能与正本无异，但并非真正的正本。

rough copy 指还需修改的"草稿本"

top copy 打印原件

【由于翻译上的欠缺，有的人认为它只是"用复写纸打出文件中的第一页"，把它称为"首面本"。其实它是 the original typed or handwritten copy of a letter or document of which carbon copies have been made，指（打字文件的）正本，比一般副本更为重要。】

所有这些 copy 的母带、原件、原版，英语里称为 master copy 或 original copy。它指"the first and clearest version of typed, written, recorded, etc. information from which copies can be made"（打印材料、书写材料、录音、录像等的最初、最清晰的版本），所以，从严格意义上说只有 master copy 与 original copy 才是真正的"原件"。但它还未必是法律意义上的"正本"，除非原件本身是经过各方签字盖章，或者原

件本身无需签字盖章的。

至于手写的书信、文稿、剧本、字画、历史文物等的"原件""手稿""手迹""真迹""脚本",则译为 script 或 source version 似更为贴切。不过,美国的法律文书中把 script 作为文书"原件"用,也并不罕见。《美国传统词典》中 script 的解释之一是:*Law* The original of a legal instrument, as opposed to a copy.

copy 与 duplicate 还常常连接份数或本数:a letter in three copies/duplicates 是指"一封一式三份的信",a contract in two copies 或 a contract in duplicate 是指"一式两份的合同"。例句如:The book was published at \$2 a copy.(这本书已出版,每本两美元。)

在英国,copy-book 是指"习字帖";在美国,除了指习字帖以外,也常指收录账目与文件用的"文件稿簿"。

"收入"与"账"之辨

turnover 与 income 的异同

turnover 与 income 都是商务用语,前者指"营业额",后者指"收入"。由于营业额与收入密切关联,因此在法律词语中两者常都被译成"收入",如 annual world-wide turnover 常被译为"全球年收入"。又如:Foreign service suppliers' world-wide turnover shall exceed $40 million. 这句话也被译为"外国服务提供者的全球年收入应超过 4000 万美元。"。不能说这样译错了,但总觉得欠妥,因为 turnover 指 the total business done by an organization in a given period, 应译为"营业额"或"成交量"。营业额必须减去各种税费才是收入,增加营业额未必就是增加收入。一家正在抛售的公司,每天的营业额可能很大,实际收入却在减少。

而 income 是指"money received over a certain period, especially as payment for work or as an interest on investments"。有的辞书解释得更为具体,说 income 是"money (in the form of wages or a salary or profit) received from work done, or from money invested or as rent from property owned"。可见 income 指的是包括工资、薪金、利润、投资所得利息以及房地产租金的收入,与 turnover 的含义完全不同,如:turnover tax 是"营业税"或者"交易税",不是"所得税",而 income tax 才是"所得税"。

turnover ratio 是"(资金)周转率",increase turnover 是"增加营业额",reduce turnover 是"减少营业额",a fast turnover 是"周转迅速",a slow turnover 是"周转缓慢"——像这些词语中的 turnover 如果被译成"收入",就难免引起重大误解。例如:① The firm increased its turnover last year. 这句话只指这家商行去年的营业额上升，并不肯定它有很多收入。② The firm earns an annual regular income of $20000. 这句话指的是，这家商行每年赚取两万美元的收入。在用法上，income 有复数 incomes，而 turnover 通常只有单数形式。

死账未必是坏账

　　dead account 是"死账"，bad account 是"坏账"。在汉语中，死账常被理解为无法收回的坏账。一般都以为死账必然是坏账，坏账倒不一定是死账，其实不然。dead account 的原义是 account which is no longer used（不再使用的账目），它可能是已经清偿的账目，不一定就是坏账，说无法收回的死账，应该用 uncollectible account 更为准确。

　　法律英语中对不良账户的用法远比中文详细，如：doubtful account 是"疑账"，指对其内容或者清偿能力有怀疑的账户，它有可能变成坏账，但还不是坏账；nominal account 是"虚账"，也称 impersonal account，泛指根本不存在的账户；dormant account 是"休眠账户"，指虽经设立但已长期未用的账户，所以也不一定属于坏账；irrecoverable account 是指收不回来的账，这当然属于 bad account 一类。汉语中的"呆账"似应译为 uncollectible account 或 irrecoverable account。

定语后置的法律词语

英语中形容词作定语时,它的位置通常都在被修饰的中心词前面。这一词序的排列与汉语相同,我们用起来也感到方便。如果把形容词放在中心词后面,总觉得有点别扭。但是,即使在汉语中,形容词的位置也并非都在中心词前面,说"青山绿水"固然不错,但如果把"山青水秀""柳暗花明"改为"青山秀水""暗柳明花",反而会有问题了。这就是约定俗成的力量。法律英语由于历史上长期受到法语及日尔曼语等外来语的影响,至今也还存在许多定语后置的现象。在许多固定的词语里,形容词往往放在中心词后面,如果把它移到中心词前面去,就正如硬把"山青水秀""柳暗花明"改成"青山秀水""暗柳明花"一样,并不可取,也无必要。这类词语不少,现举例如下:

accounts payable 应付账款(比较:payable agent 付款代理人)

accounts receivable 应收账款(比较:receivable bill 应收票据;收款单)

advocate general(协助法官工作的)法院官员,也称法律官员(比较:general partner 普通合伙人;无限责任合伙人)

amende honorable 公开(或正式)道歉与赔偿(比较:honorable discharge 荣誉退役)

Attorney-General(= Attorney General)(英国的)检察总长;检察长;(美国的)司法部长;(小写)一般代理权

body corporate 法人团体;团体法人(比较:corporate bonds 公司债券)

chattel corporeal 有形动产(比较:corporeal ownership 实物所有

权）

chattel incorporeal 无形动产［比较：incorporeal hereditament 无形遗产（指根据法律从有形遗产中产生出来的相关权利）］

chattel personal 动产；私人动产（比较：personal injury 人身伤害）

chattel real（租借地权等）准不动产；不动产权益（比较：real estate 不动产；房地产）

comptroller and auditor general 总审计长；审计署署长；会计稽核总长［比较：General Deputy Sheriff（美国县里的）副行政司法官］

condition precedent 先决条件

condition resolutive 解除条件（比较：resolutive clause 解除条款）

condition subsequent 后决条件；解除条件（比较：subsequent offender 惯犯）

Consul-General 总领事

court-martial 军事法庭（比较：martial law 军事管制法）

Deputy Attorney General（美国的）助理司法部长

Deputy Director-General of the WTO 世贸组织副总干事

Deputy Procurator-General（最高人民检察院）副检察长

Director-General of the WTO 世贸组织总干事

force majeure 不可抗力

Governor-General 总督

heirs presumptive 推定继承（比较：presumptive evidence 推定证据）

Judge Advocate-General 军法署署长；军法处处长（比较：general court-martial 普通军事法庭）

law applicable 适用的法律（比较：applicable local law 可适用的当地法）

notary public 公证人；公证员（比较：public character 公众人物）

order public 公共秩序（比较：public charity 公共福利）

Procurator-General（最高人民检察院）检察长

Register General（中国香港的）注册总署［比较：General Council of Bar（英国的）出庭律师总理事会］

Secretary General（联合国）秘书长；（美国州的）秘书长

Solicitor-General（英国的）副检察长；（美国的）副司法部长；（美国若干无检察长的州的）首席检察官

这些词组词序相当固定，但现在其中有的词组也出现按通常词序排列的倾向，如：body corporate（法人团体）也有写成 corporate body 的；condition precedent（先决条件）也可写成 precedent condition；condition subsequent（解除条件）也可写成 subsequent condition。

英语"税"说

　　tax、duty 和 tariff 这三个词都可以译作"税",但其确切含义与用法并不完全相同。

　　tax 是指 money taken compulsorily by the government or by an official body to pay for government services (由政府或者官方机构强制征收用于政府服务的钱)。有的词典还专门说明这些钱是来自 people's incomes (人民收入)、company profits (公司利润)、the sale of goods (货物销售)等。它用得最为广泛,有复数形式,前面可加不定冠词,如:tax law (税法), income tax (所得税), property tax (物业税), sales tax (营业税), direct tax (直接税), indirect taxes (间接税), capital gains tax (资本收益税), excess profits tax (超额利润税), land tax (地产税), Value Added Tax (VAT) (增值税), ad valorem tax (从价税,指按货物价格计算的税)。我们日常所说的普通含义上的"税"字,往往是泛指各种各样的税而言,如"税收物价指数"中的"税"字就显然指各种税类而言,这时通常都用 tax 一词来表述,译为 tax and price index。同样的道理,例如:to levy tax (征税), to impose tax (使付税), to abolish tax (取消税项), to cut tax (削减税项), to pay tax (付税), to raise tax (提高税额), to reduce tax (减少税额), to remove tax (免除税额), tax evasion (逃税), tax allowance (免税额), tax loophole (合法避税), tax deduction (扣税), tax holiday (免税期), tax avoidance (避税), tax haven (低税国或避税地)——这些词语中的"税"都并不指明是哪种税,以用 tax 为宜。

　　duty 是指 a government tax paid on certain goods and services (政府就商品或者服务所征收的税)。由此可见,duty 也是 tax 的一种,

所不同的只是"就商品或者服务所征收的",是对货物或交易而非人身所征收的税,如:customs duty(关税)与 customs 同义,所不同的是,前者有单复数变化,而 customs 只作复数名词,没有单数形式;import duty(进口税);excise duty(国内消费税);stamp duty(印花税);estate duty(美语为 death duty,遗产税);goods which are liable to duty(应交税的货物);duty-paid goods(已付税货物);duty-free shop(免税商店)——这些都用 duty,未见用 tax 的。但这个界限并不严格,如:从价税,既可译为 ad valorem tax,也可以译为 ad valorem duty。

tariff 则专指 an amount that must be paid when particular goods are imported into a country, or occasionally when they are exported(关税),相当于 customs duty。但在 tariff barriers(关税壁垒)、protective tariff(保护性关税)之类的词语里,从未见用 customs duty 来代替 tariff 的,如:① Tariff barriers can make trade difficult.(关税壁垒使得贸易困难重重。)② A country often uses protective tariff to help its farmers.(国家常常会运用保护性关税来帮助自己的农民。)

taxation 与 tax 几乎是同义的,如:增税和减税,既可译为 reduce tax 与 increase tax,亦可以译为 reduce taxation 和 increase taxation;直接税与间接税,既可译为 direct tax 与 indirect tax,亦可以译为 direct taxation 与 indirect taxation。所不同的是,taxation 着重在整个税收制度方面(the system of raising money for public spending),因此一般译为"征税""税收""税制",是不可数名词,没有复数形式,只与单数动词连用,前面不可加不定冠词,如:The government promises to cut taxation.(政府许诺削减税收。)在诸如 multiple taxation(双重税制)、the taxation bureau/office(税务局)、progressive taxation(累进税制)等词语里用 taxation 为宜。

除此以外,在这四个词里,只有 tax 有形容词形式 taxable(可征税的,应纳税的),如:① taxable estate(应纳税遗产)② taxable property（应纳税的财产）③ I have a taxable income of $50,000 per year.（我每年的应纳税收入是 5 万美元。）也只有 tax 可作动词用，如：to tax the people（对公众征税）。

constitution 并非都指"宪法"

不错，constitution 通常都指"宪法"，如：The Constitution of the People's Republic of China (《中华人民共和国宪法》), constitution of three powers (三权宪法), constitution granted by the sovereign (钦定宪法), constitution made by the people (民定宪法), 等等。但在有些场合下，constitution 却指 a set of rules and guidelines showing how an organization should function (表示一个组织如何运作的一套法规)，亦即"章程""宪章"，如：the constitution of the Party (党章), the society's constitution (协会章程), constitution of a committee (委员会的组织章程)。有时，constitution 还指"构成"，如 constitution of crime 就是指"犯罪构成"。

究竟何时应作"宪法"，何时应作"章程"或者"构成"，通常根据上下文即可明白，如：① The freedom of the individual is guranteed by the country's constitution. (个人自由是得到国家宪法保障的。) ② Most countries have written constitutions. (大多数国家都有成文宪法。) 像这些句子里，constitution 当然应作"宪法"解。又如：Payments to officers of the association are not allowed by the constitution. 这一句里，因为有了一个 association, 如果再把 constitution 译作"宪法"就不通了，而应译成"协会章程不允许向协会官员付款"才对。

不过模棱两可的情况并非没有，如前面提到过的 constitution of a committee, 既可译为"委员会的组织章程"，也可译为"委员会的组成"。例如：The re-election of the chairman for a second term is allowed by the constitution.(主席的第二任期是宪法/章程所允许的。) 这一句里，constitution 究竟应译为"宪法"还是"章程"，就完全取决于这个主席是指国家主席还是指某一组织的主席了。如果专指"宪法",为了避免误解最好采用constitutional law一词。

可以放心的是,constitutional一词通常都指"符合宪法的""拥护宪法的""宪法规定的"等意思,如:constitutional amendment(宪法修正案),constitutional assembly(制宪会议),constitutional freedom(宪法规定的公民自由),constitutional right(符合宪法的权利),constitutional monarchy(君主立宪制),等等。其反义词有两个:nonconstitutional是指"宪法上没有规定的""于法无据的",unconstitutional则指"违反宪法的"。唯一例外的是:constitutional lawyer并非指符合宪法的律师,而是指专门研究或起草宪法的律师或专家。但要注意,constitutional的第一意义却不是"宪法的",而是"体质上的""保健的""结构的",如:constitutional disease是指"身体疾病",constitutional walk是"增强体质的散步",constitutional formula是指化学上的"结构式",都与宪法无关。

common law 的四种含义

　　一提起 common law, 人们首先想到的是与大陆法系相对而言的"英美法系"（又称 Anglo-American law system），因为英美法系通常被称为"普通法系"（common law system）。其实，除此之外，common law 还有三种较少为人所知的含义。一是，相对于国家法（宪法）而言的普通法，诸如刑法、民法、婚姻法等都是普通法。二是，英格兰法律中与衡平法相对而言的不成文法（unwritten law），又称判例法（case law）、习惯法（customary law）。【1066 年诺曼底公爵威廉征服英国以前，英国各地施行的就是习惯法。权威极大的御前会议所作的判例，由国王派出的巡回法官在各地宣传和施行，成为国家的法律。狭义的普通法，即指这种判例法。到了 14 世纪，由于传统的普通法的严格限制无法适应社会客观需要，英王允许人民在无法从普通法法院获得公平处理时，可以由大法官以衡平（即公平与良知）原则处理。于是出现了普通法与衡平法并行的法律系统。19 世纪末，取消了衡平法院（equity court），审判权统一归属普通法法院，但至今高等法院中仍然设有由衡平法院演变而来的 Chancery Division（衡平法庭又称大法官庭）。】三是，与西方教会法相对而言的普通法，指世俗政权发布的法律。

　　因此，在翻译中遇到 common law 这个词时，必须根据具体情况选择确当的中文译义，不可大意。在词组搭配中，common law 大多作为英美法、判例法、习惯法、不成文法解，比如：common law offence（普通法罪行）指的是按照判例法确立的罪行，也就是说按照成文法规定可能并不成立的罪行，不可误解为一般法律上的罪行；common-law assignment（普通法上的转让）是指习惯法承认的转让，可能与成文法的规定并不符合；common-law jurisdiction（普通法上的管辖权），意味着按照成文法这种管辖权未必成立，不可与民诉法中的"一般管辖"相混淆；common-law lawyer（有时亦作 common lawyer）是指擅长英美法的律师，不可误解为一般律师；common law marriage（事实婚姻）并非指一般婚姻，而是指未曾按照成文法规定办理法定手续的婚姻，有时也指未举行任何仪式而自愿结合的婚姻，因此有的人将它译为"同居关系"；common-law spouse 也不是指普通配偶，而是指依照习惯法结婚的配偶。诸如此类的例子不胜枚举，不可不慎。

诉讼标的与诉讼标的物

"诉讼标的"与"诉讼标的物"是两个不同的法律概念，长期以来却常常被人们混为一谈，如，"法官提醒人们，民事官司原告的诉讼标的一定要适当，因为案件的受理费用是和原告的诉讼标的成正比的"（摘自某著名法制报）。有许多当事人甚至律师也常说"我的诉讼标的很大／很小"之类的话。其实，诉讼标的是没有大小之分的，诉讼标的物才有大小之分。案件的受理费用也不可能与诉讼标的成正比，只能与诉讼标的物成正比。这里一定是把"诉讼标的物"误为"诉讼标的"了。

"诉讼标的"是指双方当事人在民事问题上发生争议要求法院解决的权利与义务关系，亦即民事上的法律关系，所以诉讼标的反映的是诉的性质。诉讼标的有给付内容的，是"给付之诉"；诉讼标的没有给付内容的，或者虽有给付内容，当事人只要求确认某种权利与义务关系的，是"确认之诉"；诉讼标的无给付内容，当事人只要求变更权利与义务关系的，是"变更之诉"。这些都是"诉讼标的"。与此不同，"诉讼标的物"是指当事人争议的权利义务的对象。凡是民事案件都有"诉讼标的"，但并非都有"诉讼标的物"。

在英语中，两者也各有不同称谓。"诉讼标的"称为 object of action、object of litigation、object of procedure、object of the lawsuit 或 subject of the action。"诉讼标的物"则称为 subject matter of an action。在法律英语中，大凡提到"标的物"的，一般都用 subject matter，例如：subject matter of contract（合同标的物）、subject matter insured（保险标的物）、subject matter jurisdiction（诉讼标的事物管辖权）等均是。

"诉讼标的"与"诉讼标的物"之间的不同含义是不容忽视的。我国民事诉讼法多处都提到"诉讼标的",如第 55 条规定:"当事人一方或者双方为二人以上,其诉讼标的是共同的,或者诉讼标的是同一种类、人民法院认为可以合并审理并经当事人同意的,为共同诉讼。共同诉讼的一方当事人对诉讼标的有共同权利义务的,其中一人的诉讼行为经其他共同诉讼人承认,对其他共同诉讼人发生效力;对诉讼标的没有共同权利义务的,其中一人的诉讼行为对其他共同诉讼人不发生效力。"第 57 条规定:"诉讼标的是同一种类、当事人一方人数众多在起诉时人数尚未确定的,人民法院可以发出公告,说明案件情况和诉讼请求,通知权利人在一定期间向人民法院登记。"第 55 条、第 57 条和第 59 条中多处提到"诉讼标的",没有一处用"诉讼标的物"。因为如果把"诉讼标的"改为"诉讼标的物",就意味着没有"诉讼标的物"的案件就没有共同诉讼了。

与此相反,民事诉讼法第 275 条规定:"因合同纠纷或者其他财产权益纠纷,对在中华人民共和国领域内没有住所的被告提起的诉讼,如果在中华人民共和国领域内签订或者履行,或者诉讼标的物在中华人民共和国领域内,或者被告在中华人民共和国领域内有可供扣押的财产,或者被告在中华人民共和国领域内设有代表机构,可以由合同签订地、合同履行地、诉讼标的物所在地、可供扣押财产所在地、侵权行为地或者代表机构住所地人民法院管辖。"这里提到的"诉讼标的物"显然是指当事人争议的权利义务的对象,即具体的财物、房屋等,如果把它改为"诉讼标的",就完全错了。因为"诉讼标的"是没有所在地的,只有"诉讼标的物"才有所在地可言。

既然"诉讼标的"与"诉讼标的物"如此不同,照理说在英语法律词语中也应有相应的区别。令人奇怪的是情况恰恰相反。目前市场上流行的中英对照的法律文本中,前面所讲的法律条文中的"诉讼标的"和"诉讼标的物"都一律被译为 object of action,没有任何区别，比如："当事人一方或者双方为二人以上，其诉讼标的是共同的或者诉讼标的是同一种类、人民法院认为可以合并审理并经当事人同意的，为共同诉讼。"这一句被译为：When one party or both parties of two or more than two persons, their object of action being the same or of the same category and the People's Court considers that, with the consent of the parties, the action can be tried combined, it is a joint action. 而"诉讼标的物所在地"也被译为 where the object of the action is located。

这种将"标的"与"标的物"都译成 object 的现象，在中英对照的《中华人民共和国合同法》里尤为明显，例如：第 30 条的"合同标的"译为 object of contract，第 63 条的"逾期交付标的物"译为 the delivery of the object is delayed，第 91 条的"债务人依法将标的物提存"译为 the obligor has deposited the object according to law。关于买卖合同的第 9 章中有不少涉及标的物的地方，诸如"转移标的物的所有权""标的物的交付期限""提取标的物的单证""标的物的毁损、灭失的风险""标的物的质量"被分别译成 to transfer the ownership of an object、the time limit to delivery the object、the document to take delivery of object、the risk of damage to or missing of an object、the quality of the object。反之，在英汉对照的法律文本中，有些原应译为"标的物"的英语法律词语，却被译成"标的"，比如：WTO 法律文件中的 subject matter insured located in different places 以及 subject matters insured owned by the same legal person 在中国外经贸部的标准译文中均分别被译为"位于不同地点的保险标的"和"同一法人拥有的保险标的"。

为什么会发生这种现象？有关译文译错了吗？当然不是。原来问题出在中英两种文字中"标的"与"标的物"的不同含义上。英语里，object 既指"目标""意向""目的"，也指"标的物"，如：商务印书馆出版的《牛津高阶英汉双解词典》object 条的解释是"可见到及可触摸的实物、实体"（solid thing that can be seen and touched），或者"行为、感觉或思想所及的人与物"（person or thing to which sth is done, or some feeling or thought is directed），亦即对象、客体。韦氏大词典对 object 一词的解释之一是"something mental or physical toward which thought, feeling, or action is directed"（思想、感觉或行动所指向的精神或物质的东西）。这都说明，把 object 译成"标的"或者"标的物"都没有错，但在中文里，"标的"主要指"目标"。

《新华字典》与《现代汉语词典》都没有说明它是否包括具体的人与物，而且找不到"标的物"一词。在商务印书馆第七版《现代汉语词典》"标的"条下专门有一条解释："指经济合同当事人双方权利和义务共同指向的对象，如货物、劳务、工程项目等。"周振邦主编的《实用英汉经贸词典》则认为，"保险标的物"既可译成 object of insurance，也可译成 subject matter of insurance。也就是说，object 与 subject matter 都可以译为"标的物"。

如此看来，是否中文里"标的"与"标的物"的区别也越来越小了？不。这并不是说 object 都可以译成"标的物"了，如：Her only object of litigation is to bring up her daughter Ruth by herself.（她唯一的诉讼标的就是自己带大女儿露丝。）在这一句里，object 显然就不可以译成"标的物"。由此可见，在汉语中"标的"与"标的物"还是有区别的，不能随意互换，在法律词语里尤其如此。

除了本文开头所说的"诉讼标的"与"诉讼标的物"等的区别以外，如"债的标的""代位权的标的""权利质权的标的"等词语中的"标的"二字均不得换成"标的物"，否则，意义不是大变，就是变得没有意义。例如：债的标的是给付，而给付分为积极给付、消极给付、混和给付等许多种，其中消极给付是指以一方不作为为内容的给付，如"一方保证不把债权让与第三人"或者"一方承诺不干涉房客对房屋的装修"等。既是不作为，何来"标的物"？如果把 object of obligation（债的标的）译成"债的标的物"岂不是笑话。

因此，尽管汉语中的"标的"和"标的物"译成英语时都可以用 object 一词，但英语中的 object 一词译成汉语时并非都可以译成"标的物"，两者中必须根据上下文慎加选择。为了谨慎起见，凡是需要特地强调是"标的物"的地方，最好还是采用 subject matter 一词为妥，以免造成歧义，比如："本案的诉讼标的中没有诉讼标的物"如果译成 the object of action in this case doesn't have any object of action 就会令人无法理解，应把第二个 object 改成 subject matter，意义就十分明确了。中英两种文字含义上的这种细微区别，焉可不慎。

"法人"是人吗?

英语中,"法人"的译法有许多种,最常见的有: legal person、legal body、legal entity、judicial person、juridical person、juristic person、juristical person、fictitious person、lawful man 等。也许正由于这些词语中都带有 person 或者 man,中文里也译为法"人",有些人就把自然人与法人混为一谈了。"我是法人,他不是法人""法人是我,我有权决定""作为法人,你逃得了责任吗?"……这种说法现在已经司空见惯,连报刊、电视上都可以常常见到和听到,有时甚至在法庭辩论中也可听到。久而久之,大家也就见怪不怪、习以为常了。

其实,法人不是人,法人是一种法律上的拟制人(artificial person),它指经过国家工商行政机关批准、符合法人条件的公司、企业、机构、单位和组织。所以,在法律英语中,"法人"的另一些译法就完全不带 person 或者 man,如: corporate power(法人权限),corporate body(法人团体),corporate organization(法人组织),corporate capacity(法人资格),charter of the corporate body(法人章程)。有时 corporation 就译为"法人"。根据我国法律,你我他(她)都是自然人,不到一定年龄不具有法律行为能力,其民事法律行为如签订合同等都是无效的。但法人从诞生之日起就具有 legal personality(法人资格),就要承担民事甚至刑事责任,没有年龄限制,存在数百年仍享有法人资格的团体也比比皆是。

用法律语言来说,法人是与自然人相对而言的民事权利主体之一,指按照法定程序设立,有一定的组织机构和独立的财产,并能以自己名义享有民事权利、承担民事义务的社会组织。我国民法通则明确规定:"法人是具有民事权利能力和民事行为能力,依法独立享有民事权利和承担民事义务的组织。"依照法律或者法人组织章程规定,代表法人行使职权的负责人是法人的法定代表人,有时也称法人代表。所以本文开头的几句话中的"法人"都应改为"法定代表人"(legal representative)或者"法人代表"(representative of legal person)才对。

且慢,问题并不如此简单。牛津大学出版社出版的 Oxford Dictionary of Business English for Learners of English 对 legal person 的解释是这样的:any person who has certain legal duties or responsibilities, eg. to obey the laws of the country in which he/she lives(具有一定的法律义务或者责任,例如,遵守所居住国家的法律的任何人)。上海译文出版社出版的威廉·J. 米勒(William J. Miller)编著的《国际商法词典》中对 legal person(法人)的解释是:"法律认可的一个人或者一群人,他(或她)具有独立的法律地位以及权利和义务。一个法人既可以是一个'自然人'(natural person),也可以是一个'法人'(artificial person)。"香港出版的一些法律辞书也认为,legal person 是"指具有人格身份地位的个体或集体,例如,每一个成年人都是法人,每一个注册有限公司也是法人"。根据这些解释,一个自然人也可以是法人。"我是法人,他不是法人"之类的讲法也就没有完全不对了。

为什么会有如此大的差别呢？原来不同的法系中法人的含义并不完全相同。在英美法系国家,法人分为由多数人组成可永久存在的集体法人和由一人经拟制享有法人资格的独任法人。大陆法系关于法人的分类中,只有以行使和分担国家统治权力为目的的公法人与以经营私人事业为目的的私法人、由人员的集合成立的社团法人与由捐献财产集合成立的财团法人、为谋取财产利益成立的营利法人与为谋求公共利益成立的公益法人,并没有独任法人一说。我国法律的法人基本上采用大陆法系的定义,更何况现在许多人所说的"我是法人"之类的话中,法人都是指他或她所代表的那个公司、企业、单位,并非个人。因此,在中国,"我是法人"之类的话,最好还是改为"我是法人代表"或者"我是法定代表人"。这才是符合中国法律的名称。

fornication 与 adultery

法律英语中有许多棘手的近似语。它们在意义上、用法上近似，而实际并不完全相同。正因为它们近似而又不同，常常成为法律英语翻译中易被忽略的高事故区。fornication 与 adultery 就是这样的近似语之一。它们通常都被译成"通奸"，其实两者含义并不相同。

fornication 是指未婚男女之间或者一方为未婚者之间自愿的性行为。一般译为"私通"（也有人译为"私奸"），实施这一行为的人称为 fornicator（私通者）。在英国，若一方已婚而另一方未婚，已婚的一方为通奸，未婚的一方为私通。美国法律较为严厉。根据 fornication laws（私通法），在私通关系中，如果一方已婚，一方未婚，通常只称已婚方犯通奸罪；但有些州的法律规定，只要女方是已婚的，私通的双方就都犯有通奸罪。

adultery 是指已婚男女的"婚外情"。这个含义在汤姆·麦克阿瑟（Tom McArthur）编著的 *Lexicon of Contemporary English* 中解释得最为明确。它给 adultery 下的定义是 sexual activity between a married person and someone outside the marriage（已婚人和并非自己配偶的人之间发生的性关系），亦即通常所指的"通奸"，也称为"和奸"（adultery by consent）。"通奸关系"称为 adulterous relationship，不用 fornication 这个词。

在现代制定法中通奸和私奸的共同点是同非配偶性交，而区别主要在于行为人是否已婚。据英国 1965 年婚姻诉讼法，第三人同他人的配偶之间存在性交行为，从而侵犯了他人的配偶权利，就构成通奸罪（criminal conversation），受害的配偶方有权对通奸者提起诉讼、要求赔偿，但目前通奸或私奸一般都作轻微罪，只有美国有些州，对情节恶劣的通奸仍可按重罪处罚。

我国刑法虽没有规定通奸罪的处罚，但在特定情况下，比如与现役军人配偶通奸（法律上称为破坏军婚罪）也是要判刑的。所以 adultery 和 fornication 这两个词有时就意味着有罪还是无罪，关系重大。

adultery 与 fornication 都是"贬义词"，但在现实生活里，由于性道德日益堕落，即使在美国，除了情节特别恶劣的外，已很少追究刑责。受害方唯一能得到的，只是可以以对方有通奸行为作为正当理由提出离婚。

lawful、legal 及其他

以下几个近义形容词是法律英语中的常用词,由于意义相近,最容易混淆。实际上它们之间存在一定的差别。

lawful 是指"在法律范围内的行为"(acting within the law)或者"法律许可或承认的"(allowed by law),着重在合乎法律、不违反国家法律,有时也指不违反教会的戒律或道德的规范。因此,常被译作"法定的""守法的""依法的""法律许可的""合法的",如:lawful age(法定年龄),lawful action(合法行为),lawful adoption(合法领养),lawful arrest(合法拘捕、依法拘捕),lawful heir(合法继承人),lawful means(合理合法的手段)。它的反义词是 unlawful(非法的),不是 lawless(不法的,无法无天的)。

legal 使用最广,有三层含义。第一层是指"与法律有关的"或"法律方面的"(concerning the law or referring to the law),如:the legal profession(法律专业),seek legal advice(进行法律咨询),take legal action(采取法律行动),start legal proceedings(启动法律程序),legal aid center(法律救援中心),legal effect(法律效力),legal basis(法律根据),legal dispute(法律纠纷),legal affairs(法律事务),legal expert(法律专家)。在这一层用途中,着重在"与法律有关",而不在于它"是否合法",哪怕是非法的法律救援中心,也称 legal aid center。第二层意义是指"按照法律的,被法律允许的"(according to the law or allowed by the law),常译作"合法的",如:legal claim(合法要求),legal compensation(合法赔偿),legal detention(合法/依法拘留),legal estate(合法财产),legal abortion(合法堕胎)。第三层含义是"法律上所要求的""法律上所必须/规定的"(required by law），通常译为"法定的"，如：legal currency（法定货币），legal age（法定年龄），legal agent（法定代理人），legal aliment（法定扶养费），legal domicile（法定住所），legal heir（法定继承人），legal maintenance（法定扶养责任），legal person（法人；法定代表人），legal holiday（法定假日），legal year（法定年度）。它常在第二层含义上与 lawful 同义，如："法定年龄"既可译为 legal age，也可译为 lawful age；"法人"既有译为 lawful man，也有译为 legal person；"法定继承人"既可译为 lawful heir，也可译为 legal heir。第一层及第三层含义上，混用的情况就比较少。legal 的反义词是 illegal（非法的）。

legislative 是指"用来制定法律的"（used to make laws; law-making），所以通常译为"立法的""有立法权的""立法机关的"，有时引申为"根据法规执行的""起立法作用的"或"立法机关创立的"，如：legislative authority（立法权），legislative body（立法机关），legislative assembly（立法会议），legislative procedure（立法程序）。但少数情况下也指"有关法律的"，如：legislative bill 指"法律草案；法案"，legislative series 指"法律/法规汇编"。legislative 没有反义词。

legitimate 有四层含义。第一层含义与 lawful、legal 相同，指"根据法律、法规或者公认的准则认为是正当的；法律所允许的"（lawful; in accordance with the law or rule; allowed by law），常译为"合法的""法定的""正统的""依法的"，如：legitimate income（合法收入），legitimate sovereign（合法主权），legitimate heir（合法继承人），legitimate status（合法地位）。第二层含义是"合乎情理的"（that can be defended; reasonable），常译为"合理的""正当的""合情合理的"，如：legitimate defence（正当防卫），legitimate self-defence（合理自卫），legitimate interests（正当利益），legitimate activities（正当活动），legitimate business（正当业务），legitimate argument（合情合理的论据），legitimate reason（正当的理由），legitimate inference（合

理的推断)。第三层含义很特别,是专指"子女(合法婚生的)"(born to parents who are legally married to each other),通常译为"婚生的",如:① He left his property to his legitimate offspring.(他将财产留给了他合法婚姻所生的子女。)② He is her legitimate son.(他是她的婚生子)。第四层含义也是 legitimate 所专有的,意指"正统的"(genuine),如 a legitimate theater 是指不上演非正统戏剧的大剧院。legitimate 的反义词是 illegitimate(非法的;非婚生的),如:illegitimate child(私生子), illegitimate war(非法战争)。

lawless、illegal 及其他

以下这些词虽然都可译为"非法的",但各有侧重。

illegal 是指"不合法的,或者违反刑法的"(not legal or against criminal law),用途最广,分量也最重,如:illegal carrying of arms(非法携带武器)、illegal confinement(非法监禁)、illegal deal(非法交易)、illegal possession(非法占有)、illegal profit(非法获利)、illegal gains(违法所得)。

illicit 是指"不合法的或者不允许的"(not legal or not permitted),因此常译为"非法的""违法的""违禁的",如:illicit market(非法市场、黑市)、illicit trade(非法贸易)、illicit income(不正当收入)、illicit cohabitation(非法同居)、illicit money and goods(赃款赃物)。

illegitimate 是指"法律或规则所不容许的"(not allowed by the law or by the rule),包括不符合惯例的,如 illegitimate means(不正当手段),再如:Illegitimate purpose is concealed under the guise of legitimate acts.(以合法行为掩盖非法目的。)不过 illegitimate 还有一个特殊的含义,是指"私生的""非婚生的"(person born of parents who are not married to each other; not legitimate by birth)。这是前两者所没有的,如 illegitimate child(非婚生子女)。此外,它还指"不合逻辑的"(not logical),如:In this novel the writer uses an illegitimate conclusion.(这本小说里,作者用了一个不合逻辑的结尾。)值得一提的是,illegal、illicit、illegitimate 这三个形容词里,只有 illegitimate 可以作动词用,义为"宣布……为非法"。

lawless 是指"不受法律或警察控制的"(not controlled by the law or the police)、"不遵守法律的"(without respect for the law),通常译

作"无法无天的""目无法纪的""不法的""违法的",如：lawless landlord（不法地主）, lawless persons（不法之徒）, lawless behaviour（目无法纪的行为）, lawless practices（违法行为）, a lawless mob（一群无法无天的暴民）。它着重在行为者本身失去法律控制或对法律的无视,与 illegal 不同,比如:an illegal action 是指行为本身不合法的行为,而 a lawless action 是指行为人置法律于不顾的目无法纪的行为;an illegal officer 是指身份不合法的、可能是冒充的官员,而 a lawless officer 是指具有合法身份但目无法纪、横行不法的官员。此外,它有时也指"国家或地区没有法律的"[(of a country or area) where laws do not exist or are not enforced],即处于无法状态的,如:The mining town was lawless until the marshals arrived.（在执法官来到之前,这个矿区小镇一直是一个无法无天的地区。）

似同实异的几个法律词汇

以下几个形容词,由于在含义上似同而实异,很容易被混淆。

just 作形容词时有三层含义。一是指"公正的,公平的,正直的"行为或状态(fair or right; acting or being in accordance with what is normally right and proper),如:a just man(一个正直的人),a just decision(公正的判决),just indignation(义愤),just compensation(公平的赔偿)。二是指"应得的或应该有的"(well deserved; fairly earned),如:a just reward(应得的奖赏),a just punishment(应得的惩罚)。三是指"合理的,有根据的"(reasonable or based on reasonable grounds),因此常译作"正义的""合法的"。在这一层用法上,常与 legal 同义,如:just war(正义的争战),just debt(合法的债务),just title(合法权利),just authority(合法授权),just cause(正当理由),just suspicion(有充分理由的怀疑)。

judicial 是指"有关法官或法律的"(referring to a judge or the law)、"审判上的或在法院所做的"(done in a court or by the judge),因此,常译作"司法的""法官的""法庭的""审判上的""法院判决的""法官身份的",如:judicial authority(司法权;司法当局),judicial assistance(司法援助),judicial body(司法机关),judicial committee(审判委员会),judicial act(诉讼行为),judicial apparatus(审判机关),judicial discretion(法官的自由裁量权),judicial lien(法律上的留置权),judicial personnel(司法人员),judicial procedure(司法程序),judicial world(司法界),judicial limits(司法管辖范围),judicial precedent(司法判例),judicial settlement(司法解决),judicial separation(经法院裁定的分居)。虽然 judicial 有时亦译作"公

正的"(impartial)和"有判断力的"(be able to judge things wisely),如 judicial mind(公正的心),但在法律术语中 judicial murder 并非"公正的杀人",恰恰相反,它指"合法但并不公正的死刑判决",意即"司法上的杀人",也就是错判死刑。

juridical(= juridic)也是指"有关法官或法律的"(referring to the law or judge),与 judicial 基本同义,如:judicial person 与 juridical person 都指"法人",judicial business 与 juridical business 都指"司法业务"或"审判业务",judicial practice 与 juridical practice 都译作"司法惯例"或"审判实践"。但仔细分辨起来,juridical 着重指"法律或诉讼程序的"(of law or proceedings),如"法院开庭日"一般用 juridical day,"诉讼费用"一般用 juridical expense。juridical 与 judicial 之间的实际区别与其说是词义上的,还不如说是习惯上的。

juristic 也作 juristical。它来自 jurist(法学家;法官;律师),也指"关于或指法学家或法理学的"(of or pertaining to a jurist or jurisprudence),有时也指"合法的或法律上承认的"(of or pertaining to law or legality),如:juristic(al) act(法律行为), juristic(al) hypothesis(法学上的假设), juristic(al) theory(法学理论), juristic(al) work(法学著作), juristic(al) person(法人)等。这个词由于与前几个词含义大同小异,用得比较少,有许多英汉词典甚至没有将它收入,但在法学与法律文件中它还是常见的。

justifiable 指"情有可原的"(which can be excused)和"有理由的;正当的"(that can be justified),所以一般译为"正当的""有理由的""无可非议的""合法的",如 justifiable abortion(合法堕胎)、justifiable defence(正当防卫)等。justifiable homicide 是指"正当杀人",如执行任务或者防止残杀时的杀人,是不负刑事责任的合法杀人,而前面提到的 judicial murder 却是指因错判误判造成的杀人。两个貌似相同的词语,意义却正相反。

"祖先""后裔"漫谈

以下是四个容易混淆的词。

descendant 指"子孙""后代""后裔"(person descended from another),是可数名词,它包括所有亲等的晚辈血亲。但现代用法中仅指直系的晚辈血亲(lineal descendant),包括养子女(adopted child),但不包括旁系亲属(collateral relations),如 King Henry and his descendants 指亨利王及其(直系)子孙,不包括他的旁系血亲。而下面两句中的 descendant 都指直系血亲关系的后人:They are the descendants of Confucius.(他们是孔子的后裔。)He says he is a direct descendant of Du Fu, but I doubt it.(他说他是杜甫的嫡系子孙,但我不相信。)

descendant 虽作"子孙"解,但通常只指相隔很长时间(over a long period of time)的子孙,不同于中文里通常意义上的"子孙",没有时间远近之分,如"我们都是炎黄子孙",该译成:All of us are the descendants of Yandi and Huangdi. 如说"她是一个子孙满堂的母亲",就不能用 descendants,而应该改用 offspring(注意不可加 s),译为:She is a mother of numerous offspring.

与 descendant 同义的还有 descendent,但前者不但能作名词用,还能作形容词用,如:Nearly all the people in my town are descendant from these first settlers.(我们镇上的人几乎都是这些初代移民的后裔。)而 descendent 只可作形容词用,不能作名词用。不过,近年来两者的区别已逐渐被忽视,互相通用已属常见。

descent 指"血统""出身""祖先""祖籍",是不可数名词。它的同义词是 ancestry,而不是 descendant。把 descent 误译为"后裔"

是翻译中常见的错误，比如 lineal descent 常被译作"直系后裔"，实应译为"直系血统"。血统是指人类因生育而自然形成的关系，这种关系包括直系与旁系在内，范围比"后裔"大，如：① She is of French descent.（她祖籍法国。）② He is British by descent.（他的祖先是英国人。）这两句常常被译成"她是法国人后裔"和"他是英国人后裔"。American of Chinese descent 通常也被译为"华裔美国人"，因此常常使人产生一种错觉，好像 descent 就是"后裔"。其实，晚辈血亲才可称为"后裔"。descent 并不包含这种含义，它的原义是指 ancestral extraction（祖先血统），只是指共同祖先而已，即"出身"。这种误解通常不易发觉，但在一定场合下就会发生歧义，比如：They trace their descent from an old Norman family.（他们追溯发现，自己的祖先出自一个古老的诺曼家族。）这一句里，如把 descent 译为"后裔"，全句就成为"他们从古老的诺曼家族追溯他们的后裔。"，意思就完全不对了。

　　ancestor 是指"祖先""祖宗"（any one of those persons from whom one's father or mother is descended），尤指爷爷奶奶一辈以前的远古的祖先（those more remote than one's grandparents），相当于 forefathers，如：His ancestors had come to America as refugees.（他的祖先逃难来到了美国。）ancestor 亦可指法律词语中的"被继承人"，而被继承人常常包括父辈及祖辈，所以它包含的这个界限常被忽视。其实这一界限似乎相当严格，只要超过祖父这一代就要用 ancestor，如：The ancestor of whom I am proudest is my great grandfather.（最使我引以自豪的祖先是我的曾祖父。）ancestor 是可数名词，而且是作"祖先"用的名词中唯一具有性别区分的名词，它的阴性是 ancestress。

　　ancestry 是"祖先""祖辈"的总称，通常译为"家世""世系"，是不可数名词，如：① Many Mexicans are of Spanish ancestry.（许多墨西哥人的祖先是西班牙人。）② He thought he was better than other people because of his distinguished ancestry.（由于出身名门望族，他自认高人一等。）

如何表述"伤害"

中英两种文字对人体伤害的程度、性质、位置的表述方式存在很大的差异。如"心灵受到伤害"与"心脏受到伤害",尽管两者的严重程度相去甚远,中文里都用"伤害"两字来表述。英语里关于伤害一词的用法却有许多讲究。

hurt/injure/wound 是英语中表示伤害的三个常用词。其中 hurt 是表示伤害程度最轻的一个,常用于感情上的伤害,如:The insult hurts her feelings deeply.(侮辱使她感情深受伤害。)它有时还作"痛""难受"解,如:① The tight shoe is hurting my feet.(鞋子太紧,我的脚都痛了。)② What he said hurt her very much.(他的话使她非常难受。)有时甚至可以轻到作"有害""不好"解,如:It wouldn't hurt you to say thanks for once.(说一声谢谢对于你并没有什么不好。)

injure 与 wound 所指的伤害就比 hurt 严重多了,两者之间的含义也有很大差别。

injure 常指意外事故中造成的伤害,如:

He was injured in a train crash.(他在一次火车撞车事故中受伤了。)

In the accident, about 20 workers were injured.(在这次事故中,约有 20 名工人受伤。)

而 wound 常指被他人故意伤害(包括身心两方面),尤指枪炮等各种凶器造成的伤害,程度也是最严重的,如:

He wounded his opponent's arm with his knife.(他用刀子刺伤了对手的手臂。)

The soldier's belly was terribly wounded.(这名士兵的腹部伤得十

分严重。)

　　hurt/injury/wound 作名词用时，表示伤口位置的方式与中文也完全不同。中文里随便什么伤口，都常常根据受伤部位的不同形状分别采用上、下、里、外等词语加以区别，如"他腿上的伤""他背上的伤""他肚子里的伤""他心里的伤痛"等，十分随便。英语中却须根据表示伤害的不同动词搭配采用不同的介词来标示受伤害的部位，不可随便互换。如果把"他腿上的伤"译成 an injury on his leg，或将"他背上的伤"译成 injuries on his back，把"他心里的伤痛"译成 an injury in his feelings，把"攸关我尊严的严重伤害"译成 a severe hurt with my pride——这些实际上都并不符合英语习惯，是译文中常见的错误。

　　不管伤害的部位在哪里，injury 与 hurt 后面，表示位置的介词只有一个 to，因此正确的译文应该是：an injury to his legs（他腿上的伤），injuries to his back（他背上的伤），an injury to his feelings（他心里的伤痛），a severe hurt to my pride（攸关我尊严的严重伤害）。

　　与 injury/hurt 相反，wound 所表示的伤口部位并不用 to，不论伤口在什么位置，表示部位的介词都应用 in。

　　1978年11月9日，意大利罗马一位首席检察官被恐怖分子杀害。当时英国报纸报道说：

　　The terrorist had finished him up with a shot in the temple.

　　由于 temple 可指"神庙""教堂"，有人就误以为他是在一座神殿或教堂里被枪杀了，但报道里从未提到教堂之类的地点，为什么突然提到 in the temple？原来，temple 还有一个含义是人的头部，尤其是头部太阳穴的位置。英语里表示 wound（伤口）位置的，都不用 to/at 或 on，不管这个伤口位置、形状如何，是内伤还是外伤，凡是凶器所造成的严重伤害，即使句子中没有出现 wound 这个词，都用 in 这个介词。所以，这句话中 in the temple 的真正意思并非指枪杀的地点，而是指枪击的部位，其真正的意思是"恐怖分子一枪打在他的太阳穴上，把他干掉了"。一个介词的用法几乎左右了句子的全意。

wound 与 injury/hurt 后面用以表示位置的介词不同，区别十分清楚。试比较：

The dead was shot *in* the head.—The dead has an injury *to* the head.（死者头部中弹。）

The bullet wounded him *in* the shoulder.—He had an injury *to* the shoulder.（子弹射中他的肩膀。）

The policeman was wounded *in* the legs and feet.—The policeman has injuries *to* the legs and feet.（这名警察的双腿与双脚都受伤了。）

即使是指人的感情、尊严等受到的无形伤害，英文里表示部位的介词也是按照这一规则，不可混淆，如：

He felt wounded *in* his honour.（他感到自己的名誉受到伤害。）

It is a severe injury *to* her reputation.（这是对她名誉的严重损伤。）

I intended no hurt *to* his feelings.（我无意伤害他的感情。）

He had internal injuries *to* his stomach.（他腹部有内伤。）

且给亲戚排排队

亲戚关系的远近，在法律关系上，具有重要的意义。中国封建社会以丧服的差别来区分亲属之间的亲疏远近，称为"服制"。服制按服丧期限以及丧服粗细的不同，分为五种，即所谓五服。丧服越粗，表示亲等越近。五服以外就算"无服亲"，故《礼记·大传》有所谓"六世亲属竭矣"之说。服制在中国古代有十分复杂的规定，它是调整亲属间民事法律关系的依据之一。在刑法方面，亲属间的侵犯、伤害行为，处分亦与常人不同，如尊长杀伤卑幼，关系越亲则定罪越轻，而卑幼杀伤尊长，则关系越亲处分越重。在现代法律中，亲属的法律效力也十分重要，如：民法上规定，监护人要由一定范围内的亲属担任，继承权也只限于一定范围的亲属才能享受；婚姻法上规定，一定亲等内禁止结婚；刑法上规定，某些犯罪以亲属关系作为告诉才处理的要件，即所谓亲告罪；诉讼法上规定，一定的亲属关系可以作为申请回避的原因。因此，在法律词语中，"亲戚"两字的表述必须力求准确。

关于亲等（degree of kinship）的计算方法，十分复杂，各国法律规定不一。当代欧洲大陆和日本等国采用罗马法计算法，英国则采用寺院法计算法。中华人民共和国成立后，废除了封建的宗法制度及其丧服制，以最简便的、群众习惯的方法计算亲等，如婚姻法规定，直系血亲和三代以内的旁系血亲禁止结婚。这里所说的三代，为最简单的代数计算方法。从己身上数到祖父母、外祖父母为三代。从祖父母或外祖父母同源而出，就是三代以内的旁系血亲。但目前中国的法律对亲属的种类和范围还没有做出具体规定。中文里对"亲戚"的说法繁多，在英语中有时很难找到意义完全相同的对义词。

不过，按照亲属或者亲戚关系的远近，我们还是可以从最亲的亲戚到最远的亲戚关系做一粗略的排列与比较：

lineal consanguinity / lineal relatives 直系血亲（指有血缘关系的直系亲属，如父母子女等）

consort/spouse 配偶（男女双方因结婚而产生的亲属关系）

【配偶是否为亲属各国立法不一，如德国、瑞士民法不把配偶列为亲属，我国与日本则都把配偶列为亲属。我国刑事诉讼法中提及的"近亲属"即包括夫妻在内。】

relatives in the direct line of descent 直系尊卑亲属

【既包括直系尊亲属（senior relatives），也包括直系卑亲属（junior relatives）。】

kindred 血亲关系；家属；亲戚

【该词指有血缘关系的亲属，又可分为自然血亲与拟制血亲（如收养关系）。作"血亲关系"用时，仅作单数形式。作"亲戚"用时，指一个人的所有亲戚，须用复数动词。】

next of kin （法律上）最近的亲属

【与 nearest relations 同义。它不一定是直系血亲，比如一个人没有子女、子侄，夫妻也是最近的亲属，尽管双方并无血缘关系。他的姑表亲也可能成为他法律上最近的亲属，如：cousin 或 first cousin 堂/表兄弟姐妹；boy cousin 或 male cousin 堂/表兄弟；girl cousin 或 female cousin 堂/表姐妹。但在美语里此词组常指"血缘关系最近的人"。】

nearest and dearest 近亲属的通俗用法（相当于 close relations）

lineal descent 直系血统

【又译"直系后裔"。它强调的是 direct descent from parent to child（从双亲之一到他或她的孩子的直接后裔），所以直系血统的亲属未必就是最近的亲属。】

close relatives 近亲属（如兄弟姐妹等）

near kin 近亲属（与 near relatives 同义，仅次于 close relatives）

consanguinity / relationship by consanguinity / relationship of the blood / relatives by blood / sib 血统关系；血亲关系

the whole-blood 纯血亲 / 全血亲(同父同母所生的同胞兄弟姐妹)

the half-blood 半血亲（如同父异母或者同母异父的兄弟姐妹等）

maternal relatives / cognate / mother sib 母系亲属

paternal relatives / agnate / agnatio〈拉丁语〉父系亲属；男系亲属

collateral consanguinity / collateral relatives / collateral relatives by blood 旁系血亲；旁系亲属

relation by marriage / relatives by marriage / relationship in law / affinity 姻亲（指因婚姻关系而产生的亲属关系）

relationship / kinship / affinity 亲属关系；亲戚关系

relatives / relations / kinsman（kinswoman）/ kinfolk（或 kinsfolk）/ kin 亲戚；亲属

【这些是最普通意义上的亲戚，不分远近。在中文里"亲属"常指"家属"（members of the family），与一般意义上的"亲戚"有很大的亲疏之分。英语里似乎并没有这种区别，但 kin 常有"家属"或者"家庭关系近的成员"（relatives or close members of the family）的意思，只作集合名词用。】

remote kinsman（kinswoman）/ distant relatives（relations）远亲

【指血统关系或者婚姻关系比较疏远的远房亲戚。如果是指住得比较遥远的亲戚，未必就是远房亲戚，应用 relative that lives far away。】

crown 与刑法

crown 是一个常用词。它的主要意思为"王冠"和"王权"。The Crown 常用以指代国王、女王或政府,如:Crown-lands or Crown property 是指王室领地、王室财产或国有房地产,Crown servant 指王室官员或公务员,Crown privilege 是指由于国家利益,王室与政府无需向法院出示文件的特权,Crown copyright 是指王室或政府的版权,Crown agent 指王室代理人。因此,把 crown 译为王室或皇家,好像是顺理成章的事。但在英国的法律英语里,crown 这个词,在很多场合里均指"刑事的"或"政府的",而不应或不能再译成王室或皇家,尽管从词源意义上说,它的确与王权有关。例如:

crown cases 在英国指"刑事案件"(不是王室案件)

crown counsel 英国的"检察官"(不是"皇家顾问"。但 crown solicitor 是指香港回归前的律政署"民事检察专员")

Crown Court 英国的"刑事法院"(不是王室法庭)

【有的译为"巡回刑事法院",因为它没有自己的固定法官。高等法院的任何法官、巡回法官或记录法官都可以在巡回刑事法院审理案件。它由一个巡回法官和陪审员组成,比治安法院高一级。但上诉案件或移送其量刑的案件,须与两至四名治安法官组成合议庭审理。】

crown law 指"刑法"(不是王室法)

crown lawyer 刑事律师(未必是皇家律师)

【但 Crown solicitor 或 Crown advocate 却指"御用律师""王室律师"或政府指派的律师。】

Crown Office 英国高等法院的刑事部、公诉署(不是皇家办公室)

crown paper days 刑事案件审理日

crown paper 刑事案件目录

Crown Proceedings Act 有译为《王权诉讼法》(指 1947 年英国的政府诉讼程序法，公民一般可以在合同或侵权诉讼中对王室本身及其政府各部门提起诉讼，相当于我国的行政诉讼法）

crown prosecutor 指公诉部所属的负责在当地对刑事案件提起公诉的检察官、公诉人（未必是王室检察官）

crown witness 英国刑事诉讼中原告方面的证人（并非指王室证人）

Crownside 英国专门审理刑事案件的"公诉部"（或译为"刑事部""刑事管辖权"，不可译为"王室方面"）

pleas of the crown 英国的刑事诉讼、公诉（不是王室的控诉）

不过，crown 的这种用法仅限于英国或适用英国法律的国家。

不存在的"二级谋杀罪"

打开报纸或网络,常常可以看到这样一些报道:

据美国《侨报》报道,中国女留学生杨楠涉嫌杀害美国南湾地产开发商命案,经过近7天的闭门审议,一审裁决于20日下午在圣塔克拉拉县高等法院正式公布。12名陪审员一致裁定,被告杨楠杀害白人男友麦克·卡尼斯的一级谋杀罪不成立,改判二级谋杀罪;同时两项被控持凶器攻击和造成日裔男友小木哲也的伤害重罪也都成立;另外两项被控使用致命武器攻击和暴力威胁被告白人男友麦克·卡尼斯罪名中的一项重罪成立,另一项则以轻罪论处。

据英国媒体12月10日报道,轰动一时的加拿大"养猪场谋杀案"第一轮审讯结束,被告罗伯特·皮卡顿被判犯有二级谋杀罪。由于陪审团未认定其一级谋杀罪名,受害人家属表示强烈抗议。皮卡顿涉嫌谋杀26名妇女,是加历史上杀人最多的连环案件。

类似这种被判处"二级谋杀罪"的报道,多不胜举,大家也习以为常,好像美国刑法里的确有一种罪叫作"二级谋杀",而且它的罪名原文就叫 second degree murder。这还有错吗?!

杀人罪是极其严重的罪行,各国分类极不一致,我国刑法按犯罪人主观心理态度分为故意杀人罪和过失致人死亡罪两种,分别列于刑法第四章。英美刑法将杀人罪分为谋杀和非预谋杀人两种。谋杀被称为 first degree murder 或 murder in the first,一般都译成"一级谋杀"。美国《模范刑法典》(Model Penal Code)规定:有目的地或者明知实施刑事杀人行为,或者在对人的生命价值持极度轻率、冷漠的态度下实施的刑事杀人行为，是杀人罪中情节最严重的罪行，称为一级谋杀。可能受此译文影响，second degree murder 通常也被译成"二级谋杀"，对此，大家似乎已经耳熟能详、见怪不怪了。

其实，这在逻辑上是不通的。因为，在汉语里，"谋杀"就是指"有预谋的非法杀人"，即我国刑法的"故意杀人罪"；而美国的 second degree murder 是指 a non-premeditated killing（非预谋杀人）。英国法学家 P. H. 科林在他编的 Dictionary of Law 里给 second degree murder 的解释是 murder without premeditation and not committed at the same time as rape or robbery，即指"没有预谋的杀人，并且不是与强奸、盗窃等严重罪行同时发生的杀人"，也就是说，second degree murder 必须具备两个条件，一是没有预谋，二是没有在犯另一种重罪时杀人。如果犯另一种重罪时杀人（如强奸后杀人），即使是临时起意或偶尔失手，没有"预谋"或"故意"，按照"重罪杀人规则"（felony murder rule）也应列入一级谋杀。所以，美国法律中，除了犯另一重罪时杀人外，凡是有所"预谋"的都属"一级谋杀"；所有"二级谋杀"都是非预谋的。显然，这个"谋"字就是区分该凶杀案究竟属于一级还是二级的关键。把非预谋的杀人以及过失杀人行为译为"二级谋杀"，就像在说"一匹黄色的白马"那样自相矛盾。

英美刑法中只用 first degree 与 second degree 来界别，把一、二两级杀人案都称为 murder。这是因为 murder 这个词在英文里并非指有预谋的"谋杀"，也指"过失引起的非正常死亡"（pointless death, esp. caused by carelessness）。有时它与 killing、homicide（杀人）同义，例如：The bombing murdered most of the civilian population.（大多数平民被炸死。）在这一句里，如果将 murdered 译成"谋杀"显然不妥。这是中英两种文字的不同内涵所造成的误译。英美刑法里并不存在既有预谋而又应归属第二级的所谓"二级谋杀罪"。凡有"谋杀"情节的，必然归入 first degree murder，判轻判重，那是另一回事。所以，second degree murder 的正确译名应该是"二级杀人"。该罪应称为"二级杀人罪"（the crime of second degree murder, or, second-degree manslaughter）。目前，大家习以为常的所谓"二级谋杀罪"，实际上并不存在。只有没有预谋的二级杀人罪，不可能存在有预谋的二级谋杀罪。

出现这种情况，恐与现代英美法学家对一级谋杀的解释趋于更加严厉有关。早先意义上的"预谋"含义渐趋消失。一级谋杀可以没有预谋恶意（malice aforethought），比如情绪激动下的杀人行为虽不可能有事先预谋，但仍应推定为一级谋杀。行为人在犯重罪（如抢劫、强奸、放火等）过程中致人死亡，虽无杀人意图，仍应定为一级谋杀。甚至事先存在重伤意图的行为，只要致人死亡，也被推定为一级谋杀。但这只是法官推定的罪，相当于我们刑法里的"按……罪论处"，罪行本身的性质还是不应混同。没有预谋的"谋杀"显然并不存在。"二级谋杀罪"只是一种将错就错的译名。否则，只要杀人，就无不是有预谋的一级杀人了，还分什么等级？

"偷"与"抢"的区别

虽然英美人对 rob 和 steal 的含义没有中国人分得清晰，但在用法上远比中文严谨。比如说：①某某银行被抢了。(A bank was robbed.) ②某某商店被抢了。(A shop was robbed.) 我们知道①是说银行的钱被抢了，银行还在，②是商店里的货物被抢了，商店还在。但如果我们说"他的车被抢了"，中文就会发生歧义。究竟是车上的东西被抢了，还是车子本身被抢走了？在这个问题上，英美人比我们想得周到，分得很清楚。

rob 的中文对义词是"抢劫"。在中文里，抢劫的标的既可以是财物，也可以是人，而英语 rob 后面的直接宾语却是抢劫的对象，不是所抢劫的东西。所抢劫的东西前面必须加介词 of，其句型为"rob + place or person + of sth"，如：Thieves robbed the bank of thousands of dollars.（盗贼劫走了银行数千美元。）这个 of 即使在被动语态中也不能省，如：I was robbed of my watch.（我的手表被抢走了。）

they robbed the girl 按中文的思维习惯容易误解为"他们把这个女孩抢走了"，而实际上这句话的意思是"他们把这个女孩的东西抢走了"。如果要说"他们把这个女孩抢走了"，该把 robbed 换成 abducted 或 kidnapped。因此，如果只是说"他的车子里的东西被抢了"，可以说：① He was robbed of his car. ② Somebody robbed him of his car. ③ His car was gone. ④ His car was stolen. 哪怕 rob 作为"剥夺"解时，句型也不变，如：Fear robbed him of speech.（恐惧使得他连话都讲不出来。）这显然比中文明确。

steal 的用法正好与 rob 相反，动词后面直接接被偷的东西。如果把前面句子中的 robbed 换成 stole，那么，they stole the girl 是指"他们把这个女孩偷走了",被偷走的是人,而不是"女孩的东西"。说"从某人处偷走某物",该用 steal sth from sb 的句型,如:

He stole a watch from her. / He stole her watch.(他偷了她的表。)

She used to steal money from her father's desk drawer.(她常常从她爸爸的书桌抽屉里偷钱。)

steal 除了作"窃取"解外,还有一种常被人们疏忽的含义,即"为某人偷窃某物",如:

He stole her a watch. 这是指"他偷了一只手表给她",而不是"他从她那里偷了一只手表"。

The thief stole her a bicycle. 这是说"小偷偷了一辆自行车给她",不可理解为"小偷偷了她的自行车"。后者可译为:① The thief stole her bicycle. ② The thief stole a bicycle from her.

中英两种文字的使用习惯不同,常常是造成错译的祸根。

因此,"罗宾汉劫富济贫"在英语里可以表达为以下两种不同句式,意义完全相同:

Robin Hood robbed the rich to give to the poor.

Robin Hood stole from the rich to give to the poor.

"搜"字的用法有讲究

用"搜""搜索"或"搜查"来作 search 的对义词是不全面的，很容易引起误解。因为中文里的搜索或搜查都包括"搜查的地方"和"要搜查出来的东西"，如"搜山"指的是在山里搜查某物或某人，并不是要寻找山；而"搜毒品"指的是寻找毒品，并不是在毒品中找其他东西。

英语 search 却不一样。它的正确含义是"to look at, through, into, etc. or examine a place carefully and thoroughly to try to find something"（仔细彻底地搜索某处以便找出某物）。它所接的直接宾语是搜索的地方，不是所要搜寻的目的物。如果搜寻要寻找的目的物，该用 search for、search out、search after、search into 等介词短语。如：They are searching the goods. 这是指"他们正在对这批货物进行搜查"，不是"他们在搜寻这批货物"。后者应译为：They are searching for the goods.

与 search for 同义的有 search after。它们都有"努力寻找"的意思，但 search after 的语气更重，如：to search after truth（追求真理）；to search after happiness of life（追求人生幸福）。

search out 是"找到""找出"，如：The lawyer searched out the weakness in the witness's statement.（律师在证人的陈述中找到了弱点。）

search into 是"探究""调查"。目的不在寻找东西，而在于查明某一事实，如：The police are searching into a murder.（警方正在调查一件凶杀案。）

以下各句意思都不相同，注意介词的用法：

The police shall search the car.(警察将搜查这辆车。)——在车上找什么没有讲。

The police shall search for the car.(警察将寻找这辆车。)——这辆车就是目的物。

The police shall search out the car.(警察将会找到这辆车。)

The police have been searching through the car for drugs.(警察把车里仔细搜查了一遍,寻找毒品。)

The police are trying to search after all the facts of the case.(警察正在努力寻找本案的全部真相。)

"问"出来的问题

中文里的"问"字,用法非常灵活,后面可以接问的对象(如:问警察,问律师,问苍天),也可以接问的内容(如:问路,问责,问时间,问身世),可以既接问的对象又接问的内容(如:问警察一个问题,问律师何时开庭,问道于盲),但在英语里,问题就没有这么简单。

ask 带双宾语时,有两个句型。如:① I ask him a question.(我问他一个问题。)这样的句型完全符合中文的习惯,不会出问题。② "I ask a question of him." 这样的句型很容易令用惯中文的人产生误解:究竟是"我问他一个问题"还是"我问一个关于他的问题"?关键在于 of 后面接的是问的对象,还是问的内容。把 question of sb 整体当作 ask 的一个宾语是常见的错误。如:May I ask a question of God? 这句话是说"我可以向上帝问一个问题吗?",与"May I ask the God a question?"同义。被问的对象是上帝,不是"我可以问一个关于上帝的问题吗?"(被问的对象不是上帝)。

与 ask 不一样,inquire(询问)不论作及物动词还是不及物动词,后面都不能接"指人的词",必须在指人的词前面加一个介词 of。你可以说:inquire my name(询问我的名字),inquire his telephone number(询问他的电话号码),inquire the time(问时间),inquire the way(问路),inquire the address(问地址),inquire the price(问价钱),inquire the matter(问这件事)。但绝不可说 he has inquired me about the matter,该说 he has inquired of me about the matter(他曾经向我询问过这件事);不可说 she inquired him what he wanted,该说 she inquired of him what he wanted(她问他要什么)。

这里所说的"指人的词",不光指你我他等代词,也包括警察（police）、法官（judge）、犯罪嫌疑人（suspected criminal）、原告（plaintiff）、被告（defendant）、证人（witness）等,只要是指人的词,都包括在内。如:The policeman inquired of a bystander what had occurred.（警察询问站在旁边的人发生了什么事。）of 后面有时也可以是个组织。如:They have inquired of the consultative committee about the applicant's previous jobs.（他们曾经向咨询委员会询问过申请人以前的职业。）在被动式里,这个 of 也必须带上,如:The consultative committee have been inquired of about the applicant's previous jobs.（咨询委员会曾被问及申请人以前的职业。）

这个"of + sb"构成的宾语,有时可以移到句尾,意义不变。由于 of 常见的意思是表示所属关系,很容易造成误解,如"The judge inquired the address of him."是指"法官向他询问住址",这个住址可能是被询问人的住址,也可能是其他人的住址,不可误解为"法官询问他的住址"。"法官询问他的住址"有以下两种表述方法:① The judge inquired of his address. ② The judge inquired of him about his address.

of 的这个用法,即使在名词 inquiry 中也没有改变。"向某人问某事"的句型是 make inquiries of sb about sth,如:He has made inquiries of her. 这是指"他曾经向她问了一些问题",而不是"他曾经问了一些关于她的问题"。如果要说"他曾经向她问了一些她自己的问题",该说:He has made inquiries of her about herself.

question 是"询问"的常用对义词,但与 inquire 不同,它后面可以直接接指人的词,不必加 of,如:① Investigators may question a witness at his office or residence.（侦查人员询问证人,可以到证人的所在单位或者住所进行。）② When a witness under age of 18 is questioned, his legal representative may be notified to be present.（询问不满 18 岁的证人,可以通知其法定代理人到场。）

by 与 by- 的区别

英语构词法中有一种常见的方法,就是在两个词之间用连字符,构成一个新的合成词。合成词在英语中比较活跃,数量也大,但通常情况下,合成词各部分词的原来意思基本不变,如 sun-bathing(日光浴)、double-dealer(两面派)、ever-victorious(常胜的)、face-to-face(面对面的)、state-owned(国营的)、large-scale(大规模的)、good-for-nothing(无用的人)等,举不胜举。有时中间的连字符也去掉合成一个新词,各部分词的原来意思也基本不变,如 handwriting(书法)、handcuffs(手铐)、blacklist(黑名单)、waterway(航道)、overthrow(推翻)、online(在线)、realtime(实时)等,也是举不胜举。

这种合成方法,在英语中有较大的任意性。有的合成词在词典中都未必查得到,但读者一看就懂,原因就在于各合成部分的基本含义没有变,如:① He adopted a wait-and-see policy at the meeting. (他在会上采取了"等着瞧"的策略。) ② Your nothing-can-be-done attitude is of no help to our company. (你这种"无能为力"的态度,对我们公司毫无帮助。) 可是,如果你把以 by 构成的合成词也作如此想的话,那就要上当了。

by 作介词时的意义与 by- 作前缀时的意义完全不同。by- 也写作 bye 或者 bye-,如:

by product 是"按产品",而 by-product 是指"副产品""副作用"。

by law 是"依照法律",而 by-law(或 bylaws; byelaw; bye-law)是指"(公司等的)章程""细则""(地方)法规"(law or regulation made by a local, not a central, authority)。

by name 是"名叫……",如:① I know her only by name. (我只

知道她的名字。）② I call him by name in public.（我当众叫他的名字。）③ He met a woman, Aileen by name.（他认识了一位名叫艾琳的女人。）而 by-name 是指"假名""别名""绰号"。

by election 是"依据选举"，而 by-election 却是指"补缺选举"。

此外，还有不少由 by 或 by- 构成的复合词，大都带有"小""副""次要""附近"的意思，如：

by-effect 副作用

by-line 副业；也指报刊文章中"用 by 标出作者名字的一行"，通常是第一行。

by-end 私下的目的；附带的目的

bypass 旁道

byway 小道

byroad 小路；支路

bywork 业余工作

bywalk 辟径，行人道

bystander 旁听者

byplay 与主要情节无关的次要动作，辅助情节

以上各合成词，在 by 后面加连字符与不加连字符的，似乎都在用，并无严格区别，比如在商务印书馆出版的《牛津高阶英汉双解词典》中，byline 与 byroad 均无连字符，by-play 却有此符号；而在上海译文出版社出版的《新英汉词典》中，正好相反，写作：by-line; by-road; byplay。两者应该都是对的,这表明文字也在不断演化。但有些合成词习惯上已经成为一个词，是不应随便加上连字符的，如 bygone（过去的事）也是 by 和 gone 的合成词，如 let bygones be bygones（既往不咎），就没有见过将 bygone 写为 by-gone 的，这也是一种约定俗成吧。

相同的四季,不同的月份

全世界都承认一年有春(spring)、夏(summer)、秋(autumn)、冬(winter)四个季节,但各国所说的季节所指的具体月份并不相同。习惯上,我国所说的春、夏、秋、冬应该从日历上的"立春""立夏""立秋""立冬"开始,但从天文学上说,spring、summer、autumn、winter 是从"春分""夏至""秋分""冬至"算起。这两种算法相差很远。以 2007 年为例,11 月 8 日是立冬,12 月 22 日才是冬至,从"立冬"算起的冬季就比从"冬至"算起的冬季要早 45 天。由于各国气候不同,各国所说的四季的具体月份相差就更远了。这种认识上的差异在严谨的法律文书中有时就会在权利与义务上引发严重的后果,比如:the spring of 1950,this spring,next spring,last spring,spring ploughing,以及 in the late autumn、autumn harvest、winter sports 等。这些涉及季节的词语,在不同的国度都有不同的解读。

首先,我们有必要了解英美国家对四季的具体划分,但长期以来这种划分似乎并不一致。据英国牛津大学出版社出版的《牛津英语词典》解释,英国的春季约自 3 月 21 日至 6 月 22 日。而据美国《韦伯斯特大辞典》和《美国传统词典》解释,北半球的 spring 是指 March、April、May,即 3、4、5 三个月。两者前后相差将近一个月。中国习惯上所说的春季,是指从立春到立夏的三个月时间,也指农历正月、二月、三月这三个月(见商务印书馆《现代汉语词典》)。

据语言学家葛传槼先生的研究,在英国,依照民间的通俗用法,把 2、3、4 月当作 spring,把 5、6、7 月当作 summer,把 8、9、10 月当作 autumn,把 11、12 和第二年的 1 月当作 winter。在美国,则把 3、4、5 月当作 spring,把 6、7、8 月当作 summer,把 9、

10、11月当作fall(美国通常称autumn为fall),把12月和第二年的1、2月当作winter。也就是说,美国的冬季要比英国迟到一个月,比我国所说的冬季也迟到22天,但比天文学上所说的冬季却要早21天。而且葛先生所说的英国春天要比英国词典里所说的春天早一个月。正因如此,法律文书中极少用季节来表述"期间",也尽量避免用季节来表述"期间",以防发生解释上的歧义,只有一些特殊的场合除外,如:spring-cleaning(大扫除);spring-time(青春期;全盛期)。

summer常用以表述一个人的年龄,如:in the summer of one's life(壮年时期),a girl of eighteen summers(18岁的大姑娘),look younger than his/her seventy summers(看起来比他/她70岁的年龄要年轻)。有时summer指一个人一生中或一种事业的最好日子,如:That was the high summer of Chinese literature.(那是中国文学的极盛时期。)而autumn常用以表示成熟但已垂暮的年龄(the time when leaves turn gold and fruits become ripe),如:He has reached the autumn of his life. 此句译为"他已到垂暮之年。"或"他已到了成熟的年龄。",都无不可。中文里的"秋"却常常用以表示"一年",如:"千秋万岁"(for thousands of years);"一日不见,如隔三秋"(one day's depature away from you is like three years)。但更多时候,"秋"指不好的年头,如:"多事之秋"(eventful period of time);危急存亡之秋(critical time)。

英语里的"贷"与"借"

中文里的"贷"含义十分模糊。根据《现代汉语词典》的解释,"贷"指"借入或借出"(borrowing or lending money)。"我向银行贷了一笔款"的"贷"字是指"借入","银行贷了一笔款给我"里的"贷"字是指"借出",在汉语里这两句都是正确的。loan 在英语里是及物动词"贷",也可作名词"贷款"。在美国英语里,它是法律英语中经常使用的词。在英国英语里,它是比 lend 还要正式的词。那么,它的含义是否也像中文的"贷"字一样模棱两可呢?不是。

作及物动词时,loan 和 lend 是同义的,都指"借出",有的词典里 loan 和 lend 的解释都一样,即 to give someone a sum of money on the understanding that it will be paid back with interest after a fixed period(给某人一笔钱,讲明在一定时期后连利息一并归还),亦即中文里的"放款""贷款"。因此,可以说 the bank will loan me capital(银行将贷给我资金),却不可说:I will loan capital from the bank.(我将向银行贷一些资金。)后者应将 will loan 改成 will borrow,或改为:① The capital will be loaned by the bank.(资金将由银行贷出。)② I will ask the bank for a loan / I will ask for a bank loan / I will ask for a loan by the bank.(我会向银行申请一笔贷款。)

loan 作动词时,美语里主要指借给"钱",如:Can you loan me $100?(你能借给我 100 美元吗?)英语里主要指借给"东西",如:He loaned his collection of pictures to the public gallery(他把藏画借给画廊。)

以 loan 作名词的词组,有时指"借出",有时指"借入"。要注意区别,例如:make a loan 是指"借出一笔贷款",不可理解为"借入一笔贷款";"I hope you can make us this loan."是说"我希望你借(出)给我们这笔贷款",不可理解为"我希望你使我们能借(入)这笔贷款";"I will make him a loan of $500."是说"我会借给他 500 美元",不可理解为"我会使他借到 500 美元"。

loan capital 是指"借入资本",亦称"借贷资本",不包括"借出资本",它的原义为 the part of a company's money that is borrowed and had to be repaid at a later date(公司借入的日后必须偿还的钱)。

loan market 是"借贷市场",虽然字面上包括借与贷,其原义却指"能向政府、金融机构和工商企业提供贷款的资本市场"(the part of the capital market which lends money to the government, financial institutions and business companies),主要指"借出"。

on loan(借用)包括"借出与借入"(lent or being borrowed),如:

This car isn't mine. It's on loan from my friend.(这辆车不是我的,是我从朋友处借来的。)——借入

He has been on loan to your company since October.(他从 10 月份就已经借调到你们公司了。)——借出

"继续"与"连续"辨异

continuance、continuation 和 continuity 这三个表示"继续"的名词，意义并不相同。

continuance 和 continuation 都指"继续""连续""持续"。但 continuance 指的是"自动的连续"，义为"continuing existence; remaining"（继续存在，保持下去），即事物本身"继续下去"，相当于 continue 作不及物动词，如：

continuance in office 连任（相当于 the state in office continues）

continuance of tenancy 租赁的延续（相当于 tenancy continues）

We admire him for his continuance of work in spite of illness. 我们佩服他带病继续工作。（相当于 work continues）

The continuance of this drought will ruin the harvest. 这次干旱的持续将毁掉收成。（相当于 this drought continues）

continuation 所指的是"被动的继续"，义为"the act of continuing; carrying sth on; prolongation"（继续的行为；使某事继续下去；延续），不是事物本身的继续，相当于 continue 作及物动词，如以下句子中的"延续"就应用 continuation：

War is the continuation of politics by other means. 战争是政治的另一种延续。（相当于 to continue politics）

The prosecution counsel argued for a continuation of the search. 原告方律师主张继续进行调查。（相当于 to continue the search）

但在法律意义（legal sense）上，它们另有特殊含义，如 continuance 不是"诉讼的延续"而是指"诉讼延期"。在美国法律用语里 continuation 不是"法庭的延续"，而是指"（法庭的）休庭；

休会"(= temporary stoping of a trial; adjournment)。

有时，两者的用法十分近似，可以互换，如：

continuance/continuation of tendency 租赁的延续

The continuance/continuation of the grant depends on his good examination result. 如果他的考试成绩好，就能继续获得奖学金。

此外，continuation 还有"延长物""延伸部分"的意思，这是 continuance 所没有的。下面句子中的 continuation 都不可换成 continuance：

a continuation of the story 故事的续篇

the continuation of the building 大楼的增建部分

continuity 是指 state of being continuous（连贯性，连续性），为不可数名词，如：

The jury appreciated the continuity of the lawyer's argument. 陪审团赞赏律师辩护词的连贯性。

Your paper should have unbroken continuity. 你们的文件应当具有完整的连贯性。

We must ensure continuity of fuel supplies. 我们必须确保燃料的持续供应。

"行为"的不同含义

act 与 action 作名词"行为""行动""举动"解时，既可以指好事，也可以指坏事，词义相近，有时完全相同，如：

a generous act/action（慷慨的行为）

a kind act/action（好心的行为）

a cruel act/action（残酷的行为）

a foolish act/action（愚蠢的行为）

可是在许多场合，这两个词并不相同，不能互换。关于这两个词的异同有许多说法。国内语言学家一般都认为，act 是指一时的、简单的、具体的动作，而 action 是指连续而复杂的、比较抽象的动作。我国著名语言学家葛传椝先生曾对此作了一个生动的比喻：如你看见有人倒在地上，扶他起来，这是 act；要是不但扶他起来，而且替他叫车，送他到家等，那是 action。但可惜这一区别在法律英语里似乎并不适用。英美语言学家（如汤姆·麦克阿瑟）在区分 act 与 action 时，只说"act 是比较正式与庄重（formal & pomp）的用语，action 是比较普通的用语；act 是可数名词，action 既是可数名词，也是不可数名词"，没有前面所说的那些区别，他举的例子也正好否定了前面所说的区别。比如他所举的下面例子中的 act 与 acts 所指的"行为"都不是一时的简单的动作，而是连续的复杂的动作，与 action 并没有什么区别。

Murder is a terrible act.（谋杀是可怕的行为。）

From his acts he seems to be a fool.（从他的行为来看，他好像一个傻瓜。）

We need action, not words.（我们需要行动而不是言辞。）

在法律用语中，这两个词的用法似乎遵循约定俗成的规律，倒真有一个明显的区别，即凡是法律意义上的"行为"，一般都用 act 表示，很少用 action 表示，如：

civil acts（民事行为）

a civil juristic act / civil juristic acts（民事法律行为）

to perform a civil act（实施民事行为）

one's agent's acts（代理人的行为）

acts of interference in the freedom of marriage（干涉婚姻自由的行为）

an act of life-time（生前行为）

an act of accepting bribe（受贿行为）

an act of violence（暴力行为）

an act of tort（侵权行为）

a criminal act（犯罪行为）

conditional civil juristic acts（附条件的民事法律行为）

the act mentioned in the preceding paragraph（前款所述的行为）

Any act that endangers society and is subject to punishment according to law shall be considered a crime.（任何危害社会并依法应当受刑罚处罚的行为都是犯罪。）

而 action 都指"诉讼"或"案件"，很少作"行为"解，如：

actions civil 民事诉讼 / 案件（不是"民事行为"）

actions penal 刑事诉讼 / 案件（不是"刑事行为"）

action in tort 因侵权引起的诉讼（不是"侵权行为"）

action for libel 因诽谤引起的诉讼（不是"诽谤行为"）

action for negligence 因过失提起的诉讼（不是"过失行为"）

bring an action against a company 对一公司提起诉讼（不是"对一公司采取行动"）

The action will not lie. 起诉不能成立。（不是"这个行为不成立"）

action in chief 主诉，本诉（不是"主要行为"）

在个别情况下，action 有时也具有双重含义，如：

state action 既可指"国家诉讼"，也可指"国家行为"。

action at law 有译为"法律诉讼"的，也有译为"诉讼行为"的。

在成语里，有些只可以用 act，有些只能用 action，不可随意互换，如：

act of God（不可抗力）

catch sb in the act of doing sth（当场抓住某人做某事）

put on an act（装模作样）

take action（采取行动）

Actions speak louder than words.（行为胜于雄辩。）

而 deed（行动；行为；事迹；所做的事）大多用于正式、庄重的场合，以及文学与老式的文体里。它是可数名词，也可作不可数名词用，如：

Deeds are more important than words.（行动远比言辞重要。）

He is an honorable man in words and in deeds.（他是言行一致的高尚的人。）

He was rewarded for his good deeds.（他因做好事而受到奖励。）

在法律英语里常用 deed 作"契约""文据"解，如：

deed of appropriation（使用权证书）

deed of association（合伙契约）

deed of mortgage（抵押契据）

deed of transfer（转让契约）

法律英语中的俚语

法律英语与俚语（slang）好像风马牛不相及，其实不然。因为实际案件中，当事人的关键语言常常不是正式的语言，而是俚语。俚语本身虽然不是法律词语，但司法案件的原始材料大多来自社会中下层人民的朴素语言，它们常常带有大量的俚语。法庭笔录或证词必须依法记录原话，不得随便改动。因此，你可能会毫无问题地看懂一份英文的法庭判决，却可能无法看懂一份英文的口头证词或庭审笔录。

要给俚语下个定义，并不容易。一般认为，俚语是一种极通俗的语言，低于受过教育的人的标准语，往往是特定社群或特定行业里含有某种特别意义的时兴语（fad words）。《现代汉语词典》解释，俚语是指"粗俗的或通行面极窄的方言词"；现实生活里，由于俚语具有简便、鲜活的特点，英美国家人民使用俚语的人群已有愈来愈广的趋势，尤以大中学生居多，早已不限于"未受过教育的人"。因此说俚语已成为现代英语口头词语（colloquilism）中不可忽视的部分，恐怕并不为过，以致于有人将书面语称为视觉语言（eye-language），将包括俚语在内的口头语称为听觉语言（ear-language）。

现代英语俚语的内容十分复杂，它与行话（cant 或 jargon）、行业间的暗语（argot）、以及习语（idioms）、粗俗语（vulgarism）、方言（dialect）、应变语（coined terms）、新创语（newly invented words）之间的区别已经越来越小，界限越来越模糊。如 Yankee（洋基，即美国人）这个词本来是美国的荷兰移民创造的方言，现在已成为人人皆知的时兴用语。美国最有名的棒球队就叫 Yankees（洋基队）。Yankee hospitality（美国人的好客）也已成为正式的用语。

有的俚语显然带有戏谑或蔑视的味道，如把外科医生（surgeon）叫做 sawbones（锯骨头的），把钱叫做 brass（黄铜），把律师、代理人称为 mouthpiece（嘴皮子，喉舌）。如 grass 本义是"草"，英美罪犯用的俚语里，grass 是指"告密的人"。

一般来说，每个俚语都有它的出处与来历，往往只在一段时间里流行，没有太长的生命力。读 18、19 世纪的英美文艺小说，你会发现有许多当时流行的俚语已经不再有人使用，成为死亡的语言。但有的俚语则生命力很强，日长月久，几乎成为正规语言的一部分，已经很难说出它的出处与来历。以人人皆知的 OK（= okay）为例，它的来历就有十来种说法。有的说它来自美国印第安语，有的说它来自拳击运动。比较通行的一种说法是，美国 19 世纪有一个叫 Martin Van Buren 的人准备参加总统竞选，支持他的人组织了一个竞选俱乐部叫作 Okay Club。OK 取自他的故乡，纽约州的 Old Kinderhood。按照这个说法，OK 起码已经用了一百多年。英国人本来十分看不起它，拒绝使用。中国"文革"初期有的大学外语教学中还把它列为"资产阶级的腐朽语言"，现在它却早已代替 all correct、all-right、agree、approve、assent、confirm、satisfactory/satisfactorily 等词，表达"好""不错""同意""批准""认同""满意/满意地"等含义而被广泛接受。《牛津高阶英汉双解词典》也已把 OK 与 okay 列为正式词条。它既可作为名词，亦可作为形容词、感叹词。即使在"We've got the OK from the council at last."（我们终于获得委员会的同意。）"这样正式的句子里，用 ok 远比用 permission 更为常见。其他如 fans（着迷者；粉丝）、cop（警察）、guy（小伙子）、peach（漂亮姑娘）、kill time（消磨时间）、cool（极妙的；酷）等，几乎都已成为日常用语，司空见惯。口语与俚语生命力的强劲于此可见。

以下这些句子，都来自美国劳动人民的口语。如果你不了解其中一些俚语的意思，会不知所云。

1. The 64,000-dollar question is: where on Earth, literally, are we going to find the money that we need to fulfill the demand?

这是有关 6 万多美元的事吗？不是。原来 the 64,000-dollar question（也有写作 the sixty-four thousand dollar question 的）源自 20 世纪 40 年代美国电台有奖问答比赛节目，6 万美元是最高奖，美语俚语里常因此指"关键问题；最重要的问题"。全句意指"关键问题是我们究竟到哪儿去找能够满足我们需要的钱"。

2. She is not a dead-beat.

词句中的 dead-beat 与打架无关。原来 dead-beat 意指"赖账的人"。全句译为：她不是一个赖账的人。

3. It's nice to have money once in a while instead of being flat broke.

flat broke 身无分文，一贫如洗。全句指"一旦有钱，不再身无分文该多好"。

4. The guy told me a bunch of bull.

这里的 bull 可不是牛。原来俚语里 bull（= bullshit, rubbish, nonsense）指"废话"，意即"那家伙对我说了一大堆废话"。

5. He started giving me the third degree.

third degree（警察的）严刑拷问；刑讯逼供；疲劳审讯。全句意指"他开始对我严刑逼供"。

6. He has put government officials on the shake.

on the shake 参与犯罪活动（尤指勒索等犯罪活动）。常用 put the shake on sb (= put sb on the shake)指贿赂或勒索钱财。全句意指"他曾经贿赂政府官员"。

7. Police shook my room down, looking for narcotics.

shake sb/sth down 彻底搜查某人/某处。全句意指"警方为搜索毒品，把我的房间彻底搜查了一遍"。

8. If he ever makes a pass at you, I'll wring his neck.

make a pass at sb 对某人作非礼举动；向某人调情。全句意指"如果他对你对手动脚,我会拧断他的脖子"。

9. We used to go to the small stores, even though we got clipped.

clip 骗取钱财,敲竹杠。全句意指"我们尽管被敲过竹杠,还是经常去那小店"。

法律英语中的另类表述

学习法律英语的人对英语中的另类表述是不该忽视的，常见的另类表述一般很难从字面解析。

a big rouse-up（= a pep talk）情绪热烈的谈话

a pretty pass / a fine pass / a nice pass 危急的局面，困境

Anglo 即 Anglo American，指英国血统或北欧血统的美国人，有时泛指有钱的白种人。

bear hug 原义为"熊的拥抱"，指用双手抱紧。如：I grabbed his spear and gave him a bear hug.（我夺过他的矛，紧紧拥抱了他。）

Believe you me.（= You may believe me.）你可以相信我。

blow one's stack 发脾气。如：I lose my temper sometime and blow my stack at him.（有时我情绪失控，还向他发脾气。）

boloney（= rubbish，也写作 baloney）胡扯，废话。如：Don't talk boloney.（不要胡说八道。）

bounce 支票被拒付

boy 乖乖，好家伙，常用作感叹词，并非指具体的人。如：Boy!

buddy 伙伴，哥儿们，弟兄（主要在称呼时用）

catch more static 受到更多的批评（static 原指静电干扰）

closing costs 房地产产权转移所需的费用（包括房地产价格和全部手续费）

cop-out 借口；逃避的行为。如：The TV debate was a cop-out, it didn't tackle any of real issues.（电视辩论只不过是做做样子，并不解决实际问题。）

cut a dash 帅；神气；有气派。如：He really cuts a dash in his new uniform.（他穿着新制服时样子真帅。）

cutie 漂亮的女人

dash 在口语中常用作比 damn 委婉一点的诅咒语。如：Dash it! I've broken my glasses.（糟了，我把眼镜弄碎了。）

deep pocket 深衣袋当事人；很有钱的雇主（美国律师对拥有无限财源的委托人的称呼，是一个术语）

defense mechanism 自卫手段

Did I have a lot of garbage to put up with! 乖乖！我得忍受多少讨厌的事啊！

doing something else on the side 搞点副业

Don't get me wrong. 请不要误解。

Don't give them the benefit of the doubt. 别相信他们。（give sb the benefit of the doubt 原为法律用语，指证据不足时应假定某人无罪。）

Don't play God with me. 别在我面前假充圣人。

double Dutch 莫名其妙的话

dough（= money）钱

el（= elevated railway）高架铁路（火车）。如：I couldn't decide whether to take the bus or the el.（我决定不了究竟该乘公共汽车好还是乘高架铁路火车好。）

everybody and his brothers 所有的人（只是一种加强语气的用语，与 his brothers 其实无关）

get one's D's 不及格，得了低分。如：I took math, physics, and got my D's.（我选修了数学、物理，但不及格。）

go-getter 积极肯干的人

grand 一千，如：It costs me 20 grand a year to run a car!（养一辆车，我一年得花两万美元！）

gravy 非法所得

gray area（= unclear area）猫腻；说不清的情况；灰色地带

gray matter 智力，人脑

gripe（= complain）发牢骚，抱怨。如：She keeps griping about my carelessness.（她老是不断抱怨我粗心大意。）

He'd do everything to get you. 他老是给人找麻烦。

henpecked 怕老婆的，惧内的

hick 乡下佬，土包子。如：When a Midwestern hick arrives in New York, you have to start at the bottom—and I did.（作为一个来自中西部的乡下佬，到了纽约，你得一切从头干起——我就是这样。）

high as anything 派头十足。如：He is dressed high as anything.（他穿得派头十足。）

hot spot 热闹的娱乐场所

I becha（= I bet you）我敢打赌，我敢说

I could afford to be on my own and left alone. 我能够独来独往，没人来惹我。

I didn't know beans.（= I didn't know anything.）我什么也不知道。

I don't kill myself. 我不会累死。

I was looked up to. 人们都很佩服我。

I'm high on the work. 我干这样的工作，觉得很满意。

in a snide way 刻薄地，挖苦地

It's patronizing. 简直是一副教训人的样子。

kick out 解雇

kick sth around 非正式地讨论某事，随便商谈

kick the habit 戒除某嗜好。如：We should try to persuade smokers to kick the habit.（我们应该说服吸烟者戒烟。）

kinda rough 义为"有点够呛"。如：Going eight hours straight out there is kinda rough.（在那里连续干8个小时有点够呛。）

know a thing or two about sb/sth 对某人/某事很了解

know one's onions/stuff 精通本行业务；精明能干

kook 怪人，狂人

live and let live 自己活，也得让别人活（指为人要宽容）

look forward to a lower key way of living 希望过不那么紧张的生活方式

low on the totem pole 社会地位很低（totem pole 原指图腾柱）

make a haul 赚了一大笔钱

make change 找零钱

middle-income high rises 中产阶级家庭住的高层公寓

moonlight 从事第二职业，兼职

name names 指出（受批评或受赞扬的人的）名字。如：The president said someone had lied but wouldn't name names.（总统说有人撒谎，但他不愿说出名字。）

nitty-gritty 事情的真相，根本原因

no-no 禁止干的事。如：If you have a supervisor on, that would be a no-no.（如果督察员在场，那是禁止干的事。）

off-day 不顺心的日子；倒霉的一天

old stand-by 老主顾。如：We allow a little bit of credit to old standbys for about a week.（我们只对老主顾允许少量金额赊欠一星期。）

on the pass 上班的时候

onion letter 讨厌的投诉函或告状信

pain in the neck 讨厌的家伙；使人厌恶的义务

people with name tags 有名气的人

play out the role 应付应付。如：If I don't feel so good, I play out the role.（如果我觉得不大好，我就应付应付。）

poli sci（= political science）政治学

put down 义为"看不起，小看"。如：I think they put down a housewife.（我认为他们根本看不起一个家庭妇女。）

say-so 决定权。如：To be free is to have some kind of say-so.（自由就是有些事可以说了算。）

self-employed 自由职业者

small talk（= gossip）流言蜚语，闲言碎语

spanking（= hit on the bottom）原指打屁股，口语中常用作形容词，表示"非常""十分"，相当于 very、outstandingly。如：It's a spanking new car.（这是一辆崭新的车。）

spot check 抽查

Status goes out the window. 就顾不上要什么派头了。（指把身份抛开不顾）

stick out for sth 坚持索要某物，如：They are sticking out for higher wages.（他们坚持要求提高工资。）

straight run 不间断地干活

strike out 奋力前进；另谋生路。如：He struck out on his own.（他努力独立生活。）

subsistance wage 只够维持生活的最低工资

swing shift 中班（指从下午 4 点到午夜的工作班）

swinging place 热闹的娱乐场所

That really gets me. 这确实使我感到很不舒服。

That really gets me. 这真叫我恼火。

That's the way I'm geared. 我这个人就是这样。

the girl-next-door type 邻家姑娘（容易亲近的好姑娘）

They were hushing it up all down the line. 他们全力以赴，要把这件事压下去。

title charges 房地产权保险费（为确保房地产权利没有瑕疵支付给保险公司的费用）

utility men 杂务工；配角演员

wake up the wrong passenger 错怪了人，错骂了人

Whattaya got?（= What have you got?）你得到了什么？

when the chips are down 危急关头；关键时刻

write tickets 开违章罚款单

You are just not completely there. 您会觉得昏昏沉沉的。

You have to be on top—or else you'd be pushed around and all that. 你得镇住他们，不然的话，你就得受人摆布、听人使唤。

  当然，例子是举不胜举的。笔者只想借此说明一个事实：法律英语并非都是板着面孔的 big words。从广义上说，它也包含着构成各种法律事实的日常用语，而这些日常用语往往不是来自法学家或法官的嘴里，而是来自千千万万普通民众口中，它们会以俚语的形式在当事人的证词、口供、笔录中频频出现，成为法律工作者无法忽视的另类英语。

中英文有关年龄的表述

年龄的表述在法律用语中是常用词,算不上专门术语。但法律词语对年龄的表述要求十分严格,容不得半点儿差错或模棱两可。由于年龄表述不当引起纠纷的事常有发生。但由于中英两种语言习惯不同,在年龄表述上常易发生一些误解或错用。

of age 是"成年的",如:The accused is of age now.(被告人现在已经成年。)be of age、come of age、become of age 均指"成年",其中的 of 不可省。

under age 是"未成年的",但 over age 却不是"成年的",而是"超龄的",指超过某一准许年龄,如:He was not eligible for the examination, as he was over age.(他因超龄而不符合应试要求。)

of an age 是"同年龄的",如:"她与她的丈夫同年",可以说 she and her husband are of an age 或 she is of an age with her husband;"他们两个同年",可以说 they two are of an age 或 they are of the same age。但 of an age 后面如果有定语,这个 age 常表示特定"年纪",不作"同年",如:She and her boy friend are of an age when they ought to settle down.(她与她的男朋友已经到了该安下家来的年纪。)此句不可理解为"她和她的男朋友到了应该安下家来的时候是同年的"。又如:We are of an age to understand such things.(我们到了懂这种事的年纪。)此句不可理解为"我们懂得这种事的时候是同年的"。

of the age 是"当代的"。这个 age 与年龄无关,前面有定冠词 the 是指"时代",如:He is the great poet of the age.(他是当代大诗人。)

age 作历史上的特定时代时常用大写,如:the Stone Age(石器时代)、the Elizabethan Age(伊丽莎白时代)、the Atomic Age(原子

时代)。例句如:The period in which man learnt to make tools of iron is called the Iron Age.(人类学会制造铁器的时期称为铁器时代。)

old age 是"老年",middle age 是"中年",但"青年"不可用 young age,该说 youth。

age 前面的介词究竟应该用 in 还是 at 颇有讲究。age 指"时代"或人生的一段时间时,前面应用介词 in,如:She died in her middle age.(她中年时期就死了。)age 指"年龄"时,前面介词应用 at,如:① She died at the age of ninety-nine.(她 99 岁时去世。)② She died at an extremely old age. / She died at a good old age.(她到非常高的年龄才去世。)

即使指年龄,前面的介词仍很有讲究。概言之,凡是指人生一段时期的,前面介词用 in;凡是指人生某一具体年龄的,前面介词应用 at。

不论 old age、middle age 还是 youth,都是指人生一段时期,前面的介词应用 in,如:① A man enjoys his life in youth, struggles for his life in middle age and suffers from his life in old age.(一个人,年轻时享受生活,中年时为生活奋斗,老年时为生活受苦。)② They studied together in their youth.(他们青年时代在一起学习。)

40 岁虽同属中年,但所用介词不同。试比较:

① He died in his middle age. 他中年早逝。(指人生一段时间)

② He died at the age of fourty. 他在 40 岁时早逝。(指具体年龄)

"高龄"在汉语里是指人生一段时期,但它的对义词 advanced age 却作为具体的年龄看待,不是指人生一段时期,前面应用介词 at;而"老年"(old age)却被视为人生的一段时期,前面应用介词 in。试比较下列四句的介词:

① He married at an advanced age. 他到老年时才结婚。(指年龄)

② He married at the advanced age of eighty. 他到 80 岁高龄才结婚。(指年龄)

③ He married in his old age. 他到晚年才结婚。(指人生一段时期)
④ He married late in life. 他结婚很晚。(指人生一段时期)

middle age 是"中年",英语里一般指40—60岁左右的年龄段,如:The poet died in his middle age.(这位诗人中年早逝。)包括60岁去世都算中年早逝,也称英年早逝。如果说"这位诗人与他的妻子都是中年早逝",显然指两个不同的"中年",未必指同年。这种情况下是否要译成"The poet and his wife had died in their middle ages."呢?答案是不可,middle age 仍应用单数。道理很简单。这里的 middle age 是表时间的副词,没有数的变化。即使在下面这样的句子里 age 也用单数。如: ① He had been married to two women in his middle age. 他中年时曾与两个女人结过婚。(尽管两次结婚是在两个不同年月) ② My middle age and your middle age are two completely different middle age. 我的中年与你的中年是两个完全不同的中年。(尽管这里讲的是两个中年)middle age 的形容词是 middle aged(中年的),如:He is a middle aged man.(他是一位中年男人。)

the middle age 并非没有复数,只是复数的 the middle ages 可不是"中年",而是"中世纪",是指史学界所划分的历史时期。更多的时候用大写 the Middle Ages 表示,如:The poet died in the Middle Ages. 此句不是"这位诗人中年早逝",而是"这位诗人死于中世纪"。又如:The poet died in his middle age in the Middle Ages. 此句意为"这位诗人在中世纪时死于中年"。

the Middle Ages 的形容词不是 middle aged,而是 medieval(中世纪的),如:medieval history(中世纪史); medieval English(中世纪英语)。

age 虽然可作"时代"解,但 old age 却不可作"古代"。中文里"古代"的对应词是 ancient times 或 antiquity(尤指中世纪前的时代)。

youth 作"年轻人"用时,既指男青年,也指女青年;既可作复数,也可作单数。如:① The youth of the city are/is preparing for their holiday.（这个城市的青年们正在准备过节日。）② The Communist Youth League of China［中国共产主义青年团（当然包括男青年和女青年）］

其他诸如 college youth 大学青年，a group of Chinese youth 一群中国青年。这些词里 youth 都指男女青年，但习惯上，a youth 是指"一个青年男子"，不指女子，如：In came a youth and a girl.（忽然进来了一个男青年和一个女孩子。）不说 in came two youth。除了指人的年龄外，youth 还可以指"初期"，如：the youth of the world（世界的初期，即太古时期）。

同根名词辨义

access 与 accession 同样是名词，基本含义都是"进入""接近"。两者后面都应跟介词 to +（进入或接近的对象）。但 access to 着重于"接近""使用""接触"或"进入"的权利、机会或方法（right, opportunity, or means of reaching, using, approaching），比如：access to the sea 是指"通往海洋"的权利；access to the market 是指"进入市场"经营的权利，而不光是指空间意义上走进市场这块地方，所以常常译作"市场准入"；access to the courts 并不是指空间意义上走进法院，而是"向法院申诉的权利"［Access to the courts should be open to all citizens.（所有公民都有诉诸法院的权利。）］；access to books 指"读书"的权利或机会［Children must have access to good books.（儿童必须有机会读到好书。）］在法律用语中，有时 access 还指土地所有权人的"通路权"（right of the owner of a piece of land to use a public road which is next to the land）和诸如离婚案件中孩子定期会见父母或父母定期看望子女的权利（right of a child to see a parent or of a parent to see a child regularly）。

accession to 着重指"到达"某一地位或"进入"某种状态（reaching a position or state）或"进入""加盟"某组织成为其成员（joining something），如：accession to the throne 是指"成为国王或女王"，即"登基"（becoming a King or Queen）；accession to a treaty 是指"加入条约"（joined a treaty），"成为该条约的成员国"；commitments on accession to WTO 是指"成为世贸组织成员所承担的承诺"；accession to sovereignty 是指"成为主权国家"。在法律用语里，"财产的自然增益"只用 accession，不可用 access，如：accession of property（财产的增加），

accession of wealth（财富的增加）。

有时 access 就指具体的"通道"（way in），如：The only access to the town was across a narrow bridge.（那条窄窄的桥是进入该镇的唯一通道。）accession 指具体的"增添物"或"增加"（things added or action of being added），如：The recent accessions to the museum have attracted my attention.（博物馆里新添的展品引起了我的兴趣。）

access 与 accession 是两个独立的同根名词，尚且有这么多区别，由动词或形容词转化来的同根名词，差异就更多了。这对以中文为母语的人来说，是很大的挑战。中文的动词、名词，甚至形容词，都可以互相转换，十分灵活。孟子的名句"老吾老，以及人之老；幼吾幼，以及人之幼"中"老、幼"两字既作动词"赡养、抚养"，又作名词"老人、孩子"，何等简洁！温州名胜江心屿，位于波涛汹涌的瓯江口，岛上有一亭。亭上有一对联，记得上联是："潮朝朝朝朝朝退，"下联是"水长长长长长消"。"朝朝"与"长长"是副词，接下来的"朝"与"长"却是动词。此处每天有潮水来朝拜，每天都消退了。潮长潮落，永无已时。在波涛汹涌的江中小岛上，用上此联，堪称一绝。从小就在如此宽松灵活的文字环境里熏陶出来的中国人，对英语里这些同根名词的差异可以说有了先天的不适应，因此中译英里，意思译对了、用词却不够地道，就成为硬伤。

英语里的动词或形容词，一般都有它的名词形式。这些同根的名词，有时不止一个。它们的拼写形式、意思与用法都不一定相同，这就很容易引起误解误用。上述 access 与 accession 不过是其中之一，类似的名词还有很多。

arbitration 与 arbitrage 这两个名词均来自动词 arbitrate（仲裁）。它们虽然都可以作名词"仲裁"解，但 arbitrage 更多指"套购""套利""套汇"，如 arbitrage of exchange（套汇）、arbitrage in foreign exchange（套购外汇）、arbitrage in securities（套购证券）、arbitrage in commodities（套购商品），几乎很少有人再把它作"仲裁"用。而 arbitration 则

不然，它只作名词"仲裁"解，如 arbitration agreement（仲裁协议）、to submit a dispute to arbitration（把争议提交仲裁）、arbitration award（仲裁裁决）、arbitration tribunal（仲裁庭）、arbitration board（仲裁委员会）等，不可作"套购"解。

同根名词的这些差别，在形式上很容易被混淆，意义很接近，所以特别容易用错，值得我们格外关注。常见的这类动词或形容词有：

accept（接受；承兑）的名词是 acceptance，不是 acceptation。后者是指"词义"，尤指一个词的通用意义，没有"接受"的含义。如：The acceptation of bribes would end up in a mess. 这句话意思不是"接受贿赂可能最终导致一场混乱"，而是指"贿赂的含义（不清）可能最终导致一场混乱"。

affect（影响；假装；喜爱）有三个名词形式。作"影响"解时，它的名词是 affection；但作"假装"解时，它的名词是 affectation；作"慈爱"解时，它的名词也是 affection。如：No-one feels much affection for a person who shows affectation.（对于一个装模作样的人，没有人会喜欢。）

affiliate（附属于）的名词形式有两个：一是 affiliate，一是 affiliation，都指"附属机构""分支机构""联号"，如：① The organization has 32 affiliates and 5000 members.（那家机构有 32 家联号，5000 名会员。）② We have a number of affiliations throughout the country.（我们在全国有许多联营公司。）但 affiliation 常指"加盟"，如 democrats with no party affiliation（无党派民主人士）。在法律用语里，常指私生子女对父亲的"确认"，如：affiliation order 是指法院令私生子女的父亲为其私生子女支付抚养费的判决，affiliation proceedings 是指要求私生子女的父亲负担抚养费的诉讼程序。有时 affiliation 就指"私生子女认领诉讼"或"对私生子女与生父的血亲鉴定"。而名词 affiliate 却并无这些含意。

deposit（寄存；存放）的名词也是 deposit（寄存物；存款），不是 deposition（免职；作证），也不是 depositary（受托人；仓库）。

depart（离开）的名词是 departure，而不是 department（行政的部门；大学的系）。

continue（继续）的名词也有三个：continuation（连续，持续）指事物被动的继续，如 continuation clause（延续有效的条款）；continuance（连续，持续）指事物的自动继续，如 continuace of tenancy（租赁的延续）；continuity（继续性，连续性），如 continuity of the state（国家的延续性）。

contest 既可作动词（争夺，竞争）也可作名词（比赛），不可与 contestation（争执）混淆，如：Whether the decision is wrong or not is in contestation.（裁决究竟是否错误，正在争执中。）竞争者是 contestant。

content 既可作动词（使满足）也可作名词（知足；满意），注意与 contention（争论；论点）、contentedness（心满意足）和 contentness（现在已极少用）的区别。content 还有"容量；赞成票"的意思。contents 义为"内容；目录"。contentment 义为"满足，满意"。

contingent（偶然的），如：contingent fee（成功酬金）；contingent beneficiary（临时受益人）。它的名词有两个：一个也是 contingent，指"偶然事故""小分队"；另一个是 contingency（偶然性；偶发事件），而不是 contingence（在一点上的"接触），但它有时也被用作 contingency 的同义词。

credible 是"值得信任的""可信的"，如：I do not think him credible.（我觉得他不可信任。）名词是 credibility（信用），如：credibility gap（信用差距）。另一个名词是 credit（信誉；信任），如：credit cooperative（信用合作社），give credit（提供信用贷款）。在美国 credit 常指"学分"。还有一个同根名词是 credence，也是"信任"，但 give credence to 是"相信"，不是"使……被人相信"，如：I don't give much credence to the accused's story.（我不大相信被告人说的情况。）此外，credence 还可作"证件"解，而 credit、credibility 都不能。

creditable 是"值得被称赞的""优良的"，如：His efforts this year have been most creditable.（今年他的成就是最值得赞扬的。）它的名词是 creditabililty（可信性；可信的事物）和 creditableness（信用贷款的可信度）。

refuse（拒绝）的名词是 refusal。尽管 refuse 本身也可作名词，但这个名词的意思是"垃圾"，如：refuse dump（垃圾堆），refuse matter（废物）。

decline（婉拒；下降）的名词有三个：declinal、declination 和 declinature。但在美语中以 declination 最为普通，其余都不常见，如：His letter contains a firm declination.（他的信里含有一种坚定而婉转的拒绝。）decline 本身虽然也可作名词用，但作名词时没有"婉拒"意思，而只有"下降；衰微"的意思，如：a decline in prices（物价的下跌），the decline of life（晚年），fall into a decline（衰弱）。

discontent（使不满足）有四个名词：discontent, discontentedness, discontentment, discontentness。这四个名词中，以 discontent 最为普通，discontentment 与 discontent 相同。discontentness 最不常见。

disguise（使……假装；使……掩饰）名词形式是 disguise-ment，不是 disguise。disguise 也可以作名词，但其意义不是"使某人或某物假装起来"，而是"借口；掩饰行为"，如：He made no disguise of his feeling after the judgment was pronounced.（判决宣布后，他真情毕露。）

steal（偷窃）的名词也是 steal，另有三个名词：stealth 是指"秘密行动"，不是偷窃；stealing 是"偷窃行为"；stealings 是"赃物"。

类似这样的例子是举不胜举的。英语构词法上的这种近似性，在中文里比较少见。因此中国人学英语常常在这方面缺少警惕，容易用词不当。外交文件中因为用词不当而导致外交争论的事也屡有发生。20世纪我们的外交文书上就曾经因为把该用request（要求）的地方用了require（也作"要求"解，但含有order与commands的意思），而与某个大国发生了一次本不该发生的龃龉。

从 Attorney General 聊起

在英国 Attorney General（大写）是指"检察总长"。他可能是下院议员和枢密院成员，但未必是内阁成员。他有权决定对一些大的刑事案件是否提起公诉，有权对政府法律提出意见或代表王室起诉或应诉。他还可以依职权以国家名义在高等法院王座庭提起刑事指控。

在美国，检察机关与联邦司法部是合在一起的，没有单独的检察系统。司法部长是负责联邦政府或州政府的法律事务的领导，所以 Attorney General of the United States（大写）是指"美国司法部长"，也指"美国检察总长"。

美国各州有各州自己的检察总长，也称 Attorney General。如果不是大写，是指"一般代理权"，也可能指"首席检察官""检察长"，要看上下文来决定。

United States Attorney 是指"美国检察官""联邦检察官"，隶属于美国司法部，由总统任命，在各个联邦司法区（federal judicial district）代表国家指控犯罪，担任公诉人。与"检察总长"是完全不同的两个概念。

United States District Attorney 是指"美国地区检察官"，尤指在职地区检察官。其职责与 United States Attorney 相同。

attorney for government 则指"政府检察官"，包括总检察长、其助理、联邦检察官、联邦检察官的授权助理，以及法律授权行使检察权的其他人员。

美国只有各级法院才是司法机关。司法部是行政机关，不属于司法机关。检察官属于行政官员，不属于司法人员。

尽管以上的 attorney 一词都作"检察官"解，但在美国，人们一般都把 attorney 当作"代理人""律师"来理解。在美国人看来，检察官与辩护律师都是代理人，检察官是控方的代理人，辩护律师是辩方的代理人，他们的地位完全平等。于是我们在报纸上常常看到某某律师 attorney 指控某某官员犯罪的事，误以为美国的律师权力比别的国家大，其实这里的 attorney 就是指 prosecuting attorney（控方律师），即检察官。有些英美法词典中，attorney 词条的释义里就只有"代理人""律师"，没有"检察官"这个解释。在以 attorney 构成的词组里，attorney 几乎全作"代理人"或"律师"解，而不作"检察官"解。如：

attorney in fact 事实代理人；私人代理人（指在法庭以外受委托的代理人）

attorney of record 记录在案的律师

【当事人提交的书状至少要有一名记录在案的律师签名。一旦成为记录在案的律师，未经法庭许可，不得退出诉讼。】

attorney's privilege or immunity 律师特权或豁免权

attorney's lien 律师留置/扣押权

attorney oath 律师宣誓

attorney retainer 律师的聘用（定金）

attorney ad hoc 专项代理人；专项律师

attorney at law 律师

attorney at large 可在任何法院执业的律师

attorney ethics 律师职业道德

appeal 是不及物动词。appeal to 是"向（谁）上诉"，介词 to 后面接要去上诉的单位或人。appeal against 是"因不服（什么）而上诉"。against 后面接所不服的事物名称，如"判决""裁定""计划""决议"等。如：

I will appeal against being found guilty. 我不服被控罪行，将会上诉。

She appealed to the higher court against her sentence. 她对判决不服上诉到高级法院。

appeal to 只在诉讼中译作"上诉"，上诉是诉讼程序之一，其他场合就应另选合适的词语。如：The company appealed against the decision of the planning officers. 公司不服负责制定计划的官员的决定，不服提起申诉。（对计划官员的决定不服不属于司法程序，只能通过申诉解决。）

appeal to 是个多义词，并非都指上诉。它常指"申诉""请求""呼吁""求助于……""使……感兴趣""对……感兴趣"。以下各句都不宜译为"上诉"。如：

The police appealed to the crowd not to panic. 警察呼吁群众不要惊慌。

This case does not appeal to me. 我对这个案件没有兴趣。

在美国，appeal 可作及物动词用，指"将（案件）上诉"。 如：I've appealed the case three times. 我已将案件上诉了三次。

在英国，appeal to the country 是指"诉诸国民公断""诉诸社会舆论"，不是"向国家上诉"。

A.D. 与 B.C.

缩写 A.D. 来自拉丁语 Anno Domini（公元），义指 in the year since the birth of Christ（基督诞生以来的年份，即纪元后），所以只用于年份，不用于世纪。例如，可以说：Tang dynasty was established 618 A. D.（唐朝建立于公元 618 年。）

"公元 7 世纪""公元 2 世纪"等应该用 the 7th century after Christ、the second century after Christ 等来表示。除非为了与"纪元前"相区别，一般公元后年份习惯上不用 A.D.，如：The criminal law of our country was promulgated in 1979.（我国的刑法颁布于 1979 年。）

因为 A.D. 本身即为"in the year since…"，所以用了 A.D. 就不该再在年份前面加 in，不过现在习惯上用 in 也很常见，不为错误。

B.C. 是英语 before Christ 的缩写，义为"基督诞生前"，用来指"公元前，纪元前"。它的用法与 A.D. 有以下几点不同：

1. B.C. 既可以用在年份后面，也可以用在世纪后面，如：221 B.C.（公元前 221 年）; the third century B.C.（公元前 3 世纪）。

2. 在 B.C. 的年份前面，可以用 in 或 in the year，如：in 221 B.C.; in the year 221 B.C.（在公元前 221 年）。

3. 凡用 B.C. 的，一般不能省略。因此，凡是只有年份，既没与 A.D. 连用，又没有与 B.C. 连用的，肯定是指"公元"。如：The poet was born in 105 B.C., but his poems were found in 75. 如果把 75 看作 75 B.C. 的省略，译为"诗人生于公元前 105 年，但他的诗作在公元前 75 年才被发现。"，那就错了，应译为：诗人生于公元前 105 年，但他的诗作在公元 75 年才被发现。

4. B.C. 虽是 before Christ（公元前）的略写，A.C. 却不是 after

Christ 的略写，而是拉丁文 Ante Christum 的缩略，因此它与 B.C. 同义，也指"公元前"，不是"纪元后"。

不论 A.D. 还是 B.C.，都可以写成 AD 或 BC，一般放在年份后面，也可以放在年份前面，如 618 AD、A.D. 618、221 BC、B.C. 221 等，但不可用小写 ad 和 bc。

关于"声明"

　　allegation、statement 与 declaration 这三个词在中文里都译为"声明""陈述",其实它们所传递的信息并不相同,使用的场合也不一样。

　　allegation 是动词 allege 的名词形式。allege 具有虽经陈述,但未经证实（to state or declare without proof or before finding proof）的意思,如：① The newspaper reporters alleged that the man was murdered. 据记者说,这个男人已被谋杀。（表示记者对这件事并无确切证据,未必可靠。）② It is alleged that they will get married soon. 听说他们很快就要结婚了。（表示说话的人对此事并不十分有把握。）③ So they alleged, but have they any proof？虽然他们这么说,但是有证据吗？（表示问话的人认为他们的话未必可靠。）

　　其他如：

　　alleged debt 债务（已提出,但未经证实的）

　　alleged offender 罪犯（被指控但未确定的）

　　alleged corrupt 所指称的贪污（但未证实）

　　alleged agent 自称的代理人

　　名词 allegation 带有同样的含义,在法律用语中是指诉讼一方对于"提不出证明的事项所作的声明"（a statement that charges someone with doing something bad or criminal but which is not supported by proof）。如：

　　allegation of brutality 声称被虐待（未必是真）

　　allegation of fraud 声称被欺诈（尚待查证）

　　allegation of malice 声称被中伤（未必可靠）

　　相比起来,statement（动词为 state 或 make a statement）与

declaration（动词为 declare）的含义都比 allegation 肯定。其中，state 就相当于 say、speak，不过用于比较正式的场合，如在公文和商业用语中往往不用 say 而用 state，比如：

The spokesman stated that the treaty would be signed on 18 May. 发言人说条约将在 5 月 18 日签订。

The negotiations are stated to have broken down. 据说协商已破裂。（此"据说"没有强调未经证实的意思）

declare 和 declaration 是三个词里含有最强烈的肯定意味的词语。declare 指 to state with great force so that there is no doubt about the meaning（强烈表明这是无可怀疑的）。一般都用于公开或官方声明。如：

He declared that he was innocent. 他声明自己是无辜的。

His actions declared him (to be) an honest man. 他的行为表明他是一个诚实的人。

Have you anything to declare? 你有什么东西要申报吗？（尤其用于海关通关）

在法律用语中，以下的 declare 和 declaration 都不可换成 state 或 statement，更不用说 allege 或 allegation 了。

Declaration of the Rights of Man and the Citizen《人权与公民权宣言》（法国）

  declaration of neutrality 宣告中立

  declaration of bankruptcy 宣告破产

  declaration of solvency 有清偿能力声明

  declare sb guilty 声称某人有罪

  declare contract avoided 声称合同无效

关于"古代"的英译

ancient time 与 time immemorial 都可指"太古年代",好像没有什么不同。其实两者的含义相差很远。在西方,ancient time 往往指西罗马帝国(Western Roman Empire)灭亡以前,即公元 476 年以前的年代,相当于中国北魏孝文帝延兴六年以前,而 time immemorial(按照英国法学家的意见)在法律上是指公元 1189 年,即理查王即位那一年。在此以后的日子里所发生的事件才被认为是可以记忆起来的。因此按英国人的这一理解,ancient time 比 time immemorial 起码要早 713 年。这一概念与中国人的印象完全相反。在中文里,太古年代常指人类还没有开化的远古年代,是无法记忆的年代,而 ancient time 常译为"古代",好像不如 time immemorial 那么久远。把 1189 年以前,即相当于中国历史上南宋孝宗淳熙十六年以前的年代说成"太古年代",这在中国人看起来似乎有点儿可笑。如果有一件古董,标明 belonging to ancient time,另一件古董,标明 belonging to time immemorial,这两件古董中,哪个年代更早?如果让人来挑选,多半会挑中后者。这就是中文对义词在观念上造成的误区。因此,中文里的"古人",虽然译成 the ancients 或 the ancient people 好像没有什么区别,但在英语里,the ancients 通常指希腊、罗马时代的人。这是翻译中必须注意的。

不过,在法律词语中 ancient 均指"古老的""古代的"甚至"古旧的",年代的概念似乎已经很少。如 ancient documents 是"旧文据";ancient writings 指保管 20 年或 30 年以上的旧文据;an ancient city 指一座古城,但未必是远古年代的城市。ancient lights 指相邻关系中的"窗户采光权",即一幢房子的主人享有他的窗户采光不受邻居房屋所阻挡的权利，也有人译为"老窗户的采光权"。如 ancient history 就有两种解释：一指公元 476 年以前西罗马帝国灭亡前的历史，二指刚刚过去而人人皆知的事件。如：Last week's news is ancient history. 上周的新闻已经人人皆知了。

"大陆"的特殊意义

名词 continent 是指"大陆",即地球上的各大洲,如 continent of Asia(亚洲)、continent of Europe(欧洲)、continent of North America(北美洲)、continent of South America(南美洲)等。但实际上指各大洲时,continent 一词常被省略,如:"亚洲"为 Asia,"欧洲"为 Europe,"北美洲"为 North America,"南美洲"为 South America,等等。

由于历史的原因,the Continent 常常具有特殊的意义。在英国,它是指"欧洲大陆";在美国,是指"北美洲",有时是指美国革命时代的那些"州"(the state)。它们用大写或小写都有。连带地,它的形容词 continental 也专指"欧洲大陆的",如:the continental wars 是指"欧洲大陆战争",不是指其他大陆的战争;a continental holiday 是指"在欧洲大陆度的假期";"I spent three years on/upon the Continent."是说"我在欧洲大陆生活过三年",而不是在其他大陆;"He's gone for a holiday on the Continent, but I'm not sure whether to France or Italy."是说"他到欧洲大陆度假去了,但我不知道他究竟在法国还是在意大利"。在美语里,Continental Congress(大陆会议)是专指美国独立以前英属美洲 13 州的会议。当然,continental 更多的是指一般的"大陆",如法律上常见的 continental legal system(大陆法系)、continental platform/shelf(大陆架)、continental slop(大陆坡)、continental margin(大陆边缘)、continental island(大陆性岛,即附属于大陆的岛)等。

在我国,人们常把台湾海峡西岸称为"大陆",这个"大陆"不可译为 the continent,"中国大陆"应译为 Chinese mainland 或 China's mainland。

相对于中国香港和中国澳门而言，称"中国内地"。在这一特定的意义下，"中国内地"也应译为 Chinese mainland 或 China's mainland，不应译成 inland China。因为 inland 作形容词时，是指"国内的"（done or placed inside the country），如 inland trade（国内贸易）、inland revenue（指英国不包括关税在内的国内税收）。只要在中国版图之内，都是 inland，它的含义与 mainland 显然不同。

祈望的分寸

不论中文还是英文，表示祈望的动词很多。不过，中文是通过在中心词前面加各种修饰语来区分祈望的力度和性质，如"希望""盼望""万望""渴望""十分希望""强烈祈望"等，不一而足，而英语常常是用不同的词语来区分祈望的力度和性质，如 hope、wish、long、covet、crave、desire、lust。它们的基本含义都是表示愿望，但使用的场合和暗示的内涵都不一样。hope（希望）与 wish、expect 同义，是最普通的用语。我们都知道 hope 所希望的往往是可能发生的事物（that something will happen），而 wish 所希望的往往是目前不大可能发生的事物（what is at present impossible）。其实，hope 有时也有这种含义。试比较以下各句的动词及其含义的变化：

The court hope (that) the defendant will come. 庭审法官希望被告会来。（认为他会来）

The court wish (that) the defendant would come. 庭审法官但愿被告会来。（恐怕他未必会来）

The court had been hoping that the defendant would come. 庭审法官原来一直希望被告来。（实际上他没有来）

The plaintiff hopes the case is being heard next week. 原告希望此案会在下周审理。（表示有可能）

The plaintiff wishes the case were being heard next week. 原告但愿此案能在下周审理。（担心下周未必能审理）

The plaintiff had hoped that his case would be heard next week. 原告原来希望此案会在下周审理。（实际上没有）

反之，wish 也并非都指不可能实现的愿望。通过句型的变化，

wish 也有几种不同的含义。试比较下面两句：

The lawyer wishes to meet his client immediately. 律师要立刻见到他的当事人。（表示可以实现的要求）

The lawyer wishes his client to come immediately. 律师要他的当事人立刻来。（表示命令或请求，此处 wish 相当于 want）

long、desire、crave、covet 与 lust after / lust for 这几个词也都是表示强烈希望的动词，相当于 to wish or want very much。它们之间又各有不可忽视的内涵。

long 是对目前无法得到的事物的强烈希望。如：

The criminal longs to go back to his home town. 这个犯人非常希望回到故乡去。

He longs his wife to go back to him one day. 他渴望他的妻子有一天会回到他身边。

desire 除了与 long 一样指"渴望""期望"外，还具有"（严正地）请求"的意思。如：

I desire only your happiness. 我只求您幸福。

I desire you to go at once. 我请求你立刻离开。

crave 表示强烈的愿望（to have a strong desire for sth）和严肃而有礼貌的请求（to ask seriously for）。如：

I am craving a bowl of rice, for I have had nothing to eat all day. 我很想吃碗饭，因为我已经一天没有吃东西。

Be quiet! May I crave your attention? 请安静。恳求你们注意点好不好？

I crave your forgiveness, sir. 先生，我恳请您原谅。

covet 也指渴望，尤其是对别人所有的东西的渴求（to desire very much esp. something that belongs to another person），常具有贬义。如：

Never covet wealth and power. 别贪财，别贪权。

He covets my land, but he won't get it. 他对我的地垂涎三尺，但他不会得到。

lust after/for 贪求；狂热地追求。这是个贬义词，专指色欲、淫欲与金钱等不纯净的欲望的渴求。如：

The accused lusted after the girl, but could not have her. 被告人狂热追求这个女孩子，但没有追到手。

Those men lust only for the gold. 那些人贪图的只是金钱。

译文做到达意，已非易事，但好的译文，不但要达意，还应当传神。

这就必须学会在许多意义基本相同的对应词中挑选最为精当的英语。

胜败同词

在中文里,"战胜"与"战败"是两个意义完全相反的名词,然而,在有些英汉词典里,名词 defeat 的中文释义既是"战胜,击败",又是"战败,失败"。是词典弄错了吗?当然不是。这种正反两种意思落在同一个词上的怪现象,在英语里并非罕见,defeat 只是其中一个。

defeat 究竟作"战胜"还是"战败"解,主要取决于后面的介词。如:his defeat of the enemy 是"他打败敌人",defeat 作"战胜";his defeat by the enemy 是"他败于敌人",defeat 作"战败"。比较以下几句:

He was promoted to the rank of general as a reward for his defeat of the aggressor troops. 他被提升为将军,以奖励他战胜侵略军之功。

He returned to his home county in 1945 after the defeat of Japan. 他在1945年日本战败后回到故乡。

Their defeat by the enemy army was unexpected to all of us. 他们被敌人打败是我们大家都没有料想到的。

值得注意的是,defeat 后面没有介词的话,都指"战败",不指"战胜"。如 his defeat 是"他的被人打败",不是"他的打败别人"。下面这些句子中的 defeat 都指"战败""失败""受挫""落空"。如:

Their first revolution had ended in defeat. 他们的第一次革命以失败告终。

They suffered another serious defeat at the hands of the people's forces. 他们在人民武装手中又一次遭受了惨重的失败。

Losing the lawsuit in court meant defeat of all her hopes. 这个案件的

败诉意味着她的全部希望落空了。

在法律词语中，defeat 被赋予了另外的意思，不论作名词还是动词，都指"（使）无效""废弃""败诉"。如：

defeating justice 使司法执行无法实施

defeated suit 败诉的案件

defeated suiter 败诉人

defeat an estate 取消遗产

The bill suffered defeat in the Senate. 这个法案被参议院废弃了。

exemption 与 immunity 的区别

中文里，这两个词都译为"豁免""免除"，似乎是同义词，其实不然。

exemption 原义指"being freed from duty, service, payment, etc."，免除的内容主要是义务、税金、债务等，如以下词组里都用 exemption，不用 immunity：

exemption clause 免责条款
exemption from any fees or dues 豁免一切捐税
exemption from customs duty 免征关税；关税豁免
exemption from debt 豁免债务
exemption from inspection 免检；免验
exemption from liability 免除责任
exemption from military service 免除兵役
exemption from punishment 免刑；免罚

immunity 原义指由于"特殊身份（status）或权力（power）"引起的"豁免权"，尤指外交使节和国家元首在其他国家享有的各种豁免权，如以下词组里都用 immunity，不用 exemption：

diplomatic immunity 外交豁免权（指外交官及其家属等不受居住地法律管辖的权利）
immunity from jurisdiction （外交使节的）司法裁判豁免权
immunity from prosecution 免于公诉（权）
immunity from suit 免于起诉（权）
immunity from trial 不受审判（权）
immunity of Congress 议员豁免权（是对议员的保护，美国议员在国会上的陈述享有免于被作为诽谤罪起诉的特权，在英国称为privilege，中国台湾称为"语言豁免权"）

immunity of judge 法官豁免权（指行使司法职能的法官不被起诉的权利）

judicial immunity 司法豁免权（意思同上）

state immunity 国家豁免权（也称国家主权豁免或国家管辖豁免，指一国的行为和财产不受另一国的立法、司法和行政等方面的管辖；非经一国同意，该国的行为免受所在国法院的审判；其财产免受所在国法院扣押和强制执行）

有时这两个词的界限并不明确，主要取决于主体的身份，如exemption from prosecution 也是"免于起诉"，但如果主体是外交人员，应改用 immunity from prosecution 为宜。

"惯例"的几种不同含义

"惯例"的译法,不外于以下几种:

convention 公约;协定;同盟;惯例。原义是"大会",常引申指国际间或统治者之间经协商达成的某种约定。它没有 treaty(条约)那么正规,但对参与或承认公约的国家常具有法律约束力。有的公约根据自由意志原则,还规定双方当事人"可以不适用本公约或减损本公约的任何规定"(may exclude the application of the convention or derogate from or vary the effect of any of its provision)。这是公约不同于法律与条约之处,所以也有人将公约归入习惯法。常见的用法如:

Convention of Constantinople《君士坦丁堡公约》(1888年签订的关于苏伊士运河自由通航的国际条约)

Convention on the European Patent for the Common Market《欧洲共同市场专利公约》

United Nations Convention on Contracts for the International Sale of Goods《联合国国际货物销售合同公约》

Convention of the Union of Paris for the Protection of Industrial Property《保护工业产权巴黎公约》

convention 作"惯例"解时,多半表示一种"虽然不具有法律约束力,但为大家认可的做法",译法不一而足,如:

to break down foreign convention 打破外国常规

to make settlements by convention 按照惯例解决

Convention dictates that a minister should resign in such a situation. 依照惯例,在这种情况下部长应该辞职。

It used to be the convention for people to wear black in memorial meeting. 人们在追悼会上穿黑色衣服通常是惯例。

usage 使用；处理；惯例；惯用法；用途。

practice 实践；惯例；实务；应用；实际。

这两个词通常都被译成"惯例"，只不过 practice 更偏重实际，有"惯常做法"的意思。convention 指的"惯例"常常是成文的，如公约、同盟；而 usage 与 practice 所指的"惯例"，常常是不成文的、为双方所认可的实际做法。convention 的效力只涉及签约国或参与国，而 usage 与 practice 的效力有时是双方当事人不能自我排除的。因此国际贸易中，usage 与 practice 对当事人的利害关系十分重要。

国际贸易以及国际公约中提到的"惯例"，以 usage 与 practice 用得最多。如：

international usage/customs; usage of nations; international practices 国际惯例

trade usage; usage of trade 贸易惯例

the validity of any usage 任何惯例的效力

regular practices; customary practice 习惯做法

在《联合国国际货物销售合同公约》中以及《香港合约法纲要》中，usage 与 practice 均被译为"惯例"。如：

The both parties shall be bound by any practice which they have established between themselves. 他们之间已经建立的惯例对双方具有约束力。

Due consideration is to be given to all relevant circumstances of the case including the negotiations, any practices which the parties have established between themselves, usage and any subsequent conduct of the parties. 应适当考虑与事实有关的一切情况，包括谈判情形、当事人之间确立的任何习惯做法、惯例和当事人其后的任何行为。

custom(s) 风俗；习惯；惯例。custom 作惯例解的情况比 usage、practice 要少得多，常见的用法有：

customs of port 港口惯例

customary international law 国际习惯法

customary law / conventional law / code of practice 习惯法

customary succession 习惯继承

有人认为 custom 只能译成"风俗"不宜译作"惯例"。但把 custom 译作"惯例",一般认为是恰当的。如《香港合约法纲要》中的 usage 的解释中就有"terms implied by usage, sometimes called custom"的说法。

usance 本为支付外国汇票的习惯期限,但有时也被译为"惯例"使用。如:

usance bill 远期汇票,也有人译为"依习惯期限付款的票据",未见 usance 单独作"惯例"用的。

legislation 法规;法例。有的法律把 legislation 与 usage 并列,通常译为"法例"(港译的"法例"有时也用 act),顾名思义,它不是通常意义上的"惯例",而是指法规方面的先例。

问题的问题

question 可真是"问题"挺多的词。一不小心就会酿成大错。

例如，There is no question of 有两个完全相反的解释。

1. 作"是毫无疑问的"解。如：① There is no question of defendant's veracity.（被告的诚实是毫无疑问的。）② There is no question of selling the business.（公司被转让是必定无疑的。）

2. 作"是不可能的"解。如：She is a selfish woman. There is no question of her lasting love for her husband.（她是一个自私的女人，她绝不可能对丈夫有永久的爱情。）

区别这两种相反的解释，常常要借助于上下文。但是有一点是可以肯定的，那就是：

在"There will/could/can be no question of…"的句型里，只可能有一个意思，即"是不可能的"。如"There will be no question of anyone being arrested."是指"绝不可能逮捕任何人"，切不可理解为"有人被捕是毫无疑问的"。

在"There is no question (but) that…"的句型里，也只能有一个解释，即作"毫无疑问的"解。如"There was no question that the accused was innocent."是指"毫无疑问，被告人是无罪的"，切不可理解为"说被告人无罪是不可能的"。

而"That is not the question."是指"那不是我们讨论的问题""那是题外的话"。不可理解为"没有问题"或"不成问题"。后两者应说 no problem 或 out of question.

又如 out of question 与 out of the question。

这两个词组虽然只差一个定冠词 the，意思几乎相反。

out of question 是"毫无疑问的""不容讨论的",与 beyond (all) question、without question 同义,如:

Russia, out of question, is one of the greatest nations. 毫无疑问,俄罗斯是最大的国家之一。

The witness's honesty is out of question. 证人的诚实是没有问题的。

He is out of question the greatest authority on this subject now living. 毫无疑问他是这门学科当今在世的最高权威。

相反,out of the question 却是指"不可能的""办不到的""不必谈的",如:

Without a passport, leaving the country is out of the question. 没有护照,离开这个国家是不可能的。

As for his going home—that is out of the question. 至于要他回家,那是谈都不必谈的。

I am now so tired that to walk across the mountains is out of the question. 现在我十分疲劳,要我越过山去是根本办不到的。